北大社·"十四五"普通高等教育本科规划教材
高等院校汽车专业"互联网+"创新规划教材
辽宁省"十二五"普通高等教育本科省级规划教材

汽车电子控制技术
（第4版）

主　编　凌永成　王瑞奎
参　编　王　强　于非非
　　　　牛文学　王铭杰
主　审　王岩松

内 容 简 介

本书全面、系统地阐述了汽车电子控制技术在现代汽车上的应用情况。在简要介绍汽车电子控制系统的基本组成和发展趋势之后，本书着重论述了发动机、底盘、车身电子控制系统的结构组成、工作原理等知识，也对车载网络技术作了充分的介绍。

本书可以作为高等院校交通运输、车辆工程专业的教材，也可以作为高等职业技术学院和高等工程专科学校汽车运用与维修专业的教材，还可以供广大汽车工程技术人员和汽车维修人员参考使用。

图书在版编目(CIP)数据

汽车电子控制技术/凌永成，王瑞奎主编. -- 4 版. 北京：北京大学出版社,2025.1. -- （高等院校汽车专业"互联网+"创新规划教材）. -- ISBN 978-7-301-35545-9

Ⅰ.U463.6

中国国家版本馆 CIP 数据核字第 2024HS3691 号

书　　　名	汽车电子控制技术(第 4 版) QICHE DIANZI KONGZHI JISHU(DI-SI BAN)
著作责任者	凌永成　王瑞奎　主编
策划编辑	童君鑫
责任编辑	黄红珍
数字编辑	蒙俞材
标准书号	ISBN 978-7-301-35545-9
出版发行	北京大学出版社
地　　　址	北京市海淀区成府路 205 号　100871
网　　　址	http://www.pup.cn　新浪微博:@北京大学出版社
电子邮箱	编辑部 pup6@pup.cn　总编室 zpup@pup.cn
电　　　话	邮购部 010-62752015　发行部 010-62750672　编辑部 010-62750667
印　刷　者	三河市北燕印装有限公司
经　销　者	新华书店
	787 毫米×1092 毫米　16 开本　19.25 印张　453 千字 2006 年 8 月第 1 版　2011 年 7 月第 2 版　2017 年 1 月第 3 版 2025 年 1 月第 4 版　2025 年 1 月第 1 次印刷
定　　　价	59.80 元

未经许可，不得以任何方式复制或抄袭本书之部分或全部内容。
版权所有，侵权必究
举报电话: 010-62752024　电子邮箱: fd@pup.cn
图书如有印装质量问题，请与出版部联系，电话: 010-62756370

第 4 版前言

教材是教学之本，也是教学质量稳步提高的基本保障。教材内容必须与时俱进，紧跟技术发展的步伐，反映工程技术领域的新结构、新工艺、新特点和新趋势。

随着近年来国内外汽车技术的迅猛发展，《汽车电子控制技术》（第 3 版）的部分内容已显陈旧，需要删减或更新；同时，许多关于汽车新技术的知识需要补充和加强。为此，编者组织力量对《汽车电子控制技术》（第 3 版）进行了全面修订。

本书是按照教育部关于应用型本科和"卓越工程师教育培养计划"的总体目标，并结合汽车类专业的实际需求编写的。

本书共分 10 章，简要介绍电子控制技术在汽车上的应用情况和发展趋势之后，着重阐述了发动机、底盘、车身电子控制系统的结构组成、工作原理等，也对车载网络技术作了充分的介绍。

本书作为北京大学出版社出版、沈阳大学凌永成主编的《汽车电气设备》的姊妹篇，在内容上与《汽车电气设备》相互呼应、互为补充。在课程安排上，应先开设"汽车电气设备"课程，再开设"汽车电子控制技术"课程。

本书是按照 60 学时编写的。各学校选用本书作为教材时，可根据自己的教学大纲适当增减学时。

本书条理清晰、层次分明、语言简练、图文并茂、重点突出、详略得当，简化了冗长的理论分析，强化了汽车新技术和实用技术的介绍；内容的取舍以充分满足汽车工程师知识结构的要求为出发点，特别注重理论与实践的紧密结合；内容具有极强的针对性和实用性，旨在切实培养和提高学生的技术应用能力，是一本具有鲜明特色的实用规划教材。

本书由凌永成、王瑞奎主编，具体编写分工如下：第 1、2、5 章由沈阳大学凌永成编写，第 3 章由沈阳科技学院王强编写，第 4 章由沈阳大学于非非编写，第 6、7 章由沈阳市汽车工程学校王瑞奎编写，第 8 章由内蒙古农业大学牛文学编写，第 9、10 章由黄河科技学院王铭杰编写。

上海工程技术大学王岩松教授作为主审，对全书进行了认真的审阅，并提出了许多宝贵意见，使本书体系更完整、结构更严谨，我们在此深表谢忱！

在本书的编写过程中，编者得到许多专家和同行的热情支持，并参考和借鉴了国内外公开出版的文献，在此对支持者及文献作者一并致谢。

由于编者水平有限，书中难免存在不足或疏漏之处，恳请广大读者批评指正，以便再版时修订。

为方便选用本书作为教材的任课教师授课，编者制作了与本书配套的电子课件，有需要的教师可扫描封面二维码联系客服或者致信凌永成电子邮箱 lyc903115@163.com 索取。

编 者

2024 年 4 月

【资源索引】

目　录

第1章　绪论 …………………………………… 1

1.1　汽车电子控制技术的发展 …………… 2
　　1.1.1　汽车电子控制技术的
　　　　　发展历程 …………………… 2
　　1.1.2　汽车电子控制技术的
　　　　　发展特点 …………………… 3
　　1.1.3　汽车电子控制技术的
　　　　　发展趋势 …………………… 3
1.2　汽车电子控制技术应用概况 ………… 4
1.3　汽车电子控制系统的基本组成 ……… 7
　　1.3.1　信号输入装置 ………………… 7
　　1.3.2　电子控制单元 ………………… 9
　　1.3.3　执行器 ……………………… 11
复习思考题 ……………………………… 11

第2章　发动机电子控制系统 ………… 12

2.1　电控燃油喷射系统概述 ……………… 13
　　2.1.1　汽油机对空燃比的要求 …… 13
　　2.1.2　燃油喷射的概念 …………… 16
　　2.1.3　燃油喷射系统的分类 ……… 16
2.2　电控燃油喷射系统的基本组成 ……… 22
　　2.2.1　空气供给系统 ……………… 22
　　2.2.2　燃油供给系统 ……………… 25
　　2.2.3　电子控制系统 ……………… 27
2.3　电控燃油喷射系统传感器的
　　结构原理 ……………………………… 29
　　2.3.1　进气歧管压力传感器 ……… 29
　　2.3.2　空气流量传感器 …………… 32
　　2.3.3　节气门位置传感器 ………… 39
　　2.3.4　曲轴位置传感器和凸轮轴
　　　　　位置传感器 ………………… 42
　　2.3.5　氧传感器 …………………… 42
　　2.3.6　温度传感器 ………………… 46
2.4　电控燃油喷射系统执行器的
　　结构原理 ……………………………… 48
　　2.4.1　喷油器 ……………………… 48
　　2.4.2　电动燃油泵 ………………… 51
2.5　电控燃油喷射系统的控制原理 ……… 54
　　2.5.1　喷油器控制 ………………… 54
　　2.5.2　喷油正时控制 ……………… 54
　　2.5.3　发动机起动时喷油量的
　　　　　控制 ………………………… 57
　　2.5.4　发动机起动后喷油量的
　　　　　控制 ………………………… 58
　　2.5.5　发动机断油控制 …………… 58
2.6　电控点火系统 ………………………… 60
　　2.6.1　电控点火系统的组成 ……… 60
　　2.6.2　电控点火系统主要
　　　　　部件的结构原理 …………… 61
　　2.6.3　电控点火系统的控制
　　　　　原理 ………………………… 70
2.7　发动机辅助控制 ……………………… 78
　　2.7.1　怠速控制 …………………… 78
　　2.7.2　进气控制 …………………… 85
　　2.7.3　配气相位和气门升程控制 … 87
　　2.7.4　排放净化系统 ……………… 96
　　2.7.5　电控节气门系统 …………… 100
复习思考题 ……………………………… 103

第3章　电子控制自动变速器 ………… 104

3.1　自动变速器概述 ……………………… 105
　　3.1.1　自动变速器的定义 ………… 105
　　3.1.2　自动变速器的优点 ………… 105
　　3.1.3　自动变速器的发展趋势 …… 105
　　3.1.4　自动变速器类型 …………… 106
　　3.1.5　自动变速器的组成 ………… 109
3.2　行星齿轮式电控液力自动
　　变速器 ………………………………… 111
　　3.2.1　液力传动装置 ……………… 111
　　3.2.2　行星齿轮变速机构 ………… 116
　　3.2.3　液压控制系统 ……………… 126
　　3.2.4　电子控制系统 ……………… 131
　　3.2.5　自动变速器的使用 ………… 142
　　3.2.6　自动变速器的检验 ………… 144

3.3 机械式自动变速器 …………… 150
　　3.3.1 机械式自动变速器概述 …… 150
　　3.3.2 平行轴式电控自动
　　　　　变速器 ………………… 151
　　3.3.3 双离合器式电控自动
　　　　　变速器 ………………… 152
3.4 无级自动变速器 ……………… 155
　　3.4.1 无级变速器概述 ……… 155
　　3.4.2 无级变速器的基本组成和
　　　　　工作原理 ……………… 155
复习思考题 ……………………… 158

第4章　汽车制动稳定性控制系统 …… 159

4.1 汽车防抱死制动系统 ………… 160
　　4.1.1 防抱死制动系统的功能和
　　　　　分类 …………………… 160
　　4.1.2 防抱死制动系统的组成 …… 164
　　4.1.3 丰田循环式防抱死制动
　　　　　系统 …………………… 169
4.2 汽车牵引力控制系统 ………… 176
　　4.2.1 牵引力控制系统概述 …… 176
　　4.2.2 牵引力控制系统的结构
　　　　　组成 …………………… 178
　　4.2.3 牵引力控制系统执行器的
　　　　　工作过程 ……………… 183
　　4.2.4 ABS/TRC ECU 的功能 …… 187
4.3 电子制动力分配与辅助制动
　　系统 …………………………… 189
　　4.3.1 电子制动力分配系统 …… 189
　　4.3.2 辅助制动系统 ………… 191
4.4 汽车电子稳定程序 …………… 191
　　4.4.1 汽车电子稳定程序的
　　　　　作用 …………………… 191
　　4.4.2 汽车电子稳定程序的
　　　　　工作原理 ……………… 192
　　4.4.3 汽车电子稳定程序的
　　　　　组成 …………………… 194
复习思考题 ……………………… 195

第5章　电子控制悬架系统 …………… 196

5.1 汽车悬架概述 ………………… 197
　　5.1.1 汽车悬架的作用 ……… 197
　　5.1.2 汽车悬架的分类 ……… 197

5.2 汽车电子控制悬架 …………… 198
　　5.2.1 电子控制悬架系统的组成和
　　　　　控制形式 ……………… 198
　　5.2.2 电子控制悬架系统的
　　　　　功能 …………………… 201
5.3 奥迪机电耦合式主动悬架系统 …… 201
　　5.3.1 性能特点 ……………… 201
　　5.3.2 结构组成 ……………… 202
　　5.3.3 工作原理 ……………… 210
　　5.3.4 系统功能 ……………… 211
复习思考题 ……………………… 216

第6章　电子控制转向系统 …………… 217

6.1 汽车转向系统概述 …………… 218
　　6.1.1 转向系统的作用与相关
　　　　　要求 …………………… 218
　　6.1.2 转向系统的分类 ……… 218
6.2 汽车电子控制动力转向系统 …… 218
　　6.2.1 传统的动力转向系统 …… 218
　　6.2.2 电子控制动力转向系统 …… 220
6.3 液压式电子控制动力转向系统 …… 221
　　6.3.1 流量控制式动力转向
　　　　　系统的组成 …………… 221
　　6.3.2 流量控制式动力转向
　　　　　系统的工作过程 ……… 221
　　6.3.3 流量控制式动力转向
　　　　　系统的工作电路 ……… 222
6.4 电动式电子控制动力转向系统 …… 223
　　6.4.1 电动式电子控制动力转向
　　　　　系统概述 ……………… 223
　　6.4.2 三菱汽车电动式电子控制
　　　　　动力转向系统 ………… 224
6.5 电子控制四轮转向系统 ……… 227
　　6.5.1 电子控制四轮转向系统
　　　　　概述 …………………… 227
　　6.5.2 转向角比例控制式四轮
　　　　　转向系统 ……………… 229
　　6.5.3 横摆角速度比例控制式
　　　　　四轮转向系统 ………… 233
　　6.5.4 本田序曲汽车的电子控制四轮
　　　　　转向系统 ……………… 237
复习思考题 ……………………… 239

第 7 章　汽车巡航控制系统 …… 240
7.1　巡航控制系统概述 …… 241
7.2　巡航控制系统的组成与工作原理 …… 241
　　7.2.1　操作开关 …… 241
　　7.2.2　传感器 …… 244
　　7.2.3　巡航控制单元 …… 244
　　7.2.4　执行器 …… 246
7.3　巡航控制系统的使用 …… 250
　　7.3.1　汽车巡航控制系统的使用方法 …… 250
　　7.3.2　汽车巡航控制系统的使用注意事项 …… 251
7.4　自适应巡航控制系统 …… 251
　　7.4.1　自适应巡航控制系统的组成 …… 252
　　7.4.2　自适应巡航控制系统的工作原理 …… 252
　　7.4.3　自适应巡航控制系统的扩展功能 …… 253
复习思考题 …… 254

第 8 章　汽车安全气囊系统 …… 255
8.1　安全气囊系统概述 …… 256
　　8.1.1　安全气囊的作用 …… 256
　　8.1.2　安全气囊的种类 …… 256
8.2　安全气囊系统的结构组成与工作原理 …… 258
　　8.2.1　安全气囊系统的组成、工作原理与工作过程 …… 258
　　8.2.2　安全气囊系统的主要部件 …… 261
8.3　智能安全气囊系统 …… 271
　　8.3.1　智能安全气囊系统概述 …… 271
　　8.3.2　智能安全气囊系统的特点与组成 …… 271
　　8.3.3　智能安全气囊系统的工作原理 …… 272
8.4　座椅安全带 …… 276
　　8.4.1　安全带的作用 …… 276
　　8.4.2　安全带的种类 …… 276
　　8.4.3　安全带的结构 …… 277
　　8.4.4　预紧式安全带 …… 278
复习思考题 …… 280

第 9 章　汽车电子防盗系统 …… 281
9.1　汽车防盗系统概述 …… 282
　　9.1.1　汽车防盗系统的分类 …… 282
　　9.1.2　汽车防盗系统的工作原理 …… 283
9.2　典型汽车防盗系统 …… 283
　　9.2.1　大众车系防盗系统的发展历程 …… 283
　　9.2.2　大众车系第 3 代防盗系统 …… 284
　　9.2.3　大众车系第 4 代防盗系统 …… 285
　　9.2.4　大众车系第 5 代防盗系统 …… 287
复习思考题 …… 289

第 10 章　车载网络技术 …… 290
10.1　车载网络技术的作用与分类 …… 291
　　10.1.1　车载网络技术的作用 …… 291
　　10.1.2　车载网络技术的分类 …… 292
10.2　车载网络技术应用 …… 295
　　10.2.1　车载网络技术应用概况 …… 295
　　10.2.2　各种网络技术的应用 …… 296
复习思考题 …… 298

参考文献 …… 299

第 1 章 绪 论

 教学提示

电子控制技术在提高汽车综合性能、推进汽车及交通智能化等方面发挥着不可替代的作用。控制系统集成化、信息传输网络化和汽车、交通智能化是汽车电子控制技术的发展趋势。

 教学要求

本章主要介绍电子控制技术在汽车上的发展趋势、应用概况、基本组成。要求学生了解电子控制技术在汽车上的发展趋势和应用概况,熟悉汽车电子控制系统的基本组成。

近年来，随着电子技术、控制技术和通信技术的快速发展，汽车的电子化程度越来越高，汽车电子控制技术的应用越来越广泛。

汽车电子控制技术在提高汽车动力性、燃油经济性、安全可靠性、乘坐舒适性，改善汽车尾气排放和噪声控制，推进汽车及交通智能化等方面发挥着不可替代的作用。

汽车电子控制技术已经成为衡量汽车技术发展水平的重要指标。未来汽车技术的发展和汽车性能的进一步提高，仍将依赖汽车电子控制技术的发展。

1.1 汽车电子控制技术的发展

1.1.1 汽车电子控制技术的发展历程

电子控制技术的飞速发展和汽车相关法规（节能、安全、排放等）的建立是汽车电子控制技术形成与发展的两大主要因素。汽车电子控制技术形成和发展过程可分为三个阶段。

第一阶段：20世纪60年代中期至70年代末，汽车电子技术萌芽及初级发展阶段。这一阶段的主要特点是改善汽车单个零部件的性能，比较有代表性的技术有电子收音机、发电机硅整流器、电压调节器、晶体管无触点电子点火、电子控制燃油喷射等。

第二阶段：20世纪70年代末至90年代中期，汽车电子控制技术的大发展阶段。该阶段开始出现具有一定综合性的汽车电子控制系统。大规模集成电路和超大规模集成电路技术的快速发展（促使电子控制装置小型化）和自动控制理论的引入，使得汽车电子控制技术基本成熟，并逐渐向汽车的其他组成部分扩展。这一阶段的代表性技术有发动机电子控制系统、自动变速器、防抱死制动系统、电控悬架、电控转向、电子仪表和影音娱乐设备等。

第三阶段：20世纪90年代中期至今，电子装置成为汽车设计中必不可少的装置。20世纪90年代以后，汽车电子控制技术进入广泛应用阶段，几乎渗透到汽车的各个组成部分。汽车电子控制技术成为提高和改善汽车性能的主要途径。在此期间，各种控制系统的功能进一步增强，性能更加完善。

（1）动力控制方面。在发动机管理系统（engine management system，EMS）的基础上增加了变速器控制功能，拓展为动力传动控制模块（powertrain control module，PCM）。

（2）汽车主动安全控制方面。在防抱死制动系统（antilock braking system，ABS）的基础上，增加了牵引力控制系统（traction control system，TCS）和驱动防滑系统（acceleration slipregulation，ASR）控制的功能。

（3）车辆稳定性控制方面。出现了车辆稳定性控制（vehicle stability control，VSC）系统、强化车辆稳定性增强（vehicle stability enhance ment，VSE）系统及智能悬架控制系统。

（4）被动安全控制方面。发展了主动安全带和安全气囊的综合控制技术。

（5）改善驾驶人劳动强度和保障行车安全方面。在传统的巡航控制系统的基础上，出现了智能巡航控制［也称自适应巡航控制（adaptive cruise control，ACC）］系统，其控制项目包括防抱死制动、牵引力控制及车辆稳定性控制等。驾驶人即使没有踩制动踏板，智能巡航控制系统也能在必要的时刻自动完成汽车制动操作，以保证汽车安全。

此外，在汽车内部环境的人性化设计方面、无线网络通信技术、防盗报警系统和车载防撞雷达等电子装置都得到了进一步开发和应用。

以控制器局域网（controller area network，CAN）为代表的数据总线（data bus）技术在此期间有了很大的发展。CAN 总线将各种汽车电子装置连接成车载网络。在车载网络中，各控制装置独立运行，完成各自的控制功能，同时可以通过通信线为其他控制装置提供数据服务，实现信息共享。

第三阶段的突出特点是出现了以大规模集成电路和控制器局域网为特征的、多学科综合的汽车电子控制技术。这一阶段的代表性技术有智能传感器、16 位微处理器和 32 位微处理器、车载网络系统等。

1.1.2　汽车电子控制技术的发展特点

从上述三个发展阶段来看，汽车电子技术发展的特点如下。

（1）汽车电子控制技术从单一控制逐步发展到综合控制，如点火时刻、燃油喷射、怠速控制、废气再循环等。

（2）电子控制技术从发动机控制扩展到汽车的各个组成部分，如防抱死制动系统、自动变速系统、信息显示系统等。

（3）从汽车本身到融入外部社会环境。

1.1.3　汽车电子控制技术的发展趋势

汽车电子控制技术的发展趋势主要体现在控制系统集成化、信息传输网络化和汽车、交通智能化三个方面。

1. 控制系统集成化

将发动机管理系统和自动变速器控制系统集成为动力传动控制系统的综合控制；将防抱死制动系统、牵引力控制系统和驱动防滑系统综合在一起进行制动控制；通过中央底盘控制器，将制动、悬架、转向、动力传动等控制系统通过总线连接，底盘控制器通过复杂的控制运算对各子系统进行协调，将汽车行驶性能控制在最佳水平，形成一体化底盘控制（unified chassis control，UCC）系统。

2. 信息传输网络化

由于汽车上电子装置急剧增多，为了减少连接导线，网络、总线技术有了很大的发展。例如，使用网络，简化布线，减少电气节点的数量和导线的用量，同时提高信息传送的可靠性。

利用总线技术将汽车中各种电控单元、智能传感器、智能仪表等连接起来，构成汽车内部的控制器局域网，实现各系统间的信息资源共享。

根据侧重功能的不同，美国汽车工程师学会（Society of Automotive Engineers，SAE）早期将总线协议粗略地划分为 A、B、C 三大类：A 类是面向传感器和执行器的一种低速网络，主要用于后视镜调整、灯光照明控制、电动车窗控制等，A 类主流是 LIN；B 类是应用于独立模块间的数据共享中速网络，主要用于汽车舒适性、故障诊断、仪表显示等，B 类主流是低速 CAN；C 类是面向高速、实时闭环控制的多路传输网络，主要用于发动机、防抱死制动系统、自动变速器、安全气囊等的控制，C 类主流是高速 CAN。

但是，随着 X-by-Wire 线控技术的发展，下一代高速、具有容错能力的时间触发方式的通信协议将逐渐代替高速 CAN 在 C 类传输网络中的位置，力求在未来几年之内使传统的汽车机械系统变成通过高速容错通信总线与高性能 CPU 相连的百分之百的电控系统，完全不需要后备机械系统的支持，其主要代表有 TTP/C 和 FlexRay。在多媒体与通信系统中，MOST、IDB－1394 和蓝牙技术已经成为目前发展的主流。此外，光纤凭借其高的传输速率和抗干扰能力，越来越广泛地用作高速信号传输介质。

3. 汽车、交通智能化

汽车智能化的相关技术问题受到汽车制造商们的高度重视。智能汽车是一个集环境感知、规划决策、多等级辅助驾驶等功能于一体的综合系统，集中运用了计算机、现代传感、信息融合、通信、人工智能及自动控制等技术，是典型的高新技术综合体。

智能汽车（intelligent vehicle）装有多种传感器，能够充分感知驾驶人和乘员的状况、交通设施和周边环境的信息，判断驾乘人员是否处于最佳状态，车和人是否会发生危险，并及时采取对应措施。

汽车智能化还表现在汽车由交通工具到移动办公室的转变上。利用 Windows 操作系统开发的车载计算机多媒体系统，具有信息处理、通信、导航、防盗、语言识别、图像显示和娱乐等功能。

智能汽车与智能交通系统的发展是相辅相成的。智能交通系统（intelligent transportation system，ITS）是将先进的信息技术、通信技术、传感技术、控制技术及计算机技术等有效地集成运用于整个交通运输管理体系，而建立的一种在大范围内、全方位发挥作用的实时、准确、高效、综合的运输和管理系统。汽车、交通智能化代表着未来汽车和交通系统的发展方向。

1.2　汽车电子控制技术应用概况

电子技术在汽车上得到了广泛应用，几乎涉及汽车的各个部分，如图 1.1 所示。其中，汽车上应用较多、较成熟的电子控制装置见表 1－1。

表 1－1　汽车电子控制技术应用概况

系统	已采用	逐步推广中
仪表通信系统	① 电子钟表 ② 电子油耗表 ③ 电子温度计 ④ 电子车速里程表 ⑤ 电子转速表 ⑥ 行驶里程计算器 ⑦ 燃料消耗计 ⑧ 各种报警（灯丝切断、排气温度、各种工作液液面、未关门、未系安全带等） ⑨ 电子定时 ⑩ 电子化图示仪表板 ⑪ 电话及其通信装置	① 大型电子化薄式仪表板 ② 多路信息传输 ③ 光纤通信传输 ④ 惯性导航 ⑤ 卫星导航 ⑥ 屏幕显示街道图及交通阻塞状况图 ⑦ 多功能综合屏幕显示

续表

系统	已采用	逐步推广中
发动机及传动系统	① 交流发电机的整流及集成调节器 ② 电子点火（全晶体管式、集成式、无触点分电器式、一体化点火线圈式） ③ 点火正时控制 ④ 废气再循环控制（氧传感器） ⑤ 燃油喷射电子控制 ⑥ 发动机停缸控制 ⑦ 发动机最佳参数电子控制（空燃比、点火、废气再循环、怠速、爆燃控制、喷射控制等） ⑧ 柴油机最佳参数电子控制（喷射、进气、正时等） ⑨ 车速自动控制 ⑩ 柴油机起动控制 ⑪ 增压器自动控制 ⑫ 变速器电子控制 ⑬ 离合器电子控制 ⑭ 冷却系统电子控制 ⑮ 冷起动控制 ⑯ 换挡提示器 ⑰ 车速感应的动力转向装置	① 发动机气缸断缸电子控制 ② 发动机和传动系统综合控制 ③ 无级变速和自适应速度控制 ④ 热电变换 ⑤ 蓄电池容量余值显示 ⑥ 自适应巡航系统 ⑦ 电子控制消声器 ⑧ 电子控制动力转向 ⑨ 可变气门控制（VTEC、VVA） ⑩ 电子节气门（ETC）
安全方面	① 电子防抱死制动控制 ② 驱动防滑控制装置 ③ 电子主动悬架控制 ④ 电子控制四轮转向系统 ⑤ 安全气囊系统 ⑥ 刮水器自动控制 ⑦ 速度控制（限速与恒速） ⑧ 车窗自动控制 ⑨ 轮胎气压报警 ⑩ 防盗报警 ⑪ 防撞车间距报警 ⑫ 未系安全带报警，安全带自动锁紧控制 ⑬ 明暗灯光控制 ⑭ 冲撞记录仪 ⑮ 前照灯控制 ⑯ 后视镜控制 ⑰ 电子门锁	① 路面状态显示 ② 防碰撞自动控制 ③ 死角处障碍物报警 ④ 安全雷达 ⑤ 制动管路故障应急制动 ⑥ 睡眠检测报警 ⑦ 驾驶人突病时自控 ⑧ 电子操纵紧急制动 ⑨ 酒醉检测安全自控 ⑩ 后视摄像及屏幕显示 ⑪ 声音合成报警系统 ⑫ 故障预警提示系统 ⑬ 倒车测距系统 ⑭ 电子稳定程序系统（ESP）

续表

系统	已采用	逐步推广中
舒适性方面	① 空调自动控制 ② 座椅自动调整 ③ 自动照明 ④ 红外线控制车门开关 ⑤ 车窗、车门自动开关（声控） ⑥ 高级立体音响 ⑦ 无线电调谐自动预选 ⑧ 无钥匙开车 ⑨ 车用电视机及音响	① 全自动空调（温度、湿度、清洁度、含氧量）系统 ② 道路交通信息系统 ③ 行驶路线最优化选择控制 ④ 声控驾驶
故障诊断	车载故障自诊断（OBD-Ⅱ）	① 车载故障自诊断（OBD-Ⅲ） ② 远程车辆故障诊断

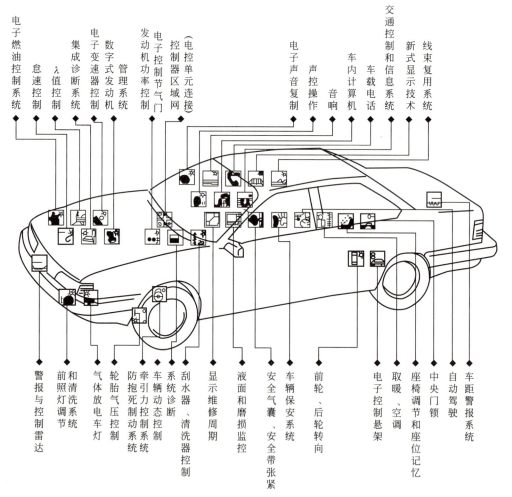

图 1.1 电子控制技术在汽车上的应用

1.3　汽车电子控制系统的基本组成

汽车电子控制系统主要由信号输入装置、电子控制单元（electronic control unit，ECU）和执行器等组成。

1.3.1　信号输入装置

信号输入装置包括传感器和开关。车用传感器有两类，一类用于控制汽车运行状态，另一类让驾驶人了解某些信息和状态（如冷却液温度、润滑油压力、燃油量等）。车用传感器的类型和功能见表 1-2。

表 1-2　车用传感器的类型和功能

物理量	测试部位	传感元件	基本要求	应用范畴（系统）
转角	曲轴角度	电磁型拾音器、光电遮断器、霍尔集成电路	小型化、提高分辨能力	电控燃油喷射系统
	节气门开度	电位计（电路组件）	提高触点的接触可靠性及使用寿命	
	转向角	光电遮断器、静电容量式	小型化、提高分辨能力	四轮转向系统、电子稳定程序
	车高	超声波、激光、电位计	低成本化	电子悬架系统
	角速度、方位	振动陀螺仪、光纤陀螺仪、地磁陀螺仪、排气流量陀螺仪	提高耐高温特性及灵敏度、低成本化、零件集成化、消除残留磁性	导航系统
转速	发动机转速	电磁型拾音器、霍尔集成电路	小型化、耐噪声	电控燃油喷射系统、电控自动变速器、驱动防滑系统、中央门锁、扰流器、导航系统等
	变速器转速	电磁型拾音器、霍尔集成电路、MR元件	耐振动、耐噪声、耐高温	
	车轮转速	电磁型拾音器、霍尔集成电路、MR元件	零点车速的检测	防抱死制动系统等
加速度	质心弹簧上的加速度	差动变量器、光电遮断器、霍尔集成电路	小型化、提高频率响应特性	防抱死制动系统、驱动防滑系统、四轮转向系统、电子悬架系统及导航系统
	碰撞加速度	机械式、半导体式开关	触点接触可靠、耐冲击、耐高温	安全气囊系统

续表

物理量	测试部位	传感元件	基本要求	应用范畴（系统）
压力	发动机进气压力	半导体式	密度校正	电控燃油喷射系统等
	发动机润滑油压力	机械式膜片、半导体式	触点接触可靠、耐高温、耐高压	
	制动液压力	半导体式	耐高温、耐高压	防抱死制动系统、驱动防滑系统
流量	发动机吸入空气量	翼片式、卡门涡旋式、热丝式、热膜式	触点接触可靠、耐振动、耐污染、耐噪声、耐吸气脉动	电控燃油喷射系统等
液量	燃油、润滑油、冷却液	浮子、电位计式、静电容量式	触点接触可靠、低成本、耐噪声	
温度	发动机冷却液温度	热敏电阻	提高灵敏度、小型化	
	发动机进气温度	铂电阻		
	制冷剂温度	热电偶、热敏电阻	提高放大器性能	
	变速器油液温度	热敏铁氧体	提高灵敏度	电控自动变速器
	控制器、汽车室内外温度	热敏电阻	提高灵敏度	空调系统、通风装置
废气/氧气	废气中氧浓度	导电陶瓷、电解质陶瓷	耐高温、稳定性好	电控燃油喷射系统

输入信号主要是由传感器或开关产生的电信号，输入计算机的信号通常为电压信号，电压信号分为模拟信号和数字信号两类，如图1.2（a）和图1.2（b）所示。模拟信号是指在给定范围内无穷可变的信号，来自传感器的信号大多是模拟信号。数字信号是指通—断、高—低或有—无三种状态中的一种。CPU接收的信号为数字信号。

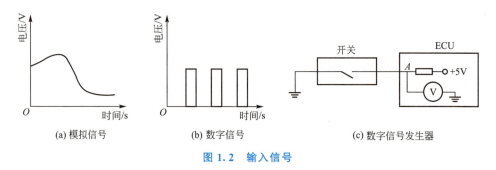

图1.2 输入信号

简单的数字信号发生器（如驾驶人操纵的开关）如图1.2（c）所示，当开关断开时，ECU A点处电压信号为5V；当开关闭合时，ECU A点处电压为0V。对于只需要"是—否"或"闭合—断开"的工作状态，都可以用开关作输入信号。开关通常控制搭铁。

1.3.2 电子控制单元

ECU 由输入接口、计算机和输出接口等组成，如图 1.3 所示。

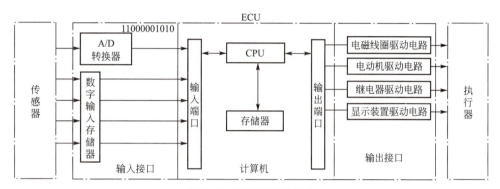

图 1.3 ECU 的基本结构

ECU 的基本功能如下。

信号输入：计算机接收传感器或开关的电信号，并对传感器提供基准工作电压（2V、5V、9V 或 12V）。

信号处理：采集输入信息，通过逻辑电路将输入信号加工成输出信号。

存储：程序指令、汽车参数、运算数据及故障信息等被存入存储器。

信号输出：计算机对输入信号进行处理后，调用程序指令，向执行器发出控制命令或向仪表板输出其他信息。

【拓展图文】

1. 输入接口

输入接口也称输入回路，传感器的信号只有经输入接口滤波、整形、放大等处理才能送到计算机进行运算，如图 1.4 所示。由于传感器检测的信号有模拟信号和数字信号两类，而计算机只能接收数字信号，因此要用输入接口将模拟信号转换成数字信号，即在输入接口中采用 A/D 转换器，如图 1.5 所示。

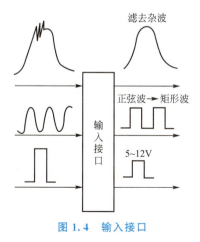

图 1.4 输入接口

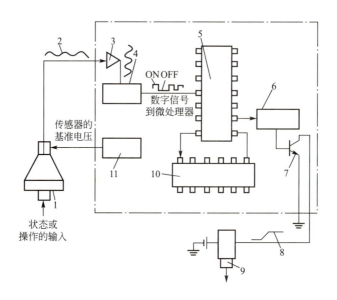

1—传感器；2—模拟信号；3—放大器；
4—A/D转换器；5—CPU；6—D/A转换器；7—功率晶体管（或驱动器）；
8—模拟信号；9—执行器；10—存储器；11—稳压器。

图1.5 信号转换

2. 计算机

计算机由输入端口和输出端口、CPU、存储器、地址总线和数据总线等组成，如图1.6所示。

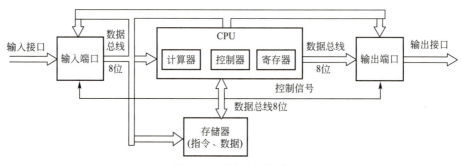

图1.6 计算机的组成

3. 输出接口

计算机输出的信号是数字信号，而有些执行器需要计算机输出模拟信号，此时输出接口需要D/A转换器。由于计算机输出的信号较弱，不能直接控制执行器，因此输出电路中大多采用由大功率晶体管组成的输出驱动器（图1.7），计算机输出信号控制晶体管的导通与截止，从而控制执行器的搭铁回路。

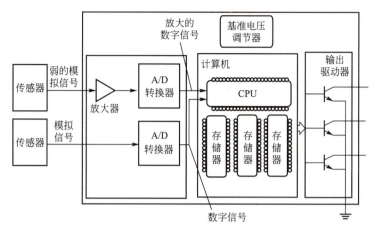

图 1.7　输出接口

1.3.3　执行器

执行器根据 ECU 输出的控制信号执行某项控制功能。常用执行器见表 1-3。

表 1-3　常用执行器

执行器		驱动能源	应用范畴（系统）
电动机	直流电动机	电能	刮水器
	伺服电动机	电能	节气门开度
	步进电动机	电能	节气门开度、电子悬架阻尼与刚度控制
控制阀	2/2 开关阀	液压/气动	防抱死制动系统、驱动防滑系统、电控自动变速器
	3/3 开关阀	液压/气动	
	比例压力阀	液压/气动	离合器控制、无级变速器金属带夹紧力控制
	比例流量阀	液压/气动	无级变速器连续速比控制
继电器		电能	电磁阀驱动、电动机驱动
电磁铁	比例	电能	电磁离合器、比例液压阀
	开关	电能	开关电磁阀

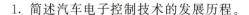

1. 简述汽车电子控制技术的发展历程。
2. 简述电子控制技术在汽车上的应用。
3. 简述汽车电子控制系统的基本组成。
4. 汽车电子控制技术有哪些发展趋势？

【拓展视频】

第 2 章
发动机电子控制系统

教学提示

汽车电子控制技术最早应用于发动机的控制。发动机电子控制技术的广泛应用,极大地提高了汽车发动机的技术性能。

教学要求

本章主要介绍电子控制技术在汽车发动机上的应用,重点介绍了电控燃油喷射技术、电控点火技术及发动机辅助控制技术。要求学生了解控制原理,熟悉系统组成和工作特性。

为确保汽车发动机在各种工况和使用条件下均有良好的燃油经济性、动力性和排放性能，必须对发动机进行精确的电子控制。发动机电子控制系统主要由电控燃油喷射系统、电控点火系统、怠速和排放控制系统等组成。

限于篇幅，本书只讲授汽油发动机电子控制技术，关于柴油发动机电子控制技术，学生可参考相关专题技术文献。

2.1 电控燃油喷射系统概述

2.1.1 汽油机对空燃比的要求

1. 可燃混合气浓度的表征方法

为了使汽油发动机正常运转，必须为其提供连续可燃的空气汽油混合气。在欧美国家，可燃混合气的成分通常用进入气缸的空气（air）和燃料（fuel）的质量比——空燃比（A/F）来表示。

理论上，要使1kg汽油完全燃烧，需要14.7kg的空气与之充分混合，因此将空燃比为14.7的可燃混合气称为理论混合气。若可燃混合气的空燃比小于14.7，则说明可燃混合气中燃油含量有余而空气含量不足，称为浓混合气；若可燃混合气的空燃比大于14.7，则说明可燃混合气中燃油含量不足而空气含量有余，称为稀混合气。即

$$\lambda = A/F < 14.7 \quad 浓混合气$$
$$\lambda = A/F = 14.7 \quad 理论混合气$$
$$\lambda = A/F > 14.7 \quad 稀混合气$$

对于不同的燃料，其理论空燃比是不同的。

我国习惯使用过量空气系数 Φ 来表征可燃混合气的浓度。

$$\Phi = L/L_0$$

式中，L 为燃烧1kg燃料实际供给的空气质量；L_0 为完全燃烧1kg燃料所需的理论空气质量。

由过量空气系数的定义可知：无论使用任何燃料，都有

$$\Phi = L/L_0 < 1 \quad 浓混合气$$
$$\Phi = L/L_0 = 1 \quad 理论混合气$$
$$\Phi = L/L_0 > 1 \quad 稀混合气$$

2. 可燃混合气浓度对发动机性能的影响

空燃比是发动机燃料供给系统的一个非常重要的参数，空燃比对发动机的动力性、经济性和排放性能均有重要影响。

如图2.1所示，当可燃混合气空燃比发生变化时，发动机的火焰温度、耗油率和输出功率都会随之发生变化。

当 A/F 约为12.5时，由于混合气燃烧速度最快，发动机产生的转矩最大，故发动机的动力性最好，因此称其为功率空燃比。当 A/F 为16时，由于混合气较稀，有利于汽油完全燃烧，可降低发动机的油耗，此时发动机的经济性最好，因此称其为经济空燃比。

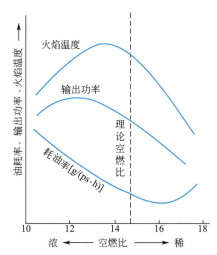

图 2.1　可燃混合气空燃比对发动机油耗率、输出功率和火焰温度的影响

如图 2.2 所示，可燃混合气空燃比对发动机有害排放物的浓度有直接影响。

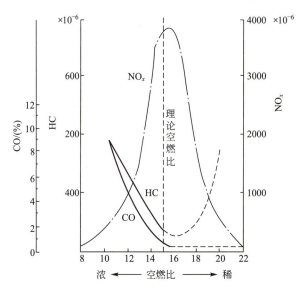

图 2.2　可燃混合气空燃比对发动机有害排放物浓度的影响

由此可见，发动机的性能与空燃比有着密切的关系，但影响程度和变化规律各不相同，故精确控制可燃混合气的空燃比是比较复杂且非常重要的问题。

3. 不同工况下发动机对空燃比的要求

在实际运行过程中，发动机工况在工作范围内不断变化，并且在工况变化时，发动机对可燃混合气空燃比的要求也不同。

（1）**稳定工况对混合气的要求**。发动机的稳定工况是指发动机已经完全预热，进入正常运转，而且在一定时间内转速和负荷没有突变。稳定工况可分为怠速、小负荷、中等负荷、大负荷和全负荷等。

① **怠速和小负荷工况**。怠速工况是指发动机对外无功率输出，并且以最低稳定转速

运转的情况。此时,混合气燃烧后所做的功只用于克服发动机内部的阻力并使发动机保持最低转速稳定运转。

汽油发动机怠速转速为(800±100) r/min。在怠速工况下,节气门处于关闭状态。此时吸入气缸内的可燃混合气不仅数量极少,而且汽油雾化蒸发不良,进气管中的真空度很高,当进气门开启时,缸内压力仍高于进气管压力,使得气缸内的混合气废气率较大。此时,为保证混合气正常燃烧,必须提高其浓度,如图2.3中的A点。随着负荷的增加和节气门稍微开大而转入小负荷工况,吸入混合气的品质逐渐改善,故在小负荷工况下,发动机对混合气成分的要求如图2.3中AB段所示,即发动机在小负荷工况运行时,供给混合气也应加浓,但加浓的程度随负荷的增加而减小。

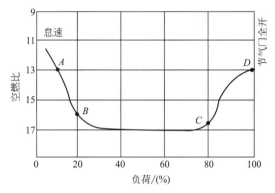

图2.3 汽油机负荷变化时所需要的空燃比

② **中等负荷工况**。汽车发动机的大部分工作时间都处于中等负荷状态。此时节气门有足够大的开度,上述影响因素不复存在,因此可供给发动机较稀的混合气,以获得最佳燃油经济性。该工况相当于图2.3中的BC段,空燃比为16~17。

③ **大负荷和全负荷工况**。在大负荷工况下,节气门开度已超过75%,此时应随着节气门开度的增大而逐渐地加浓混合气以满足发动机功率的要求,如图2.3中CD段所示。

但实际上,在节气门全开之前,如果需要获得更大的转矩,只要把节气门进一步开大就能实现,没有必要使用功率空燃比来提高功率,而应当继续使用经济混合气来达到省油的目的。

因此,在节气门全开之前的所有部分负荷工况都应按经济混合气配制。只是在全负荷工况下,节气门已经全开,为了获得该工况下的最大功率必须供给功率混合气,如图2.3中的D点。在从大负荷过渡到全负荷工况的过程中,混合气的加浓应逐渐变化。

(2) **过渡工况对混合气的要求**。汽车在运行中的主要过渡工况有冷起动、暖机、加速和减速三种形式。

① **冷起动**。冷起动时,应供给发动机很浓的混合气,以保证混合气中有足够的汽油蒸气,使发动机能够顺利起动。但在冷起动时燃料和空气的温度很低,汽油蒸发率很低,为了保证冷起动顺利,要求提供极浓的混合气。

② **暖机**。发动机冷起动后,各气缸开始依次点火而做功,发动机温度逐渐上升,即暖机。由于发动机在暖机过程中温度较低,燃油雾化较差,因此需要空燃比较小的浓混合气,而且随着发动机温度升高空燃比逐渐增大,直至达到正常工作温度时为止,发动机进入怠速工况。

③ **加速和减速**。发动机的加速是指发动机的转速突然迅速增加的过程,此时驾驶人

猛踩加速踏板，节气门开度突然增大，进气管压力随之增大，由于燃油的流动惯性和进气管压力增大后燃油蒸发量减少，因此大量燃油颗粒沉积在进气管壁面上，形成较厚油膜，而进入气缸内的实际混合气瞬时被稀释，严重时会出现过稀现象，发动机转速下降。为了避免这一现象发生，在发动机加速时，应向进气管喷入一些附加燃油以弥补加速时的暂时稀释，从而获得良好的加速性能。

当汽车减速时，驾驶人迅速松开加速踏板，节气门突然关闭，受惯性作用发动机仍保持很高的转速，进气管真空度急剧增大，促使附着在进气管壁面上的燃油蒸发汽化，并在空气量不足的情况下进入气缸内，造成混合气过浓，严重时甚至熄火。因此，发动机减速时应供给较稀的混合气，以避免上述现象发生。

在传统的发动机燃料供给系统中，通过安装在进气总管上的化油器（也称汽化器）进行燃料和空气混合。尽管化油器的结构日趋复杂和精密，但由于其存在各个气缸之间燃油分配不均匀、在过渡工况和冷态运行时混合气成分控制精度低、难以实现反馈控制等固有的缺陷，我国从 2001 年开始在全国范围内禁止生产、销售化油器类乘用车及五座客车，化油器式燃料供给系统被燃油喷射式燃料供给系统取代。

2.1.2　燃油喷射的概念

燃油喷射（fuel injection）就是用喷油器将一定压力和数量的汽油喷入进气道或气缸（图 2.4）。**其目的是提高燃油雾化质量，改进燃烧，改善发动机性能。**

图 2.4　燃油喷射

电控燃油喷射的原理是采用电动喷油器，ECU 根据发动机运行工况和使用条件将适量的燃油喷入进气道或气缸，实现对发动机供油量的精确控制。

2.1.3　燃油喷射系统的分类

1. 按喷油器的布置分类

燃油喷射系统按喷油器的布置可以分为单点燃油喷射系统和多点燃油喷射系统两类。

（1）**单点燃油喷射（single-point injection，SPI）系统**。如图 2.5 所示，在节气门体上安装一个或两个喷油器集中向进气管中喷油，与进气气流混合形成燃油混合气，在各缸进气行程中,燃油混合气被吸入气缸,这种喷射方式也称节气门体喷射(throttle body injection,TBI)或中央燃油喷射(central fuel injection,CFI)。

单点燃油喷射系统结构简单、工作可靠,对发动机本身结构改动量小,特别适合化油器式发动机的技术改造。但与化油器式发动机一样存在各缸混合气分配均匀性差的问题,近年来已经逐步被多点燃油喷射系统取代。

(2) **多点燃油喷射(multi-point injection,MPI)系统**。如图2.6所示,在多点燃油喷射系统中,每一个气缸都有一个喷油器,其特点是可以保证各缸混合气的均匀性和空燃比的一致性。

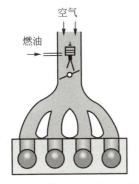

图 2.5　单点燃油喷射系统

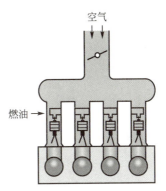

图 2.6　多点燃油喷射系统

【拓展图文】

【拓展图文】

根据喷油器的位置不同,多点燃油喷射又分为进气管喷射(图2.7)和缸内喷射(图2.8)两种。

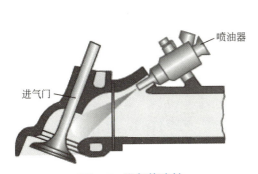

图 2.7　进气管喷射

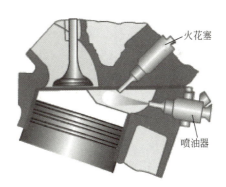

图 2.8　缸内喷射

① **进气管喷射**。喷油器安装在进气歧管内各缸进气门附近,按照一定的规律适时地将燃油喷入进气歧管。喷油器的工作条件较好,喷油器的制造难度和成本较低,在汽车上得到了广泛应用。

装备大众EA211系列发动机的奥迪A3、高尔夫7、宝来、斯柯达明锐、朗逸、速腾等乘用车均采用了进气管喷射系统。

【拓展视频】

② **缸内喷射**。缸内喷射又称缸内直接喷射(gasoline direct injection,GDI)。缸内喷射与柴油喷射类似,通过喷油器将燃油以较高的压力(3~4MPa)直接喷射到气缸内。由于喷射压力高,燃油一喷入气缸就会汽化,因此可燃混合气可以更稀(空燃比可达35),

燃油经济性提高30%，并显著减少在进气门出现燃油积垢和积炭的现象。

缸内喷射需要将喷油器装在缸体上。由于汽油黏度低、喷射压力较高，而且缸内工作条件恶劣（高温、高压），因此对喷油器的技术条件和加工精度要求较高，故目前应用不多。但缸内喷射是发动机燃油喷射技术的发展方向，将逐步取代进气管喷射。

2. 按喷射装置的控制方式分类

燃油喷射系统按喷射装置的控制方式可以分为机械式燃油喷射系统、机电结合式燃油喷射系统和电控燃油喷射系统三类。

（1）机械式燃油喷射系统（K系统）。机械式燃油喷射系统是一种机械控制的喷射系统，如图2.9所示。其于二十世纪五六十年代开始应用于汽车上，典型代表是德国博世公司研制的K-Jetronic系统（K系统），它应用在早期的奔驰和奥迪汽车上。

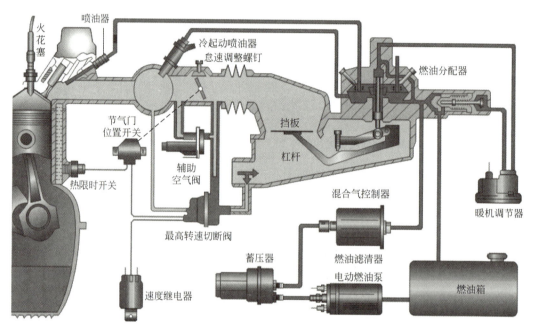

图2.9 机械式燃油喷射系统（K系统）

燃油被电动燃油泵从燃油箱吸出并加压，稳压后经过燃油滤清器去除杂质后进入燃油分配器。燃油分配器和空气计量器组成一个总成——混合气控制器，以控制喷油器喷入的燃油量和混合气浓度。发动机某缸进气门开启后，混合气被吸入气缸。

除上述基本装置外，为了适应汽车发动机在各种工况下对混合气质量和浓度的不同要求，系统中还设置了相应的辅助调节装置，如冷起动装置、暖机调节器和辅助空气阀等。

（2）机电结合式燃油喷射系统（KE系统）。机电结合式汽油喷射系统在机械式燃油喷射系统的基础上，增加了ECU，如图2.10所示。其中德国博世公司生产的KE-Jetronic系统最具代表性。

机电结合式燃油喷射系统有一个可以根据发动机不同工况控制差压阀下腔油压的ECU和与其对应的电液式系统压力调节器。ECU处理发动机运行工况的多种参数，并把计算结果以电流的形式输送给电液式系统压力调节器，压力调节器将其转换成差压阀下腔

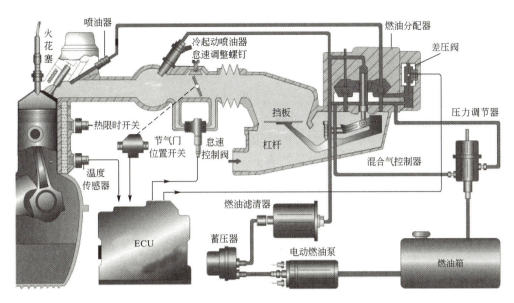

图 2.10　机电结合式汽油喷射系统（KE 系统）

的油压来满足不同工况对混合气的要求。

机械式燃油喷射系统和机电结合式燃油喷射系统在 20 世纪 60—70 年代的汽车上得到了广泛应用。随着排放法规的日益严格和电子控制技术的日趋成熟，20 世纪 80 年代以后，电控燃油喷射系统逐渐取代了机械式燃油喷射系统和机电结合式燃油喷射系统，并开始广泛应用于汽车上。

（3）**电控燃油喷射系统**（图 2.11）。**电控燃油喷射（electronic fuel injection，EFI）系统一般由空气供给系统、燃油供给系统和电子控制系统三部分组成。**

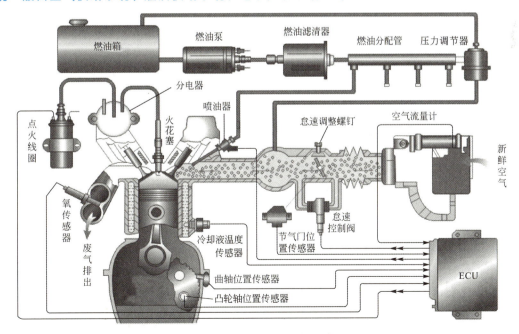

图 2.11　电控燃油喷射系统

电控燃油喷射系统的电子控制系统主要由ECU、各种传感器和执行器三部分构成。ECU通过对各种传感器的信号进行运算获得发动机的运行状况，发出指令控制喷油器的喷油时刻和喷油量，从而精确控制各工况的空燃比。

电控燃油喷射系统按控制过程又可分为开环控制方式和闭环控制方式。

① 开环控制方式。把发动机各运行工况的最佳控制参数（如喷油量）事先存入ECU的存储器。运行时，ECU根据各种开关和传感器的参数确定发动机的实际运行工况，从事先存入的数据表（常称作MAP表）中查出该工况的最佳控制参数，并发出控制命令，控制执行机构（如喷油器）动作，如图2.12所示。

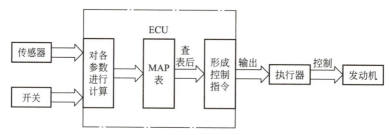

图2.12　开环控制方式

开环控制方式的特点是控制过程简单，ECU运算工作量小。但当使用条件发生变化（如喷油器的精度变化、使用时间增加）时，其控制精度会有较大的误差，因此对控制系统本身及各组成部分的精度要求较高。

② 闭环控制方式。闭环控制方式在开环控制方式的基础上增加反馈环节，根据输出结果对控制指令进行调整（修正），即在发动机排气管上加装氧传感器，根据排气中氧含量的变化调整控制指令，改变喷油量，如图2.13所示。

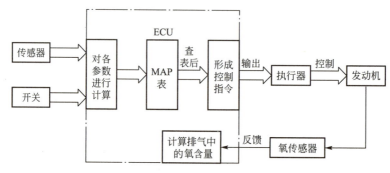

图2.13　闭环控制方式

在闭环控制方式下不断地进行反馈和调整（修正），使实际空燃比保持在理想值附近，以达到最佳控制效果。

3. 按喷油方式分类

燃油喷射系统按喷油方式可以分成连续喷射（continuous fuel injection，CFI）系统和间歇喷射系统。

（1）连续喷射系统。在发动机运转期间，燃油连续不断喷射。机械式燃油喷射系统和机电结合式燃油喷射系统主要采用连续喷射。

（2）**间歇喷射系统**。在发动机运转期间，燃油按照一定的规律间歇喷射。电控燃油喷射系统都采用间歇喷射。

间歇喷射按喷射时序分为同时喷射、分组喷射和顺序喷射，如图 2.14 所示。

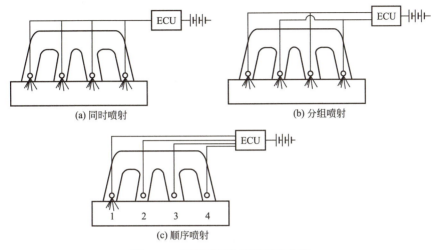

图 2.14　间歇喷射按喷射时序分类

① **同时喷射**：在发动机运转期间，各缸喷油器同时开启且同时关闭，如图 2.14（a）所示，ECU 的同一个喷油指令同时控制所有喷油器的工作。

② **分组喷射**：喷油器分成两组（或多组），按照既定顺序交替喷射，如图 2.14（b）所示，ECU 发出两路喷油指令，分别控制两组喷油器的工作。

③ **顺序喷射**：各缸喷油器分别按各自的做功顺序在各缸进气行程前喷射，如图 2.14（c）所示，ECU 需要发出四路喷油指令，分别控制各缸喷油器的工作。

4. 按进气量的检测方式分类

燃油喷射系统按进气量的检测方式可以分为直接测量式和间接测量式。

（1）**直接测量式燃油喷射系统**。利用空气流量计直接测量单位时间内吸入进气管的空气流量。直接测量式燃油喷射系统也称质量-流量式燃油喷射系统或 L 型燃油喷射系统（L 为德文空气流量 luftmengen 的字头）。按照空气流量计的种类不同，直接测量式又分为**叶片式空气流量计（测量体积流量）直接测量式、卡门涡旋式空气流量计（测量体积流量）直接测量式、热线式空气流量计（测量质量流量）直接测量式、热膜式空气流量计（测量质量流量）直接测量式**。

（2）**间接测量式燃油喷射系统**。通过对其他参数（进气歧管绝对压力、节气门开度和发动机转速）的测量，并经过计算处理得到进气量的值。

间接测量式燃油喷射系统可分为速度-密度式和节气门-速度式。速度-密度式燃油喷射系统根据进气管绝对压力和发动机转速计量发动机每循环的进气量，而节气门-速度式燃油喷射系统根据节气门开度和发动机转速计量发动机每循环的进气量，从而计算所需的喷油量。

间接测量常用进气歧管绝对压力式，即采用进气歧管绝对压力传感器测量进气管的绝对压力以确定进气量。这种系统也称 D 型燃油喷射系统（D 为德文压力 druck 的首字母）。

在汽油发动机上通常采用直接测量式燃油喷射系统和速度-密度式燃油喷射系统。

由于直接测量式燃油喷射系统通过空气流量传感器（air flow sensor，AFS）直接测量发动机的进气量，再根据进气量和转速来确定发动机每工作循环的供油量，因此其比速度-密度式燃油喷射系统测量发动机进气量精度高、稳定性好。

综上所述，汽车发动机燃油喷射系统的分类情况如图 2.15 所示。

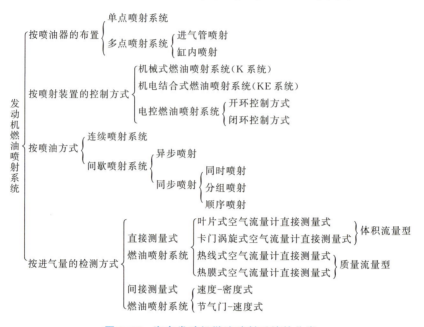

图 2.15　汽车发动机燃油喷射系统的分类

2.2　电控燃油喷射系统的基本组成

发动机电控燃油喷射系统主要由空气供给系统、燃油供给系统和电子控制系统组成，直接测量式和间接测量式分别如图 2.16 和图 2.17 所示。

2.2.1　空气供给系统

【拓展图文】

空气供给系统用于向发动机提供新鲜空气，并测量进入气缸的空气量。按怠速进气量的控制方式不同，空气供给系统分为旁通空气式和直接供气式两种，如图 2.18 所示。

旁通式空气供给系统曾在中低档发动机中广泛采用。随着电控节气门技术的日益普及，目前生产的新型发动机已普遍采用控制精度更高的直接供气式空气供给系统。

1．旁通空气式空气供给系统

旁通空气式空气供给系统主要由空气滤清器、空气流量传感器、进气管、旁通空气道、怠速控制阀、进气歧管、动力腔、节气门位置传感器、进气温度传感器等组成。

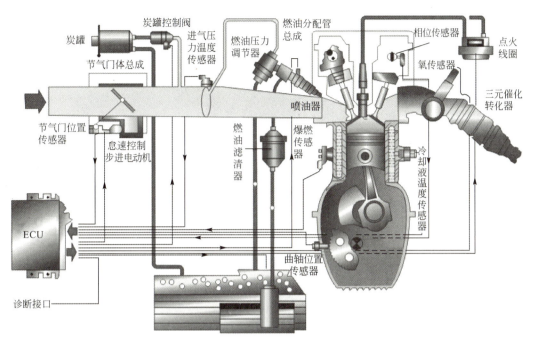

图 2.16 发动机电控燃油喷射系统（直接测量式）

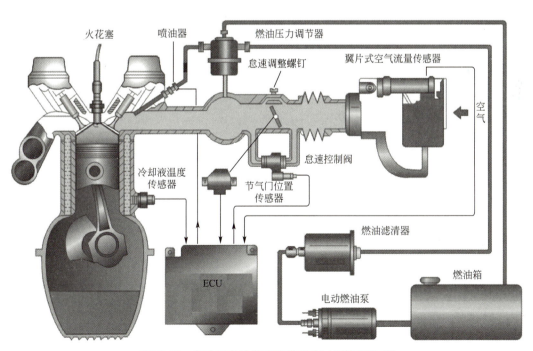

图 2.17 发动机电控燃油喷射系统（间接测量式）

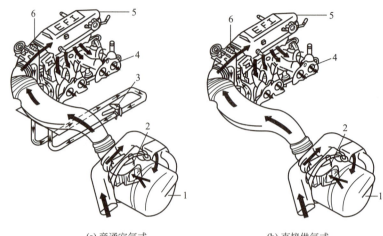

(a) 旁通空气式　　　　　　　(b) 直接供气式

1—空气滤清器；2—空气流量传感器；3—怠速控制阀；4—进气歧管；5—动力腔；6—节气门体。

图 2.18　空气供给系统

发动机正常工作时，空气流通路线为进气口→空气滤清器→空气流量传感器→进气管→节气门体→动力腔→进气歧管→进气门→气缸。

发动机怠速运转时，空气流通路线为进气口→空气滤清器→空气流量传感器→进气管→节气门前端的旁通空气道入口→怠速控制阀→节气门后端的旁通空气道出口→动力腔→进气歧管→进气门→气缸。

2. 直接供气式空气供给系统

直接供气式空气供给系统主要由空气滤清器、空气流量传感器、进气管、进气歧管、动力腔、节气门位置传感器、进气温度传感器等组成。采用节气门直接控制的发动机控制系统，没有设置旁通空气道。

发动机正常工作和怠速运转时的空气流通路线完全相同：进气口→空气滤清器→空气流量传感器→进气管→节气门体→动力腔→进气歧管→进气门→气缸。空气经滤清器滤清后，经节气门体流入动力腔，再分配给各缸进气歧管。进入气缸的空气量由 ECU 根据安装在进气道上的空气流量传感器检测的进气量信号确定。

3. 空气供给系统的结构特点

发动机空气供给系统的进气道较长且设有动力腔，以充分利用进气管内的空气动力效应，增大各种工况下的进气量，提高发动机的动力性。

气流惯性效应是指在进气管内高速流动的气流在活塞到达进气行程的下止点之后，仍可利用进气气流的惯性继续充气一段时间，从而增大进气量。因为适当增大进气管的长度能够充分利用气流的惯性效应来增大进气量，所以燃油喷射式发动机都采用了较长的进气管，并将进气歧管制成较大弧度，以便充分利用气流惯性效应来提高进气量。

气流压力波动效应是指各个气缸周期性、间歇性地进气，导致进气管内产生一定幅度的气流压力波动。气流压力波动会沿着进气管以声速传播并往复反射。如果进气管的形状有利于压力波反射并产生一定的共振，就能利用共振后的压力波提高进气量。

为了利用气流压力波动效应，大多数燃油喷射式发动机在进气管中部设有一个动力腔或在进气管的旁边设有一个与进气管相通的谐振腔,以利于进气管内压力波的共振提高进气量。

2.2.2 燃油供给系统

1. 燃油供给系统的组成

燃油供给系统向发动机提供混合气燃烧所需的燃油,主要由燃油箱、电动燃油泵、输油管、燃油滤清器、燃油压力调节器、燃油分配管(或称燃油导轨)、喷油器和回油管等组成,如图2.19所示。

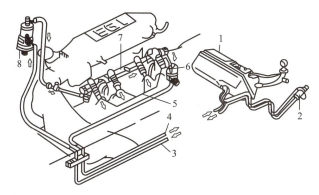

1—燃油箱;2—电动燃油泵;3—输油管;4—回油管;5—喷油器;
6—燃油压力调节器;7—燃油分配管;8—燃油滤清器。

图 2.19 燃油供给系统

2. 燃油压力调节器

喷油器的喷油量取决于喷油器的喷孔截面、喷油时间和喷油压差。在电控燃油喷射系统中,ECU通过控制喷油器的喷油时间控制喷油量,因此要保证对燃油喷射量的精确控制,在喷油器的结构尺寸一定时,必须保持恒定的喷油压差。

喷油器将燃油喷入进气管,燃油分配管内燃油压力与进气管内气体压力的差值就是喷油压差,一般约为300kPa。而进气管内的气体压力是随发动机转速和负荷的变化而变化的,要保持恒定的喷油压差,必须根据进气管内压力的变化来调节燃油压力。

燃油压力调节器的功用就是调节燃油压力,使喷油压差保持恒定。

燃油压力调节器通常安装在燃油分配管的一端(图2.20),其结构如图2.21所示,主要由膜片、弹簧和回油阀等组成。膜片将调节器壳体内部分成两个室,即弹簧室和燃油室。膜片上方的弹簧室通过软管与进气管相通,膜片与回油阀相连,回油阀控制回油量。

发动机工作时,燃油压力调节器的膜片上方承受的压力为弹簧的弹力和进气管内气体的压力之和,膜片下方承受的压力为燃油压力,

图 2.20 燃油压力调节器实物

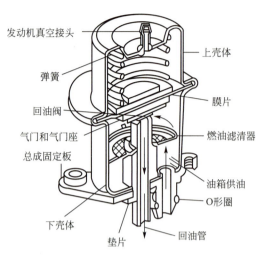

图 2.21 燃油压力调节器的结构

当膜片上、下承受的压力相等时,膜片处于平衡位置不动。

当进气管内气体压力下降(真空度增大)时,膜片向上移动,回油阀开度增大,回油量增多,燃油分配管内的燃油压力下降;反之,当进气管内的气体压力升高时,膜片向下移动,回油阀开度减小,回油量减少,燃油分配管内的燃油压力升高。

由此可见,在发动机工作时,燃油压力调节器通过控制回油量来调节燃油分配管内的燃油压力,从而保持喷油压差恒定不变。

发动机工作时,由于电动燃油泵的供油量远大于发动机消耗的油量,因此回油阀始终保持开启,使多余燃油经过回油管流回燃油箱。发动机停止工作(燃油泵停转)时,随着燃油分配管内燃油压力的下降,回油阀在弹簧的作用下逐渐关闭,以保持燃油系统内有一定的残余压力。

进入发动机气缸的燃油流经路线:燃油箱→电动燃油泵→输油管→燃油滤清器→燃油分配管→喷油器。当电动燃油泵泵入供油系统的燃油增多、油路中的油压升高时,燃油压力调节器将自动调节燃油压力,保证供给喷油器的油压基本不变。供油系统过剩的燃油经回油管流回燃油箱。

燃油压力调节器不能维修,若工作不良则应更换,拆卸时注意应先释放燃油系统压力。

3. 燃油压力脉动阻尼器

在一些电控燃油喷射系统的电动燃油泵或燃油分配管上装有燃油压力脉动阻尼器,其作用是降低喷油器喷油时引起的燃油压力波动及噪声。

燃油压力脉动阻尼器的结构如图 2.22 所示,主要有膜片、回位弹簧和外壳等。发动

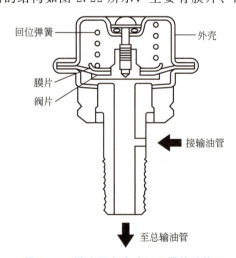

图 2.22 燃油压力脉动阻尼器的结构

机工作时，燃油经过燃油压力脉动阻尼器膜片下方进入输油管，当燃油分配管的燃油压力瞬时增大时，膜片受压上移，膜片下方的空间增大，油压减小；当燃油分配管的燃油压力瞬时减小时，膜片受回位弹簧回复力的作用下移，膜片下方的空间减小，油压增大。控制燃油压力脉动阻尼器膜片下方的容积变化，从而稳定燃油系统的油压。

燃油压力脉动阻尼器一般不会发生故障，需进行拆卸时，注意应先释放燃油系统压力。

2.2.3 电子控制系统

发动机电控燃油喷射系统的电子控制系统由信号输入装置、ECU 和执行器三部分组成，如图 2.23 所示。

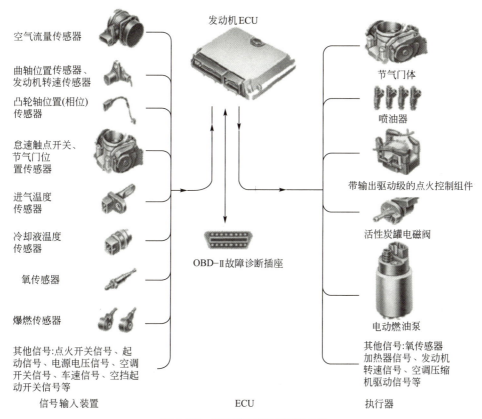

图 2.23　燃油喷射电子控制系统

1. 信号输入装置

信号输入装置包括各种传感器和开关。发动机传感器安装在发动机的不同部位，用于检测发动机运行状态的各种参数，并将其转换成计算机能够识别的电信号输入 ECU。发动机传感器及开关信号的主要功用如下。

（1）空气流量传感器或进气歧管压力传感器（manifold absolute pressure sensor，MAP）：用于检测吸入发动机气缸的进气量。空气流量传感器能直接检测发动机的进气量，进气歧管压力传感器只能间接测量发动机的进气量。

（2）曲轴位置传感器（crankshaft position sensor，CPS）：用于检测发动机曲轴的转速和转角，控制喷油提前角和点火提前角。

（3）凸轮轴位置传感器（camshaft position sensor，CPS）：用于检测活塞上止点位置，控制开始喷油时刻和开始点火时刻，故又称气缸识别传感器（cylinder identification sensor，CIS）。在部分汽车发动机电控系统中，曲轴位置传感器与凸轮轴位置传感器集成一体，统称曲轴位置传感器，并用 CPS 表示。

（4）节气门位置传感器（throttle position sensor，TPS）：用于检测节气门开度，如节气门关闭、部分开启和全开等。此外，ECU通过计算节气门位置传感器信号的变化率，从而得到汽车加速或减速信号。

（5）冷却液温度传感器（coolant temperature sensor，CTS）：俗称水温传感器，用于检测发动机冷却液温度。

（6）进气温度传感器（intake air temperature sensor，IATS）：用于检测吸入发动机气缸的空气的温度。

（7）氧传感器（exhaust gas oxygen sensor，EGOS）：用于检测排气管排出废气中氧的含量，来反映可燃混合气的空燃比。

（8）车速传感器（vehicle speed sensor，VSS）：用于检测汽车行驶速度。

（9）点火开关（ignition switch，IGN）信号：当点火开关接通"点火（IG）"挡位时，向 ECU 输入一个高电平信号。

（10）起动开关（starting switch，STA）信号：当点火开关接通"起动（ST）"挡位时，向 ECU 输入一个高电平信号。

（11）空调开关（air conditioning switch，A/C）信号：当空调开关接通时，向 ECU 提供接通空调的信号。

（12）电源电压（U-battery，UBAT）信号：向 ECU 提供蓄电池端电压信号。

（13）空挡起动开关（neutral start switch，NSW）信号：在装备自动变速器的汽车上，用于检测自动变速器的挡位选择开关是否处于空挡位置。

2．ECU

ECU（图 2.24）又称电子控制组件。ECU 用于接收各种传感器和控制开关输入的发动机工况信号，根据 ECU 内部预先编制的控制程序和存储的试验数据，通过数学计算和逻辑判断确定适应发动机工况的喷油时间和点火提前角等参数，并将这些参数转换为电信号控制各种执行元件动作，从而使发动机保持最佳运行状态。

图 2.24　ECU

ECU 还具有故障自诊断测试功能和应急处理功能（后备功能）。在 ECU 对发动机运行状态进行控制的同时，对传感器传输的信号进行监测与鉴别，当发现某传感器传输的信号参数超出规定值范围或没有传输信号时，ECU 判定该传感器或相关线路发生故障，并将故障信息编成代码存储在存储器中，以便维修时调用，且立即启用后备功能使发动机进入故障应急状态运行。

3. 执行器

执行器又称执行元件，是电子控制系统的执行机构。执行器接收 ECU 的控制指令，完成具体的控制动作。发动机电控燃油喷射系统常用执行器的主要功用如下。

（1）**电动燃油泵**：给发动机电子控制系统提供规定压力的燃油。
（2）**油泵继电器**：控制电动燃油泵电路的接通与断开。
（3）**喷油器**：接收 ECU 发出的喷油脉冲信号，并计量燃油喷射量。
（4）**氧传感器加热器**：加热氧传感器的检测部件，使传感器尽快投入工作。

在汽车电子控制系统中，还设有一个故障诊断插座（故障测试仪接口）。当控制系统发生故障或需要了解控制系统的工况参数时，利用测试仪通过故障诊断插座可以调取所需信息和参数。

2.3　电控燃油喷射系统传感器的结构原理

2.3.1　进气歧管压力传感器

1. 进气歧管压力传感器的作用

进气歧管压力传感器（图 2.25）用于测量发动机的进气量，又称进气歧管绝对压力传感器或进气绝对压力传感器。进气歧管压力传感器采用间接测量方式测量进气量，即依据发动机的负荷变化测出进气歧管内的绝对压力值，进而测算发动机的进气量。

图 2.25　常见的进气歧管压力传感器实物

【拓展图文】

2. 进气歧管压力传感器的分类

进气歧管压力传感器按信号产生的原理可分为电容式、半导体压敏电阻式、膜盒传动的可变电感式和声表面波式等。其中，电容式和半导体压敏电阻式进气歧管压力传感器在直接测量式电控燃油喷射系统中应用广泛。

(1) 电容式进气歧管压力传感器。

电容式进气歧管压力传感器利用传感器的电容效应测量进气歧管绝对压力,主要由氧化铝膜片及厚膜电极等构成,如图 2.26 所示。

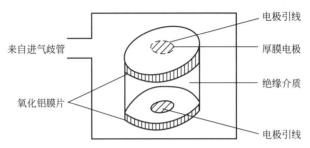

图 2.26　电容式进气歧管压力传感器的构成

压力转换元件由可产生电容效应的厚膜电极构成,电极附在氧化铝膜片上。当发动机进气歧管绝对压力变化时,氧化铝膜片产生变形,导致电极的电容产生相应变化,引起与其相关的振荡电路的振荡频率发生相应变化。

ECU 可根据传感器输出信号的频率确定进气歧管的绝对压力。传感器输出信号的频率和进气歧管绝对压力成正比,该频率在 80～120Hz 变化。

(2) 半导体压敏电阻式进气歧管压力传感器。

半导体压敏电阻式进气歧管压力传感器利用半导体的压阻效应测量进气歧管的绝对压力,主要由压力转换元件和将转换元件输出信号进行放大的混合集成电路等构成,如图 2.27 所示。

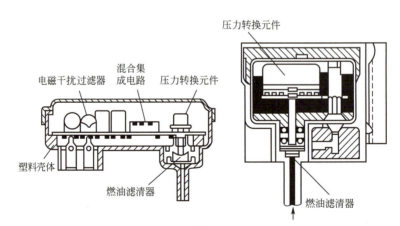

图 2.27　半导体压敏电阻式进气歧管压力传感器的构成

压力转换元件是利用半导体的压阻效应制成的硅膜片。硅膜片呈正方形有效工作面积约为 $3mm^2$。硅膜片上面是真空室,下面导入进气歧管压力,如图 2.28 所示。硅膜片的中部经光刻、腐蚀形成直径约为 2nm、厚度约为 50nm 的薄膜,薄膜周围安置了四个应变电阻,并且以惠斯通电桥方式连接而成。

当硅膜片受力变形时,其中应变电阻 R_2 和 R_4 受拉,其电阻值随应力增大而增大;而应变电阻 R_1 和 R_3 受压,电阻变化相反,即随应力增大而减小,使惠斯通电桥失去平衡,有信号输出;此外,进气歧管绝对压力越大,硅膜片受力变形量越大,输出的信号越强

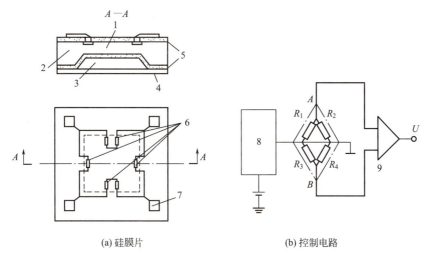

(a) 硅膜片　　　　　　　　　(b) 控制电路

1—硅片；2—歧管压力腔；3—真空管；4—硼硅酸玻璃片；5—二氧化硅膜；
6—应变电阻；7—金属片；8—稳压电路；9—差分放大器。

图2.28　半导体压敏电阻式歧管压力传感器的工作原理

烈。半导体压敏电阻式歧管压力传感器的输出信号电压具有随进气歧管绝对压力的增大而呈线性增大的特性。

由于输出信号较弱，因此需用混合集成电路进行放大后输出。该电路采用了差分电桥放大方式，可明显提高传感器灵敏度。

半导体压敏电阻式歧管压力传感器具有尺寸小、精度高、成本低、响应性好、通用性强和测量范围广等优点，应用非常广泛。

（3）膜盒传动的可变电感式歧管压力传感器。

膜盒传动的可变电感式歧管压力传感器主要由膜盒、铁芯、感应线圈和电子电路（图中未画出）等组成，如图2.29所示。

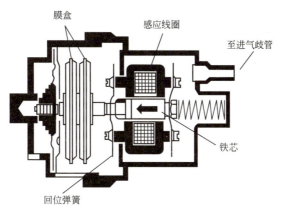

图2.29　膜盒传动的可变电感式歧管压力传感器

膜盒由薄金属片焊接而成，其内部被抽成真空，外部与进气歧管相通，膜盒外表压力变化将使其膨胀和收缩。感应线圈内部的铁芯与膜盒联动。

感应线圈由两个绕组构成，如图2.30所示，一个绕组与振荡电路相连，产生交流电压，在线圈周围产生磁场；另一个绕组用于产生信号电压。

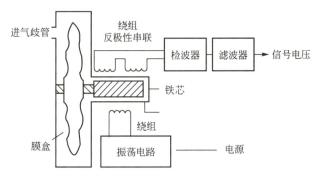

图 2.30 膜盒传动的可变电感式歧管压力传感器的工作原理

当进气歧管压力变化时，膜盒带动铁芯在磁场中移动，使感应线圈产生的信号电压随之变化，再将该电压信号送到电子电路，经检波、整形和放大后，作为传感器的输出信号送至 ECU。

（4）声表面波式歧管压力传感器。

在测控领域中，能够将电（声）信号能量转换成与之对应的声（电）信号能量的器件统称为电声换能器（electro-acoustic transducer）。声表面波（surface acoustic wave，SAW）是一种在固体浅表面传播的弹性波，能在压电材料表面激励/检测声表面波的器件称为叉指换能器（interdigital transducer，IDT）。声表面波式压力传感器属于电声换能器。

声表面波式进气歧管压力传感器的工作原理如图 2.31 所示。在以石英压电晶体基片为衬底的表面上，一端设有信号输入叉指换能器（IDT1），另一端设有信号输出叉指换能器（IDT2），在两者之间的区域刻划出针对气体压力敏感的薄膜（称为延迟线）。被测气体的压力作用到该薄膜上，使薄膜界面的物理性质发生变化，从而改变声表面波的传播速度或频率。因此，测量声表面波的频率偏移或相位延迟，即可检测出被测气体的压力。

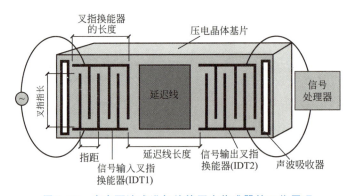

图 2.31 声表面波式进气歧管压力传感器的工作原理

2.3.2 空气流量传感器

1. 空气流量传感器的作用

空气流量传感器又称空气流量计，一般安装在进气道中空气滤清器的后方（图 2.32），用于检测发动机的进气量，并将进气量信息转换成电信号输入 ECU，以供 ECU 计算确定喷油时间（即喷油量）和点火时间，是发动机 ECU 计算喷油时间和点火时间的主要依据。

2. 空气流量传感器的分类

【拓展图文】

车用空气流量传感器主要有翼片式空气流量传感器、卡门涡旋式空气流量传感器和热式空气流量传感器等。

（1）翼片式空气流量传感器。

① 翼片式空气流量传感器的结构。翼片式空气流量传感器（图 2.33）由测量叶片（板）、缓冲叶片（板）、缓冲室、旁通空气道、怠速调整螺钉、回位弹簧等组成，如图 2.34 所示。此外，其内部还设有电动燃油泵开关及进气温度传感器等。

图 2.32 空气流量传感器的安装位置

图 2.33 翼片式空气流量传感器实物

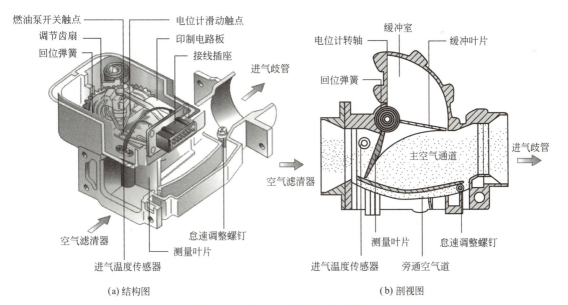

图 2.34 翼片式空气流量传感器

当点火开关接通而不起动发动机时，燃油泵开关控制燃油泵不工作，一旦翼片式空气流量传感器中有空气流过，燃油泵开关就闭合，燃油泵开始工作。

翼片由测量叶片和缓冲叶片组成，两者铸成一体。翼片转轴安装在壳体上，转轴一端装有回位弹簧。

当回位弹簧的弹力与吸入空气气流对测量叶片的推力平衡时，翼片处于稳定位置。测量叶片随进气量的变化在主空气通道内发生偏转，缓冲叶片在缓冲室内与其同步偏转，缓冲室对叶片起阻尼作用，即当发动机吸入空气量急剧变化和气流脉动时，减小翼片的脉动，使翼片平稳运转。

在空气流量传感器主空气通道的下方设有旁通空气道，在旁通空气道的一侧装有可改变旁通空气量的怠速调整螺钉，其可在空气流量小时对空气流量传感器的输出特性进行调节。

发动机怠速时的空燃比因发动机、燃油喷射装置及系统的不同，会出现若干偏差，故同样需要通过调整旁通空气道截面面积，使空气流量传感器的输出与目标值一致。

电位计安装在空气流量传感器壳体上方，其内部装有平衡配重、滑臂（图中未标出）、回位弹簧、调整齿扇和印制电路板等，如图 2.35 所示。

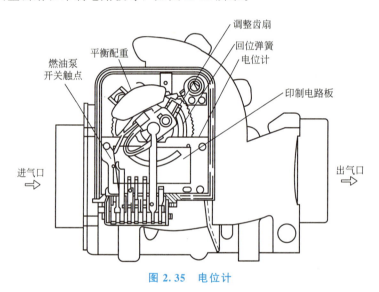

图 2.35　电位计

回位弹簧的一端固定在翼片转轴上，另一端固定在调整齿扇上。调整齿扇用卡簧定位，其上有刻度标记。改变调整齿扇的固定位置，可调整回位弹簧的预紧力，用以调整空气流量传感器的输出特性。

翼片转轴上端装着平衡配重和滑臂，随翼片一起动作，滑臂与印制电路板上的镀膜电阻接触，并在其上滑动。

印制电路板采用陶瓷基镀膜工艺制成，由可变电阻、燃油泵开关和进气温度传感器电路组成。

可变电阻的中央抽头是与翼片转轴联动的滑臂，并且通过接线连接器将进气量信号输出。燃油泵开关触点也受翼片转轴的控制，当翼片处于静止位置时，燃油泵开关触点被顶开，切断燃油泵电路；当翼片偏转时，燃油泵开关触点闭合，接通燃油泵电路。进气温度传感器安装在空气流量传感器主空气通道的进气口上。

由于不同温度时的空气密度不同，因此不同温度下同一体积的空气具有不同的质量。翼片式空气流量传感器只能测进气量（体积）而不能测进气质量。利用进气温度传感器，可对进气量信号进行修正，以提高进气量的测量精度。

② 翼片式空气流量传感器的工作原理。如图 2.36 所示，当空气通过空气流量传感器主空气通道时，翼片受到吸入空气气流压力及回位弹簧弹力的作用，当空气流量增大时，气流压力增大，使翼片逆时针偏转 α 角，直到两力平衡为止。

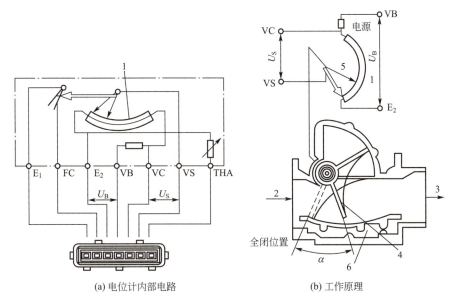

(a) 电位计内部电路　　(b) 工作原理

1—电位计；2—来自空气滤清器的空气；3—到发动机的空气；4—测量板；
5—电位计滑动触头；6—旁通空气道。

图 2.36　翼片式空气流量传感器的工作原理

与此同时，电位计中的滑臂与翼片同轴旋转，使得滑片电阻输出电位 V_S 提高，即电压 U_S 减小。ECU 则根据空气流量传感器输出的 U_S/U_B 电压比信号，测量发动机的进气量。U_S/U_B 电压比信号与空气流量成反比且呈线性下降，当吸入的空气流量减小时，翼片转角 α 减小，U_S 上升，则 U_S/U_B 随之增大。

（2）卡门涡旋式空气流量传感器。

卡门涡旋式空气流量传感器直接用电子方法测量进气量，与翼片式空气流量传感器相比，其具有体积小、质量轻、进气道简单、进气阻力小等优点。

卡门涡旋式空气流量传感器在进气管道中央设置一个锥体状的涡旋发生器，当空气流过时，在涡流发生器的后部将会不断产生称为卡门涡旋的涡流串，若测出卡门涡旋的频率则可感知进气量。

按照涡旋数的检测方式不同，卡门涡旋式空气流量传感器有超声波检测式和反光镜检测式两种。

超声波检测式卡门涡旋式空气流量传感器的工作原理如图 2.37 所示。

利用卡门涡旋引起的空气疏密度变化进行测量，用接收器接收连续发射的超声波信号，因接收的信号随空气疏密度的变化而变化，故测得涡旋频率，从而测得空气流量。

在卡门涡旋发生区空气通道的两侧分别装有超声波发生器和超声波接收器，超声波发

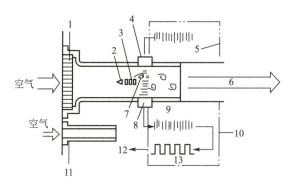

1—整流栅；2—涡旋发生器；3—涡旋稳定板；4—信号发生器（超声波发射头）；5—超声波发生器；
6—通往发动机；7—卡门涡旋；8—超声波接收器；9—与涡旋数对应的疏密声波；10—整形、放大电路；
11—旁通空气道；12—通往 ECU；13—整形成矩形波（脉冲）。

图 2.37　超声波检测式卡门涡旋式空气流量传感器的工作原理

射头沿涡旋的垂直方向发射超声波，由于涡旋使超声波的传播速度发生变化，因此超声波受到周期性调制，其振幅、相位、频率发生变化。

这种被调制后的超声波被超声波接收器接收后，转换成相应的电压，再经整形、放大电路，形成与涡旋数相应的矩形脉冲信号，然后被送入发动机 ECU 作为空气流量信号。

反光镜检测式卡门涡旋式空气流量传感器如图 2.38 所示。

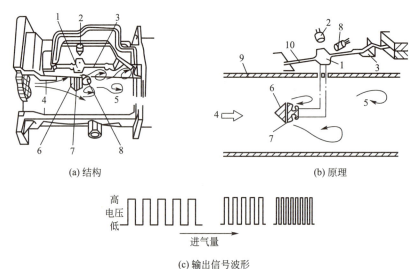

1—反光镜；2—发光二极管；3—弹性钢片；4—空气流；5—卡门涡旋；6—涡旋发生器；
7—压力导向孔；8—光敏晶体管；9—进气管路；10—支承板。

图 2.38　反光镜检测式卡门涡旋式空气流量传感器

将涡旋发生器两侧的压力变化通过压力导向孔引向由薄金属制成的反光镜表面，反光镜产生振动，并且一边振动，一边将发光二极管发射来的光反射给光敏晶体管，涡旋频率在压力作用下转换成镜面的振动频率，镜面的振动频率通过光电耦合器转换成脉冲信号，进气量越大，脉冲信号的频率越高；进气量越小，脉冲信号的频率越低。ECU 根据该脉冲信号的频率检测进气量（当然也要经过进气温度修正）和基准点火提前角。

由于卡门涡旋式空气流量传感器没有可动部件，反应灵敏，测量精度高，因此应用广泛。

由于卡门涡旋式空气流量传感器与翼片式空气流量传感器直接测得的均是空气的体积流量，因此在空气流量传感器内均装有进气温度传感器，以便对随气温变化的空气密度进行修正，从而正确计算出进气的质量流量。

（3）**热式空气流量传感器**。

热式空气流量传感器有热线式和热膜式两种，直接检测发动机吸入空气的质量流量，两种形式传感器的检测原理完全相同。

热线式空气流量传感器的检测元件是铂金属丝，热膜式空气流量传感器的检测元件是铂金属膜。铂金属检测元件的响应很快，能在几毫秒内反映出空气流量的变化，因此测量精度不受进气气流脉动的影响（气流脉动在发动机大负荷、低转速运转时最为明显）。此外，热式空气流量传感器具有进气阻力小、无磨损部件等优点，大多数中、高档乘用车都采用这种传感器。

热线式空气流量传感器与热膜式空气流量传感器主要由发热元件（热线或热膜）、温度补偿电阻（冷丝或冷膜）、信号取样电阻和控制电路等组成。

① 热线式空气流量传感器（图2.39）。传感器壳体两端设有与进气道连接的圆形连接接头，空气入口和出口都设有防止传感器受到机械损伤的防护网。传感器入口与空气滤清器一端的进气管连接，出口与节气门体一端的进气管连接。

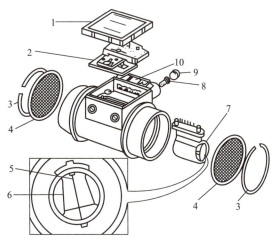

1—传感器密封盖；2—印制电路板；3—卡环；4—防护网；5—温度补偿电阻（冷丝）；
6—铂金属丝（热线）；7—取样管；8—怠速调整螺钉；9—防护塞；10—接线插座。

图2.39 热线式空气流量传感器

传感器内部套装有一个取样管，管中设有一根直径很小（约为70μm）的铂金属丝作为发热元件，称为热线，并制作成Ⅱ形张紧在取样管内。

由于进气温度变化会使热线的温度发生变化而影响进气量的测量精度，因此在热线附近的气流上游设有温度补偿电阻。该温度补偿电阻相当于进气温度传感器，其电阻值随进气温度的变化而变化。当进气温度降低（或升高）使发热元件的电阻值减小（或增大）时，温度补偿电阻的电阻值也会减小（或增大）。

温度补偿电阻的温度起到参考基准的作用，控制电路提供的电流使温度补偿电阻的温度始终低于发热元件的温度（120℃），从而进气温度的变化不至于影响发热元件测量进气量的精度。

② 热膜式空气流量传感器（图 2.40）。热膜式空气流量传感器是对热线式空气流量传感器进行了改进，其发热元件采用平面形铂金属膜（厚度约为 $200\mu m$）电阻器，故称热膜电阻。

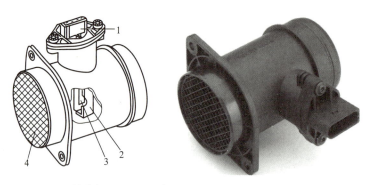

1—接线插座；2—护套；3—铂金属膜；4—防护网。

图 2.40　热膜式空气流量传感器

捷达 AT、GTX 和桑塔纳 2000GSi 型乘用车均采用了热膜式空气流量传感器。

热膜式空气流量传感器内部的进气通道上设有一个矩形护套（相当于取样管），热膜电阻设在护套内。为了防止污物沉积到热膜电阻上影响测量精度，在护套的空气入口侧设有空气过滤网，用于过滤空气中的污物。

为了防止进气温度变化使测量精度受到影响，在热膜电阻附近的气流上游设有铂金属膜式温度补偿电阻，如图 2.41 所示。

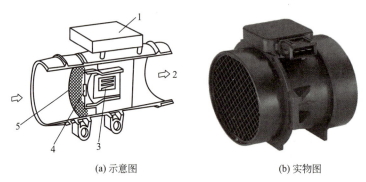

(a) 示意图　　　　　　　　(b) 实物图

1—控制电路；2—通往发动机；3—热膜电阻；4—温度补偿电阻；5—金属网。

图 2.41　热膜式空气流量传感器内部元件

温度补偿电阻和热膜电阻与传感器内部控制电路连接，控制电路与接线插座连接，接线插座设在传感器壳体中部。

热膜式空气流量传感器与热线式空气流量传感器相比，由于热膜电阻的电阻值较大，因此消耗电流较小，使用寿命较长，但其发热元件表面制有一层绝缘保护膜，起到辐射热传导作用，故响应特性略低于热线式空气流量传感器。

3. 空气流量传感器的性能比较

空气流量传感器的性能比较见表 2-1。

表 2-1 空气流量传感器的性能比较

参数	翼片式空气流量传感器	卡门涡旋式空气流量传感器	热线式空气流量传感器	热膜式空气流量传感器
响应特性	△	○	○	○
怠速稳定性	○	○	○	○
废气再循环实用性	○	○	○	○
发动机性能随时间的变化	◎	◎	◎	◎
海拔高度修正	√	√	×	×
进气温度修正	√	√	×	×
安装性	○	○	○	○
成本	○	○	○	◎

注：◎—优；○—良；△—差；×—不需要；√—需要。

2.3.3 节气门位置传感器

1. 节气门位置传感器的作用

发动机工况（如起动、怠速、加速、减速、小负荷和大负荷等）**不同，对混合气浓度的要求也不相同。节气门位置传感器**（图 2.42）**将节气门开度（发动机负荷）转变为电信号输入发动机 ECU，以便确定空燃比。**

图 2.42 节气门位置传感器

在装备电控自动变速器的汽车上，还要将节气门位置传感器信号输入变速器 ECU，作为确定变速器换挡时机和液力变矩器锁止时机的主要信号。

节气门位置传感器一般安装在节气门体上节气门轴的一端（图 2.43）。

2. 节气门位置传感器的分类

按结构不同，节气门位置传感器可分为触点式、可变电阻式、触点与可变电阻组合式三种；按输出信号的类型不同，节气门位置传感器可分为线性（量）输出型和开关（量）

图 2.43 节气门位置传感器的安装位置

输出型。这里介绍触点式节气门位置传感器和组合式节气门位置传感器。

(1) 触点式节气门位置传感器。

① 结构特点。触点式节气门位置传感器主要由节气门轴、功率触点（大负荷触点）、凸轮、怠速触点和接线插座组成，如图 2.44 所示。

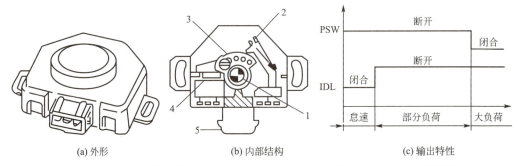

(a) 外形　　　　　　　　(b) 内部结构　　　　　　　　(c) 输出特性

1—节气门轴；2—功率触点（PSW）；3—凸轮；4—怠速触点（IDL）；5—接线插座。

图 2.44 触点式节气门位置传感器的结构特点

凸轮随节气门轴转动，节气门轴随节气门开度（发动机负荷）的变化而变化。

② 输出特性。当节气门关闭时，怠速触点闭合、功率触点断开，怠速触点输出的信号为低电平"0"，功率触点输出的信号为高电平"1"。

ECU 接收节气门位置传感器输入的信号时，如果车速传感器输入 ECU 的信号表示车速为零，则 ECU 判定发动机处于怠速状态，并控制喷油器增加喷油量，保证发动机怠速转速稳定而不致熄火。如果车速传感器输入 ECU 的信号表示车速不为零，则 ECU 判定发动机处于减速状态运行，并控制喷油器停止喷油，以降低排放量和提高经济性。

当节气门开度增大时，凸轮随节气门轴转动并将怠速触点顶开，如果功率触点保持断开状态，则怠速触点和功率触点输出的信号都是高电平"1"。

ECU 接收这两个高电平信号时，判定发动机处于部分负荷状态，此时 ECU 根据空气流量传感器信号和曲轴转速信号计算、确定喷油量，保证发动机运行的经济性和排放性能。

当节气门接近全部开启（80%以上负荷）时，凸轮转动使功率触点闭合，功率触点输出的信号为低电平"0"，怠速触点保持断开而输出的信号为高电平"1"。ECU 接收这两个信号时，判定发动机处于大负荷状态运行，并控制喷油器增加喷油量，保证发动机输出足够的功率。

在此状态下，控制系统将进入开环控制模式，ECU 不采用氧传感器信号。如果此时空调系统仍在工作，则 ECU 将中断空调主继电器信号约 15s，以便切断空调电磁离合器线圈电流，使空调压缩机停止工作，增大发动机的输出功率，提高汽车的动力性。

（2）组合式节气门位置传感器。

① 结构特点。组合式节气门位置传感器主要由可变电阻滑动触点、节气门轴、怠速触点等组成，如图 2.45 所示。

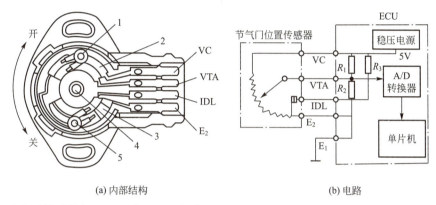

1—可变电阻滑动触点；2—可变电阻（镀膜电阻）；3—绝缘部件；4—节气门轴；5—怠速触点。

图 2.45 组合式节气门位置传感器

可变电阻为镀膜电阻，制作在传感器底板上，可变电阻的滑臂随节气门轴一同转动，滑臂与输出端子 VTA 连接。

② 输出特性。怠速触点输出特性如图 2.46（a）所示。当节气门关闭或开度小于 1.2°时，怠速触点闭合，其输出端子 IDL 输出低电平"0"；当节气门开度大于 1.2°时，怠速触点断开，输出端子 IDL 输出高电平 5V。

当节气门开度变化时，可变电阻的滑臂随节气门轴转动，滑臂上的触点在镀膜电阻上滑动，传感器的输出端子 VTA 与 E_2 之间的信号电压随之发生变化，如图 2.46（b）所示，节气门开度越大，输出电压越高。

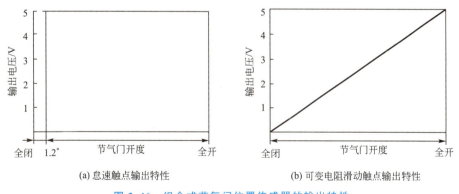

图 2.46 组合式节气门位置传感器的输出特性

传感器输出的线性信号经过 A/D 转换器转换为数字信号后再输入 ECU。

2.3.4 曲轴位置传感器和凸轮轴位置传感器

ECU 控制喷油器喷油和控制火花塞跳火时,先确定哪一个气缸的活塞即将到达压缩行程上止点和排气行程上止点,再根据曲轴转角信号控制喷油提前角与点火提前角。

曲轴位置传感器(图 2.47)又称发动机转速与曲轴转角传感器,用于采集发动机曲轴转速与转角信号并输入 ECU,以便计算、确定并控制喷油提前角与点火提前角。

图 2.47 曲轴位置传感器(CPS)

凸轮轴位置传感器又称气缸识别传感器用于采集配气凸轮轴的位置信号并输入 ECU,以便确定活塞处于压缩(或排气)行程上止点的位置。由于大多数汽车将曲轴与凸轮轴两种位置传感器制成一体,因此同类型传感器的工作原理完全相同。

曲轴位置传感器和凸轮轴位置传感器分为磁感应式、霍尔式和光电式三类。由于技术沿袭的原因,丰田车系多采用磁感应式曲轴位置传感器和凸轮轴位置传感器;大众车系多采用磁感应式曲轴位置传感器和霍尔式凸轮轴位置传感器;日产车系多采用光电式曲轴位置传感器和凸轮轴位置传感器。

关于曲轴位置传感器和凸轮轴位置传感器的结构原理,可参阅本书的姊妹篇《汽车电气设备》(第 4 版)的相关内容,为节省篇幅,本书不再赘述。

2.3.5 氧传感器

1. 氧传感器的作用

氧传感器(图 2.48)是排气氧传感器的简称,又称氧含量传感器、λ 传感器。氧传感器安装在发动机排气管上(图 2.49),通过检测排气中氧离子的含量获得混合气的空燃比信号,并将空燃比信号转变为电信号输入 ECU。

【拓展图文】

图 2.48 氧传感器实物

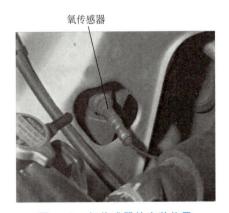

图 2.49 氧传感器的安装位置

ECU 根据氧传感器信号对喷油时间进行修正,实现空燃比反馈控制(闭环控制),从而将空燃比控制在 14.7 左右,使发动机得到最佳浓度的混合气,从而达到降低有害气体排放量和节约燃油的目的。

2. 氧传感器的分类

氧传感器分为氧化锆（ZrO_2）式和氧化钛（TiO_2）式两种类型。 氧化锆式氧传感器又分为加热型与非加热型两种，氧化钛式氧传感器一般都是加热型传感器。由于氧化钛式氧传感器价格比氧化锆式氧传感器低，而且不易受到硅离子的腐蚀，因此为越来越多的汽车采用。

（1）氧化锆式氧传感器。

① 结构特点。氧化锆式氧传感器主要由锆管、钢质护管、钢质壳体、加热元件、电极引线、防水护套和线束插接器等组成，如图 2.50 所示。

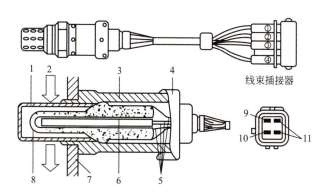

1—钢质护管；2—排气；3—钢质壳体；4—防水护套；5—电极引线；6—加热元件；
7—排气管；8—锆管（二氧化锆固体电解质陶瓷管）；9—加热元件电源端子；
10—加热元件搭铁端子；11—信号输出端子。

图 2.50 氧化锆式氧传感器

锆管是在二氧化锆固体电解质粉末中添加少量添加剂，经压力成型后烧结而成的陶瓷管。将锆管制作成试管形状，便于氧离子均匀扩散与渗透。锆管内表面通大气，外表面通排气，为了防止发动机排出的废气腐蚀外层金属铂，在外层金属铂表面涂敷了陶瓷保护层。

在锆管的内、外表面均涂覆一层金属铂作为电极，并用金属线与传感器信号输出端子连接。金属铂作为电极将信号电压引出传感器，同时起催化作用。在催化剂铂的作用下，当发动机排气中的一氧化碳（CO）与氧气（O_2）接触时，生成无害气体二氧化碳（CO_2）。

锆管的强度很低，而且安装在排气管上承受排气压力冲击。因此，为了防止锆管受排气压力冲击而破碎，将锆管封装在钢质护管内。护管上制有若干个小孔，以便排气流通。在钢质壳体上制有六角对边螺栓头和螺纹，以便安装和拆卸传感器。

国产乘用车大多采用非加热型氧传感器，其线束插接器只有一个或两个接线端子；中、高档乘用车大多采用加热型氧传感器，其线束插接器有三个或四个接线端子。加热器氧传感器采用陶瓷加热元件制成，设在锆管内侧，由汽车电源通入电流进行加热。

由于氧化锆式氧传感器只有在 300℃ 以上的环境下才能输出稳定的信号电压，因此，加热的目的是保证低温（排气温度在 150～200℃ 以下）时氧传感器能投入工作，从而降低有害气体的排放量。

② 测量原理。氧化锆式氧传感器的测量原理如图 2.51 所示。

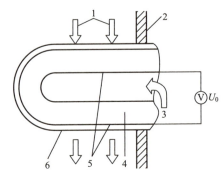

1—排气；2—排气管；3—大气；4—固体 ZrO_2；5—铂电极；6—保护层。

图 2.51　氧化锆式氧传感器的测量原理

锆管内侧与氧离子浓度高的大气相通，外侧与氧离子浓度低的排气相通。锆管外侧的氧离子随可燃混合气浓度的变化而变化。

当氧离子在锆管内扩散时，锆管内外表面的电位差随可燃混合气浓度的变化而变化，即锆管相当于一个氧浓差电池，传感器的信号源相当于一个可变电源。

③ 工作特性。氧化锆式氧传感器的工作特性如图 2.52 所示。

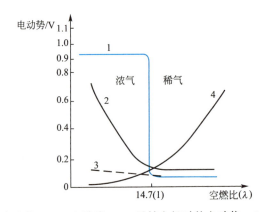

1—传感器的电动势；2—CO 浓度；3—无铂电极时的电动势；4—氧离子浓度。

图 2.52　氧化锆式氧传感器的工作特性

当供给发动机的可燃混合气较浓（空燃比＜14.7）时，排气中氧离子含量较低、CO 浓度较高。在锆管外表面催化剂铂的催化作用下，氧离子几乎全部与 CO 发生氧化反应而生成 CO_2 气体，使外表面上氧离子浓度为零。

由于锆管内表面与大气相通，氧离子浓度很大，因此锆管内外表面的氧离子浓度差较大，两个铂电极之间的电位差较高（约为 0.9V）。

当供给发动机的可燃混合气较稀时，排气中氧离子含量较高、CO 浓度较低，即使 CO 全部与氧离子产生化学反应，锆管外表面也有多余氧离子，因此锆管内外表面的氧离子的浓度差较小，两个铂电极之间的电位差较低（约为 0.1V）。

当空燃比接近于理论值（14.7）时，排气中的氧离子和 CO 都很少。在催化剂铂的作用下，氧离子与 CO 的反应从缺氧状态（CO 过剩、氧离子浓度为零）变为富氧状态（CO

为零、氧离子过剩)。由于氧离子浓度差急剧变化，因此铂电极之间的电位差急剧变化，传感器输出电压从 0.9V 急剧变化为 0.1V。

当可燃混合气浓时，如果没有催化剂铂的催化作用使氧离子浓度急剧减小到零，在混合气由浓变稀时，锆管内外表面的氧离子浓度差将连续变化，传感器的电动势将按图 2.52 中的曲线 3 连续变化，即电动势不会出现突变现象。这正是氧化锆式氧传感器必须定期（汽车每行驶 8 万千米）更换的原因，因为在使用过程中燃油和润滑油硫化产生的硅酮等颗粒物附着在金属铂表面导致其电极逐渐失效，同时传感器内部端子处用于防水的硅橡胶会逐渐污染内侧电极。

④ 工作条件。氧化锆式氧传感器只有满足以下三个条件才能正常调节混合气浓度。

a. 发动机工作在怠速工况和部分负荷工况。

b. 发动机温度高于 60℃。

c. 氧传感器自身温度高于 300℃。

氧传感器安装在温度较高的排气管上，为了使氧传感器能迅速达到工作温度（300℃）而投入工作，现代汽车采用了加热器对锆管进行加热。加热器一般采用陶瓷加热元件制成，并引出两个电极，直接由汽车电源（12～14V）通电进行加热，加热器的加热温度一般设定为 300℃。

(2) 氧化钛式氧传感器。

① 结构特点。氧化钛式氧传感器的外形与氧化锆式氧传感器相似，主要由二氧化钛传感元件、加热元件、钢质壳体和电极引线等组成，如图 2.53 所示。

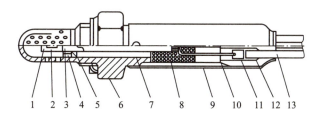

1—加热元件；2—二氧化钛传感元件；3—基片；4—垫圈；5—密封圈；
6—钢质壳体；7—滑石粉填料；8—密封釉；9—护套；10—电极引线；
11—连接焊点；12—密封衬垫；13—传感器引线。

图 2.53 氧化钛式氧传感器

常用二氧化钛传感元件有芯片式和厚膜式两种。

加热元件由钨丝或陶瓷材料制成，加热的目的是使二氧化钛传感元件的温度保持恒定，从而使传感器的输出特性不受温度影响。二氧化钛是一种多孔性陶瓷材料，达到激活温度（规定温度为 600℃）需要的时间很短，这对降低发动机刚刚起动后 HC 的排放量十分有利。

钢质壳体上制有螺纹，以便安装传感器。由于氧化钛式氧传感器不需要与大气压进行比较，因此传感元件的密封与防水十分方便，利用玻璃或滑石粉等密封即可达到使用要求。

此外，在电极引线与护套之间设有硅橡胶密封衬垫，可以防止水浸入传感器内部而腐蚀电极。

② 测量原理。由于二氧化钛的电阻具有随氧离子浓度变化而变化的特性，因此二氧

化钛式氧传感器的信号源相当于一个可变电阻,其电阻值与过量空气系数的关系如图 2.54 所示。

当发动机的可燃混合气浓时,由于燃烧不完全,排气中会剩余少量氧气,二氧化钛传感元件周围的氧离子很少,其呈现高阻状态。与此同时,在催化剂铂的催化作用下,剩余氧离子与排气中的 CO 发生化学反应生成 CO_2,将排气中的氧离子进一步消耗掉,从而大大提高了传感器的灵敏度;当发动机的可燃混合气稀时,排气中氧离子含量较高,二氧化钛传感元件周围的氧离子浓度较大,其呈现低阻状态;因此氧化钛式氧传感器的电阻将在混合气的空燃比约为 14.7(过量空气系数为 1)时产生突变。

氧化钛式氧传感器的工作电路如图 2.55 所示。当给氧传感器施加稳定的电压(该电压由 ECU 内部的稳压电源提供)时,其输出端便可得到一个交替变化的信号。

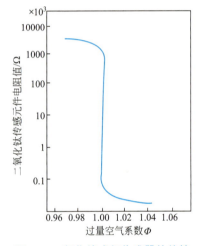

图 2.54 氧化钛式氧传感器的特性

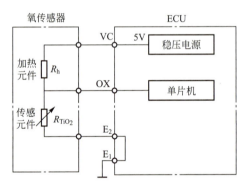

图 2.55 氧化钛式氧传感器的工作电路

③ 工作条件。氧化钛式氧传感器只有满足以下三个条件才能正常调节混合气。

a. 发动机工作在怠速工况和部分负荷工况。

b. 发动机温度高于 60℃。

c. 氧传感器自身温度高于 600℃。

2.3.6 温度传感器

1. 温度传感器的作用

温度传感器将被测对象的温度信号转变为电信号输入 ECU,ECU 修正控制参数或判断检测对象的热负荷状态。

2. 温度传感器的分类

按检测对象不同,温度传感器主要有发动机冷却液温度传感器、进气温度传感器(图 2.56)、燃油温度传感器、排气温度传感器、空调温度传感器(或空调温控开关)等。

按结构与物理性能不同,温度传感器可分为热敏电阻式、双金属片式、热敏铁氧体式和石蜡式等。

热敏电阻式温度传感器和热敏铁氧体式温度传感器属于物性型传感器,双金属片式温

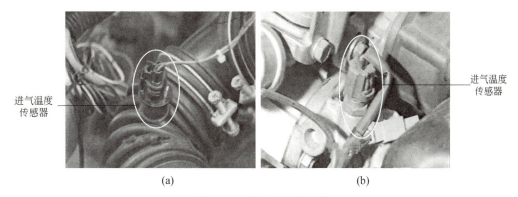

图 2.56 进气温度传感器

度传感器和石蜡式温度传感器属于结构型传感器。现代汽车广泛采用热敏电阻式温度传感器。

(1) 热敏电阻的特性。根据热敏电阻的特性不同，可将热敏电阻分为负温度系数热敏电阻、正温度系数热敏电阻和临界温度热敏电阻。

电阻值随温度升高而减小的称为负温度系数热敏电阻；电阻值随温度升高而增大的称为正温度系数热敏电阻；电阻值以某一温度（称为临界温度）为界，高于此温度时电阻值为某一水平，低于此温度时电阻值为另一水平，这类热敏电阻称为临界温度热敏电阻。

(2) 热敏电阻式温度传感器的结构特点。热敏电阻式温度传感器主要由热敏电阻、壳体和接线插座等组成，如图 2.57 所示。

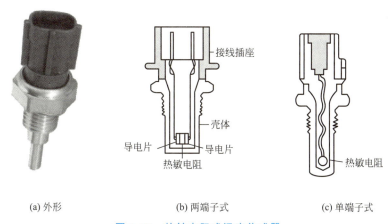

(a) 外形　　　　　　(b) 两端子式　　　　　　(c) 单端子式

图 2.57 热敏电阻式温度传感器

热敏电阻是温度传感器的主要部件，其外形呈珍珠形、圆盘形（药片形）、垫圈形、梳状芯片形、厚膜形等，放置在传感器的金属管壳内。一般在热敏电阻的两个端面各引出一个电极并连接到传感器接线插座上。

传感器壳体上制有螺纹，便于拆装。接线插座分为单端子式和两端子式，低档乘用车的燃油喷射系统及汽车仪表一般采用单端子式温度传感器，中、高档乘用车的燃油喷射系统一般采用两端子式温度传感器。如传感器接线插座上只有一个接线端子，则壳体为传感器的一个电极。

大多电控系统使用的温度传感器接线插座都有两个接线端子，分别与ECU插座上的相应端子连接，以便可靠传递信号。

（3）车用温度传感器特性与测量电路。负温度系数热敏电阻式温度传感器，如冷却液温度传感器、进气温度传感器、燃油温度传感器、排气温度传感器等应用广泛。

对于结构一定的负温度系数热敏电阻式温度传感器，其电阻值与温度的关系曲线如图2.58所示。

负温度系数热敏电阻具有温度升高电阻值减小、温度降低电阻值增大的特性，呈明显的非线性关系。

温度传感器的工作电路如图2.59所示，传感器的两个电极与ECU连接。ECU内部串联一只分压电阻，ECU向热敏电阻和分压电阻组成的分压电路提供一个稳定电压（5V），传感器输入ECU的信号电压等于热敏电阻的分压值。

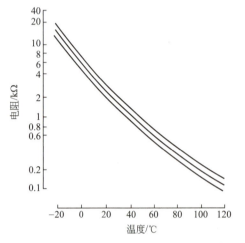

图2.58　负温度系数热敏电阻式温度传感器的特性　　图2.59　温度传感器的工作电路

当被测对象的温度升高时，传感器电阻值减小，热敏电阻上的分压值降低；反之，当被测对象的温度降低时，传感器电阻值增大，热敏电阻上的分压值升高。ECU可根据接收的信号电压值计算求得对应的温度值，从而进行实时控制。

2.4　电控燃油喷射系统执行器的结构原理

发动机电控燃油喷射系统常用的执行器主要有喷油器、电动燃油泵和氧传感器加热器等。下面主要介绍喷油器和电动燃油泵。

2.4.1　喷油器

1. 作用与分类

电磁喷油器简称喷油器（图2.60），用于向气缸或进气道内喷射适量的、雾化的燃油。按结构不同，喷油器可分为轴针式、球阀式和片阀式三种，其中球阀式喷油器应用较多。按电磁线圈的电阻值，喷油器可分为高电阻型（13～18Ω）和低电阻型（1～3Ω）

发动机电子控制系统 第2章

图 2.60 喷油器

两种。

2. 结构特点

（1）轴针式喷油器。喷油器安装在燃油分配管上，主要由滤网、接线插座、电磁线圈、阀体、阀座、回位弹簧、O形圈等组成，如图 2.61 所示。

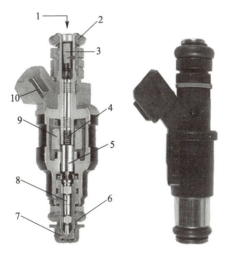

1—进油口；2、6—O形圈；3—滤网；4—回位弹簧；5—阀体；
7—阀座；8—轴针；9—电磁线圈；10—接线插座。

图 2.61 轴针式喷油器

O形圈起密封作用，O形圈 2 防止燃油泄漏，O形圈 6 防止漏气。滤网用于过滤燃油中的杂质。轴针制于针阀阀体上，阀体上端安装一根螺旋弹簧，当喷油器停止工作时，弹簧弹力使阀体复位，针阀关闭，轴针压靠在阀座上起到密封作用，防止燃油泄漏。在燃油分配管上设有喷油器专用的安装支座，其为橡胶成型件，起隔热作用，防止喷油器中的燃油产生气泡，有助于提高发动机的热起动性能。

（2）球阀式喷油器。球阀式喷油器的结构与轴针式喷油器基本相同，主要区别在于阀体结构不同。球阀式喷油器的阀体由球阀、导杆和弹簧座组成，其导杆为空心结构，如

49

图 2.62 所示。

轴针式喷油器采用针阀,以确保阀体轴向移动不发生偏移和阀门密封良好,且有较长的导杆,制成实心结构,因此质量较大;球阀式喷油器的球阀具有自动定心作用,无须较长导杆,因此质量较小、具有较好的密封性能。

(3) 片阀式喷油器。片阀式喷油器的结构与轴针式喷油器大致相同,其主要区别也是阀体有所不同。片阀式喷油器的阀体由质量较轻的片阀、导杆和带孔阀座组成,如图 2.63 所示。片阀式喷油器不仅具有较大的动态流量,而且具有较强的抗堵塞能力。

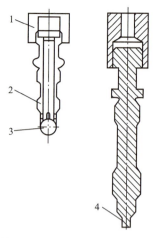

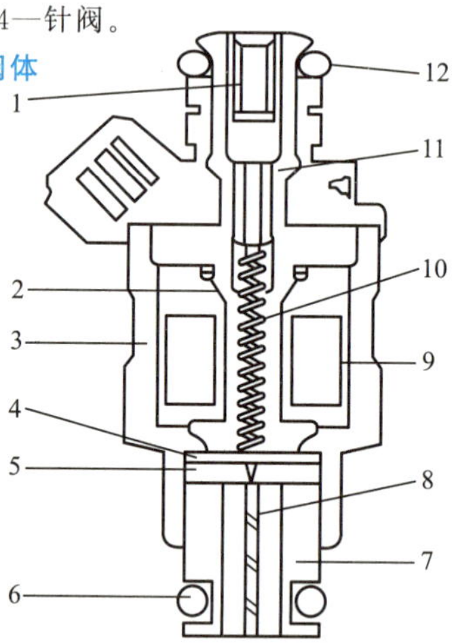

1—弹簧座;2—导杆;3—球阀;4—针阀。
图 2.62 球阀式喷油器的阀体

1—滤网;2—导杆;3—壳体;4—片阀;5—带孔阀座;6,12—O 形圈;
7—底座;8—油道;9—电磁线圈;10—回位弹簧;11—弹簧预紧力调节滑套。
图 2.63 片阀式喷油器

3. 工作原理

当喷油器电磁线圈通电时,线圈中产生电磁吸力吸引阀体。当电磁吸力大于回位弹簧的弹力时,阀体使弹簧压缩而上升(上升行程很小,一般为 0.1~0.2mm)。

阀体上升时,针阀(球阀或片阀)随阀体上升,针阀(球阀或片阀)离开阀座时,阀门打开,燃油从喷孔喷出,喷出燃油的形状为锥角小于 35°的圆锥雾状。由于燃油压力较高,因此喷出的燃油为雾状。

当切断喷油器的电磁线圈电流时,电磁吸力消失,阀体在回位弹簧的弹力作用下复位,针阀(球阀或片阀)回落到阀座上,阀门关闭,喷油停止。

2.4.2 电动燃油泵

1. 作用与分类

电控燃油喷射系统均采用电动燃油泵（图2.64），以向喷油器提供油压高于进气歧管压力250～300kPa的燃油。

因为燃油从燃油箱内泵出，经压缩或动量转换将油压提高后经输油管送到喷油器，所以燃油泵的最高输出油压需要450～600kPa，其供油量比发动机最大耗油量大得多，多余的燃油将从回油管返回燃油箱。

按燃油泵结构不同，电动燃油泵可分为叶片式（图2.65）、滚柱式、齿轮式、涡轮式和侧槽式五种。常用的燃油泵有叶片式、滚柱式和齿轮式三种。

图2.64 电动燃油泵

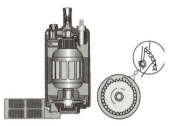

图2.65 叶片式电动燃油泵

按燃油泵安装方式不同，电动燃油泵可分为内装式和外装式两种。内装式电动燃油泵安装在燃油箱内（图2.66），外装式电动燃油泵安装在燃油箱外的输油管路中。大多数汽车都采用内装式电动燃油泵。内装式电动燃油泵不易产生气阻和泄漏，有利于燃油泵电动机的冷却，而且噪声较小。

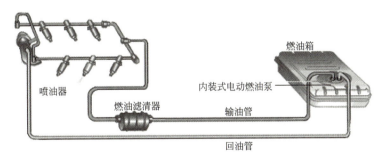

图2.66 内装式电动汽油泵的安装位置

2. 结构特点

电动燃油泵主要由永磁式直流电动机和油泵（图中未标出）、限压阀、单向阀、泵壳等组成，如图2.67所示。直流电动机由永久磁铁、电枢、换向器和电刷等组成。油泵由泵转子和泵体组成。泵转子固定在电动机轴上，并随电动机转动。

当点火开关接通时，直流电动机电路接通，电枢受电磁力的作用开始转动，泵转子便随电动机转动，将燃油从燃油箱经输油管和进油口泵入油泵。当油泵内油压超过单向阀弹簧压力时，燃油从出油口经输油管泵入供油总管，再分配给各个喷油器。

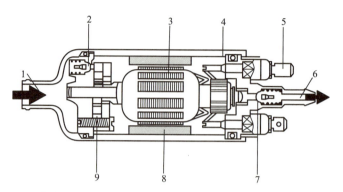

1—进油口；2—限压阀；3—电枢；4—泵壳；5—接线端子；
6—出油口；7—单向阀；8—永久磁铁；9—泵体。

图 2.67　电动燃油泵

当电动燃油泵停止工作时，在单向阀弹簧压力的作用下，燃油不会回流，使供油系统中保存的燃油具有一定压力，以便发动机再次起动。

当油泵内的油压超过规定值（一般为 320kPa）时，油压克服泵体上限压阀弹簧的压力将限压阀顶开，部分燃油返回进油口一侧，使油压不致过高而损坏燃油泵。

点火开关一旦接通，电动燃油泵就工作 1～2s。此时，只有发动机转速高于 30r/min，电动燃油泵才连续运转；如果发动机转速低于 30r/min，即使点火开关接通，电动燃油泵也会停止运转。

3. 电动燃油泵的控制

在电控燃油喷射系统中，只有发动机运转（转速高于 30r/min）时，电动燃油泵才工作。电动燃油泵的控制有开关控制型和转速控制型两种。

（1）开关控制型。速度-密度式燃油喷射系统的电动燃油泵开关控制原理如图 2.68 所示。当发动机起动时，点火开关与起动端子 ST 接通，继电器线圈 L_2 通电，继电器触点闭合，电动燃油泵开始运转。

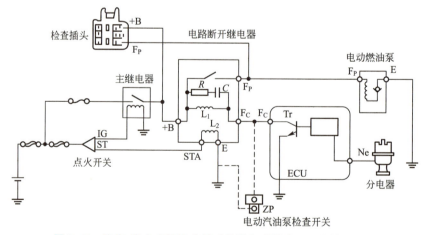

图 2.68　速度-密度式燃油喷射系统的电动燃油泵开关控制原理

与此同时,发动机转动,发动机转速信号(Ne)输入 ECU,功率晶体管 Tr 导通,继电器线圈 L_1 通电。因此只要发动机运转,电动燃油泵就保持运转。

质量-流量式燃油喷射系统的电动燃油泵开关控制原理如图 2.69 所示。在某些质量-流量式燃油喷射系统中,电动燃油泵由空气流量传感器中的电动燃油泵开关控制。

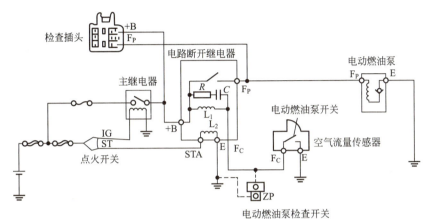

图 2.69　质量-流量式燃油喷射系统的电动燃油泵开关控制原理

当发动机起动时,点火开关与 ST 端子接通,继电器线圈 L_2 通电,继电器触点闭合,电动燃油泵通电工作。发动机转动后,吸入发动机的空气流经空气流量传感器,使空气流量传感器的测量板转动,电动燃油泵开关接通,继电器线圈 L_1 通电。因此只要发动机工作,继电器触点总是闭合的。

(2) 转速控制型。对于大排量的发动机,尤其是增压发动机,在不同工况下供油量差别非常大。发动机在高速、大负荷下工作需要的供油量大,在低速、小负荷下工作需要的供油量小。

为了保证在最大油量供给的同时,减少小油量工况电动燃油泵的磨损及不必要的电能消耗,ECU 对电动燃油泵转速进行控制。

如图 2.70 所示,发动机在低速、中小负荷工况工作时,触点 B 闭合,因电路中串有电阻器,电动燃油泵工作转速低。

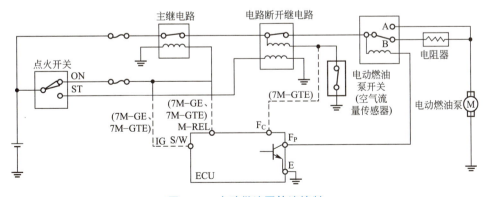

图 2.70　电动燃油泵转速控制

当 ECU 发出信号切断电动燃油泵控制继电器,发动机处于高速、大负荷工况下运转时，触点 A 闭合，电动燃油泵直接与电源相通，工作转速高。

2.5 电控燃油喷射系统的控制原理

2.5.1 喷油器控制

发动机传感器信号输入 ECU 后，ECU 根据数学计算和逻辑判断结果，发出脉冲信号指令控制喷油器喷油。

电控燃油喷射系统喷油器的控制电路大同小异，大众车系发动机喷油器控制电路如图 2.71 所示。

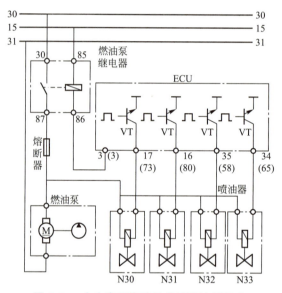

图 2.71　大众车系发动机喷油器控制电路

当 ECU 向喷油器发出的控制脉冲信号的高电平"1"加到驱动晶体管 VT 基极时，喷油器线圈通电，产生电磁吸力将阀门吸开，喷油器开始喷油；当控制脉冲信号的低电平"0"加到驱动晶体管 VT 基极时，VT 截止，喷油器线圈断电，阀门在回位弹簧的弹力作用下关闭，喷油器停止喷油。

由于控制信号为脉冲信号，因此阀门不断地开闭使喷出的燃油雾化质量良好。雾状燃油喷射在进气门附近，与吸入空气混合形成可燃混合气。当进气门打开时，再吸入气缸燃烧做功。

2.5.2 喷油正时控制

喷油正时是指喷油器开始喷油的时刻。单点燃油喷射系统只有一只或两只喷油器，发动机一旦工作就连续喷油。多点燃油喷射系统的每个气缸都配有一只喷油器。根据燃油喷射时序不同，多点燃油喷射可分为同时喷射、分组喷射和顺序喷射三种喷射方式。

1. 同时喷射控制

同时喷射是指各缸喷油器同时喷油,其控制电路如图 2.72(a)所示,各缸喷油器并联在一起,电磁线圈电流由一只功率晶体管 VT 驱动控制。

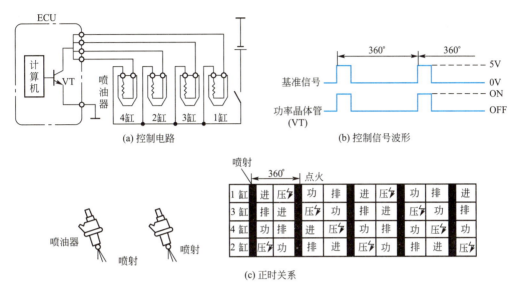

图 2.72 同时喷射控制电路与正时的关系

发动机工作时,ECU 根据曲轴位置传感器和凸轮轴位置传感器输入的基准信号发出喷油指令,控制功率晶体管 VT 的导通与截止,再由功率晶体管控制喷油器电磁线圈电流的接通与断开,使各缸喷油器同时喷油和停止喷油。

曲轴每转一圈或两圈,各缸喷油器都同时喷油一次,喷油器控制信号波形如图 2.72(b)所示。由于各缸同时喷油,因此喷油正时与发动机进气、压缩、做功、排气行程无关,如图 2.72(c)所示。

同时喷射的控制电路和控制程序简单、通用性较好,但各缸喷油时刻不可能最佳。在图 2.72(c)中,1 缸、4 缸喷油正时较好,2 缸、3 缸喷射的燃油在进气门附近将要停留较长时间,其混合气雾化质量必然降低,因此现代汽车电控燃油喷射系统很少采用同时喷射方式。

2. 分组喷射控制

分组喷射是指喷油器分组喷油,一般将四缸发动机分成两组,六缸发动机分成三组,八缸发动机分成四组。四缸发动机分组喷射控制电路如图 2.73(a)所示。

发动机工作时,ECU 控制各组喷油器轮流喷油。发动机曲轴每转一圈,都只有一组喷油器喷油,每组喷油器喷油时连续喷射 1~2 次,喷油正时关系如图 2.73(b)所示。

虽然分组喷射不是最佳的喷油方式,但 1 缸、4 缸的喷油时刻较佳,其混合气雾化质量比同时喷射好。

3. 顺序喷射控制

顺序喷射是指各缸喷油器按照一定的顺序喷油。由于各缸喷油器独立喷油,因此也叫

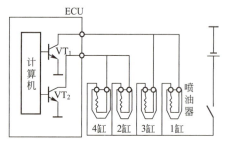
(a) 控制电路

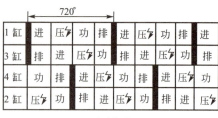
(b) 正时关系

图 2.73　分组喷射控制电路与正时的关系

独立喷射，控制电路如图 2.74（a）所示。

采用顺序喷射方式时，发动机每工作一个循环（曲轴转两圈），各缸喷油器都轮流喷油一次，而且像点火系统跳火一样，按照特定的顺序依次喷射，喷油正时关系如图 2.74（d）所示。

ECU 根据曲轴位置（转角）信号和判缸信号［图 2.74（c）和图 2.74（b）］，确定是哪一个气缸的活塞运行至排气上止点前某一角度（四缸发动机一般在上止点前 60°左右）时，开始计算喷油提前角，并适时发出喷油控制指令，接通该缸喷油器电磁线圈电流，使喷油器适时喷油。

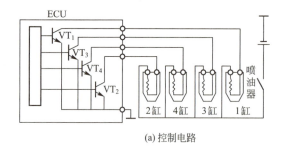
(a) 控制电路

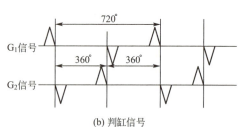
(b) 判缸信号

(c) 曲轴位置(转角)信号

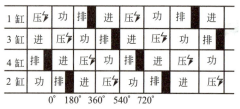
(d) 正时关系

图 2.74　顺序喷射控制电路与正时的关系

顺序喷射的各缸喷油时刻均可设置在最佳时刻，燃油雾化质量好，有利于提高燃油经济性和降低废气的排放量，但其控制电路和控制软件较复杂。现代汽车普遍采用顺序喷射方式。

在多点顺序喷射系统中，喷油顺序与点火顺序同步，点火时刻在压缩上止点前开始，喷油时刻在排气上止点前开始。

2.5.3 发动机起动时喷油量的控制

发动机工况不同，对混合气浓度的要求也不相同，特别是冷起动、怠速、急加减速等特殊工况对混合气浓度有特殊要求。

因此，喷油量的控制大致可分为发动机起动时喷油量的控制和发动机起动后（运转过程中）喷油量的控制两种情况。

发动机起动时，起动机驱动发动机运转，其转速很低（约为 50r/min）且波动较大，导致反映进气量的空气流量信号或进气压力信号误差较大。因此，在发动机冷起动时，ECU 不以空气流量传感器信号或进气压力信号作为计算喷油量的依据，而是按照可编程只读存储器中预先编制的起动程序和预定空燃比控制喷油。

发动机起动时喷油量的控制采用开环控制，控制过程如图 2.75 所示。ECU 先根据点火开关、曲轴位置传感器和节气门位置传感器提供的信号，判定发动机是否处于起动状态，以便决定是否按起动程序控制喷油；然后根据冷却液温度传感器信号确定基本喷油量。

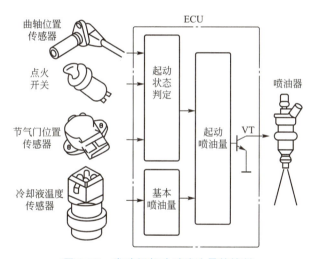

图 2.75 发动机起动时喷油量的控制

当发动机起动时，ECU 的 STA 端子接收一个高电平信号，ECU 根据曲轴位置传感器和节气门位置传感器信号判定发动机是否处于起动状态。如果曲轴位置传感器信号表明发动机转速低于 300r/min，并且节气门位置传感器信号表明节气门处于关闭状态，则判定发动机处于起动状态，并控制运行起动程序。

在燃油喷射系统具有清除溢流功能的汽车上，当发动机转速低于 300r/min 时，若节气门开度大于 80%，则 ECU 判定为清除溢流控制，喷油器停止喷油。

当冷车起动时，发动机温度很低，喷入进气管的燃油不易蒸发，吸入气缸内的可燃混合气浓度降低。为了保证具有足够浓度的可燃混合气，ECU 还要根据冷却液温度传感器信号反映的温度控制喷油器的喷油量，温度越低喷油量越大，温度越高喷油量越小，以使冷态发动机顺利起动。

2.5.4 发动机起动后喷油量的控制

在发动机起动后的运转过程中,喷油器的喷油量由基本喷油量、喷油修正量和喷油增量三部分确定,如图2.76所示。

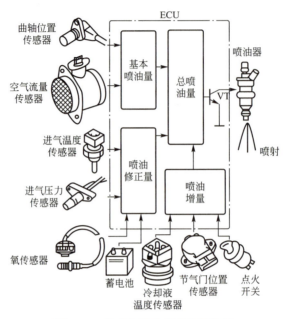

图2.76 发动机起动后喷油量控制

基本喷油量由空气流量传感器或歧管压力传感器、曲轴位置传感器(发动机转速传感器)信号和试验设定的目标空燃比计算确定;喷油修正量由与进气量有关的进气温度、大气压力、氧含量等传感器信号和蓄电池电压信号计算确定;喷油增量由反映发动机工况的点火开关信号和冷却液温度、节气门位置等传感器信号计算确定。

2.5.5 发动机断油控制

断油控制是ECU在某些特殊工况下,暂时中断燃油喷射,以满足发动机运行的特殊要求。

断油控制包括发动机超速断油控制、减速断油控制、清除溢流控制、减转矩断油控制等。超速断油控制与减速断油控制原理如图2.77所示。

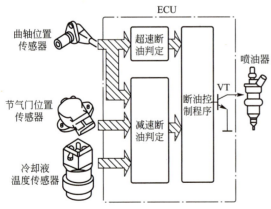

图2.77 超速断油控制与减速断油控制原理

1. 超速断油控制

超速断油控制是指当发动机转速超过允许的极限转速时,ECU立即控制喷油器中断燃油喷射。燃油喷射式发动机采用超速断油控制的目的是防止发动机超速运转而损坏机件。

发动机工作时，转速越高，曲柄连杆机构的离心力就越大。当离心力过大时，发动机会因飞车而损坏，因此每台发动机都有一个极限转速值，一般为 6000～7000r/min。

在发动机运行过程中，ECU 随时将曲轴位置传感器测得的发动机实际转速与存储器中存储的极限转速进行比较。当实际转速达到或超过极限转速 80～100r/min 时，ECU 发出停止喷油指令，控制喷油器停止喷油，限制发动机转速进一步升高。

喷油器停止喷油后，发动机转速降低。当发动机转速下降至低于极限转速时，ECU 控制喷油器恢复喷油。超速断油控制曲线如图 2.78 所示。

2. 减速断油控制

减速断油控制是指当汽车在高速行驶中突然松开加速踏板减速时，ECU 立即控制喷油器中断燃油喷射。在高速行驶中，突然松开加速踏板减速，发动机将在汽车惯性力的作用下高速旋转，由于节气门已经关闭，进入气缸的空气很少，因此若不停止喷油，则混合气很浓而导致燃烧不完全，同时排气中的有害气体成分将急剧增加。减速断油控制的目的就是节约燃油，并减少有害气体的排放量。

减速断油控制时，ECU 根据节气门位置、发动机转速和冷却液温度等传感器信号，判断是否满足以下三个减速断油条件。

（1）节气门位置传感器信号表示节气门关闭。

（2）发动机冷却液温度达到正常工作温度。

（3）发动机转速高于燃油停供转速。燃油停供转速由 ECU 根据发动机温度、负荷等参数确定。

当以上三个条件全部满足时，ECU 立即发出停止喷油指令，控制喷油器停止喷油。当喷油停止、发动机转速降低到燃油复供转速或节气门开启（怠速触点断开）时，ECU 立即发出指令，控制喷油器恢复喷油。

减速断油控制是当发动机在高转速运转过程中突然减速时，ECU 自动控制喷油器中断燃油喷射，直到发动机转速下降到设定的转速时，再恢复喷油，其控制曲线如图 2.79 所示。

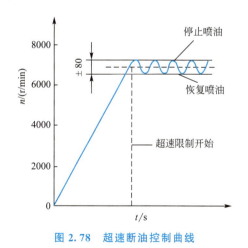

图 2.78　超速断油控制曲线　　　　图 2.79　减速断油控制曲线

燃油停供转速和复供转速与冷却液温度和发动机负荷有关。冷却液温度越低，发动机负荷越大（如空调接通），燃油停供转速和燃油复供转速就越高。

3. 清除溢流控制

在装备燃油喷射式发动机的汽车上起动发动机时，燃油喷射系统将向发动机供给较浓的混合气，以便顺利起动。若多次起动未能成功，则淤积在气缸内的浓混合气浸湿火花塞，使其不能跳火而导致发动机不能起动。火花塞被混合气浸湿的现象称为溢流、火花塞湿露或淹缸。

清除溢流是将加速踏板踩到底，起动发动机，这时 ECU 自动控制喷油器中断喷油，以便排除气缸内的燃油蒸气，使火花塞干燥，从而恢复跳火能力。

当接通起动开关，起动机运转而发动机不能起动时，可利用断油控制系统清除溢流功能将溢流清除后起动。断油控制系统清除溢流的条件如下。

（1）点火开关处于起动位置。
（2）发动机转速低于 500r/min。
（3）节气门全开。

只有在以上三个条件同时满足时，断油控制系统才能进入清除溢流状态工作。起动燃油喷射式发动机时，不必踩下加速踏板，直接接通起动开关即可，否则断油控制系统可能进入清除溢流状态而使发动机无法起动。

4. 减转矩断油控制

在配装电控自动变速器的汽车上，当行驶中变速器自动升挡时，变速器 ECU 向发动机 ECU 发出一个减转矩信号，发动机 ECU 接收该信号后立即发出控制指令，暂时中断个别气缸喷油，降低发动机转速，以便减轻换挡冲击，该控制功能称为减转矩断油控制。

2.6 电控点火系统

2.6.1 电控点火系统的组成

电控点火系统（也称微机控制点火系统，microcomputer control ignition，MCI）能实现最佳点火提前角的控制，从而提高发动机的动力性，降低燃油消耗量和有害气体的排放量。

电控点火系统主要由节气门位置传感器、曲轴位置传感器、凸轮轴位置传感器、冷却液温度传感器、进气温度传感器、车速传感器、爆燃传感器（knock sensor，KS）、各种控制开关、ECU、点火控制器、点火线圈及火花塞等组成，如图 2.80 所示（传感器未全画出）。

1. 信号输入装置

信号输入装置包括各种传感器和开关。传感器用来检测与点火有关的发动机工作和状况信息，并将检测结果输入 ECU，作为计算和控制点火时刻的依据。

不同汽车采用的传感器的类型、数量、结构及安装位置不尽相同，但其作用大同小异。除爆燃传感器外，这些传感器大多与电控燃油喷射系统、怠速控制系统等共用。

一般开关信号用于修正点火提前角，起动开关信号用于起动时修正点火提前角；空调

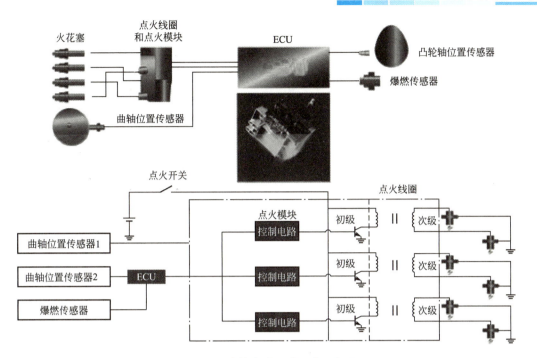

图 2.80　电控点火系统组成示意图

开关信号用于怠速工况下使用空调时修正点火提前角；空挡起动开关只对应自动变速器汽车，ECU 利用该信号判断发动机是处于空挡停车状态还是行驶状态，然后对点火提前角进行必要的修正。

2. ECU

电控点火系统是发动机集中控制系统的一个子系统，ECU 是发动机集中控制系统的核心。ECU 只读存储器中存有监控和自检等程序及该型发动机在各种工况下的最佳点火提前角。

ECU 不断接收各种传感器和开关发送的信号，并按预先编制的程序进行计算和判断，向点火控制器发出控制信号，实现点火提前角和点火时刻的最佳控制。

3. 执行器

电控点火系统的执行器为点火控制器。点火控制器又称点火控制组件、点火器或功率放大器，是电控点火系统的功率输出级，接收 ECU 输出的点火控制信号并进行功率放大，驱动点火线圈工作。

基于技术沿袭性，不同厂商的点火控制器的布置方案有所不同，有的与 ECU 制作在同一块电路板上，如通用汽车公司的发动机集中控制系统；有的为独立总成，用线束与ECU 连接，如丰田车系 TCCS；有的则与点火线圈安装在一起，并配有较大面积的散热器，如大众车系的电控点火系统。

2.6.2　电控点火系统主要部件的结构原理

1. 爆燃传感器

在电控点火系统中，ECU 根据爆燃传感器的信号判断发动机是否发生爆燃，对点火提

前角进行修正，实现点火提前角闭环控制（防爆燃控制）。

发动机发生爆燃时，气缸内的可燃混合气异常燃烧导致压力急剧上升而引起缸体振动，使发动机输出功率降低，甚至导致发动机损坏。

常用检测发动机缸体振动频率的方法来检测爆燃。发动机爆燃产生的压力冲击波频率一般为 6～9kHz。检测缸体振动频率时，一般将爆燃传感器安装在发动机缸体侧面。

爆燃传感器按检测方式不同，可分为共振型与非共振型；按结构不同，可分为压电式和磁致伸缩式。

(1) 共振型爆燃传感器。

共振型爆燃传感器的共振频率与发动机爆燃的固有频率匹配，其内部设有共振体，要使共振体的共振频率与爆燃频率协调一致。该传感器输出电压高，不需要滤波器，信号处理比较方便。机械共振体的频率特性尖且频带窄，只适用于特定的发动机，不能与其他发动机互换使用。通用车系多采用共振型爆燃传感器。

(2) 非共振型爆燃传感器。

非共振型爆燃传感器适用于所有发动机，但其输出电压较低，频率特性平坦且频带较宽，需要配备带通滤波器，信号处理比较复杂。欧洲多国和日本、中国汽车大多采用非共振型爆燃传感器。

(3) 压电式爆燃传感器。

压电式爆燃传感器主要由套筒、压电元件、惯性配重、塑料壳体和接线插座等组成，如图 2.81 所示。为降低成本，早期的大众汽车如桑塔纳 2000GLi 型乘用车只安装一个爆燃传感器，具体位置在缸体右侧（车前视）2、3 缸之间；目前大众车系广泛采用两个爆燃传感器，具体位置在发动机进气道一侧缸体上 1、2 缸之间和 3、4 缸之间，分别检测 1、2 缸和 3、4 缸的爆燃信号。

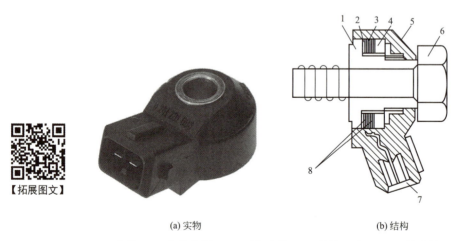

(a) 实物　　　　　　　　　　(b) 结构

1—套筒；2—绝缘垫圈；3—压电元件；4—惯性配重；5—塑料壳体；
6—固定螺栓；7—接线插座；8—电极。

图 2.81　压电式爆燃传感器

将压电元件制作成垫圈形状，在其两个侧面上安放金属垫圈作为电极，并用导线引到接线插座上。惯性配重与压电元件及压电元件与套筒之间装有绝缘垫圈，套筒中心制有螺孔，用固定螺栓将传感器固定在发动机缸体上，调整固定螺栓的拧紧力矩便可调整传感器输出的信号电压。传感器的输出特性出厂时已经调好,使用中不得随意调整。

惯性配重用来传递发动机振动产生的惯性力。惯性配重与塑料壳体之间装有盘形弹簧,借弹簧张力将惯性配重、压电元件和垫圈等部件压紧在一起。传感器接线插座上有三根引线,其中两根为信号线,一根为屏蔽线。

当发动机缸体产生振动时,套筒及惯性配重随之产生振动,套筒和惯性配重的振动作用在压电元件上,由压电效应可知,压电元件的信号输出端输出与振动频率和振动强度有关的交变电压信号,如图 2.82 所示。

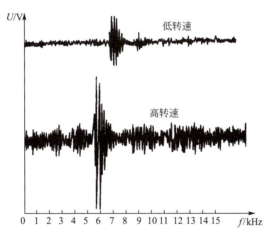

图 2.82 不同转速时爆燃传感器的输出波形

发动机爆燃频率为 6～9kHz 时振动强度较大,其信号电压较高。 发动机转速越高,信号电压幅值越大。因为发动机爆燃在活塞运行到压缩上止点(top dead center,TDC)前后产生,此时缸体振动强度最大,所以爆燃传感器在活塞运行到压缩上止点前后产生的输出电压较高。爆燃传感器输出信号与曲轴转角的对应关系如图 2.83 所示。

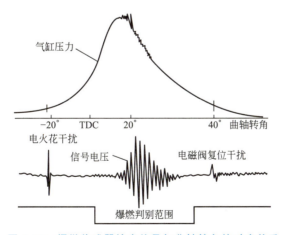

图 2.83 爆燃传感器输出信号与曲轴转角的对应关系

(4) 磁致伸缩式爆燃传感器。

磁致伸缩式爆燃传感器主要由感应线圈、伸缩杆、弹性元件、永久磁铁和外壳等组成,如图 2.84 所示。

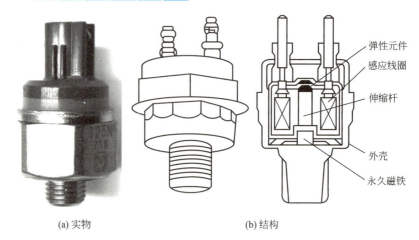

(a) 实物　　　　　　　　　(b) 结构

图 2.84　磁致伸缩式爆燃传感器

伸缩杆一端设有永久磁铁，另一端安放在弹性元件上。感应线圈绕制在伸缩杆的周围，线圈两端引出电极与控制线路连接。

当发动机缸体产生振动时，传感器的伸缩杆随之振动，感应线圈中的磁通量发生变化。根据电磁感应原理，线圈中感应出交变电动势，即传感器有电压输出，输出电压取决于发动机的振动强度和振动频率。

当发动机缸体振动频率达到 6～9kHz 时，传感器产生共振，振动强度最大，线圈中产生的电压最高，如图 2.85 所示。

（5）燃烧压力检测式爆燃传感器。

检测爆燃用直接检测燃烧压力法，则测量精度最高，但传感器安装困难且耐久性较差，通常采用间接检测燃烧压力法。其传感器称为燃烧压力检测式爆燃传感器或垫圈式爆燃传感器，是一种非共振型压电效应式传感器，结构原理与前述压电式爆燃传感器相同。

如图 2.86 所示，燃烧压力检测式爆燃传感器安装在火花塞垫圈与发动机气缸盖之间。燃烧压力作用到火花塞上，经过火花塞垫圈传递给传感器，作用力变化时，传感器信号电压随之变化，从而间接地测量燃烧压力。奥迪乘用车采用了这种传感器。

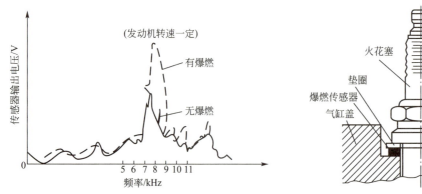

图 2.85　爆燃传感器输出信号波形　　　图 2.86　燃烧压力检测式爆燃传感器的安装位置

燃烧压力检测式爆燃传感器的额定工作温度为 180℃，允许短时工作温度为 200℃；拧紧力矩为 20～30N·m，最大拧紧力矩为 40N·m；静电电容量为 1000pF。

2. 点火控制组件

下面以大众 AJR 型发动机的电控点火系统（图 2.87）采用的点火控制组件（N152）为例进行介绍。

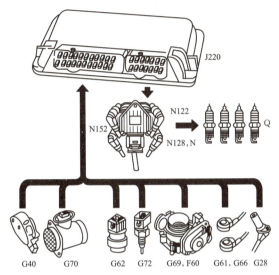

G40—凸轮轴位置（上止点位置）传感器；G70—空气流量传感器；G62—冷却液温度传感器；G72—进气温度传感器；G69—节气门位置传感器；F60—怠速触点开关；G61、G66—爆燃传感器；G28—曲轴位置（曲轴转速与转角）传感器；J220—ECU；N152—点火控制组件；N122—点火控制器；N128、N—点火线圈；Q—火花塞。

图 2.87　电控点火系统的组成（大众 AJR 型发动机）

（1）结构特点。

大众 AJR 型发动机采用直接点火系统，每两个气缸共用一个闭磁路式点火线圈，四个气缸共用两个点火线圈。两个点火线圈与点火控制器集成一体，称为点火控制组件或功率输出驱动级，固定在发动机缸体上，其结构如图 2.88 所示。

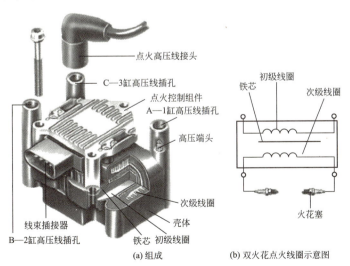

(a) 组成　　(b) 双火花点火线圈示意图

图 2.88　点火控制组件

在点火控制组件（N152）壳体上标注有各缸高压插孔标记 A、B、C、D，分别对应于 1、2、3、4 缸高压线插孔。点火控制组件（N152）的内部电路如图 2.89 所示，线圈初级电路的接通与切断由点火控制器（N122）根据 ECU 发出的指令进行控制。

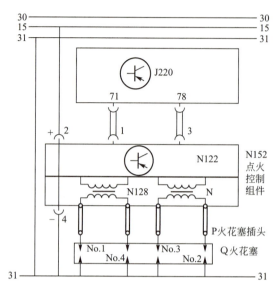

J220—ECU；71—2，3 缸点火控制端子；78—1，4 缸点火控制端子；
N—2，3 缸点火线圈；N122—点火控制器；N128—1，4 缸点火线圈。

图 2.89　点火控制组件（N152）内部电路

1、4 缸共用一个点火线圈（N128），初级电流由 ECU 的端子 78 发出的信号进行控制；2、3 缸共用一个点火线圈（N），初级电流由 ECU 的端子 71 发出的信号进行控制。当每个点火线圈次级线圈的电流都被切断时，初级线圈中产生的高压电同时分配到两个气缸的火花塞跳火。

（2）工作原理。

接通点火开关，15 号电源线及点火控制组件端子 2 电源接通。当 ECU 根据曲轴位置传感器、凸轮轴位置传感器、节气门位置传感器及温度传感器等信号确定 1、4 气缸需要点火时，立即从控制端子 78 发出控制脉冲，使点火控制器（N122）中控制点火线圈（N128）的功率晶体管截止，点火线圈（N128）的初级电流切断，其次级线圈产生高压电并加到 1、4 气缸火花塞上同时跳火。

当 2、3 气缸需要点火时，ECU 从控制端子 71 发出控制脉冲，使点火控制器（N122）中控制点火线圈（N）的晶体管截止，点火线圈（N）的初级电流切断，次级线圈产生高压电并加到 2、3 气缸火花塞上同时跳火。

3．点火线圈

带分电器的电控点火系统点火线圈的结构与非电控点火系统的点火线圈并没有什么差别，而无分电器电控点火系统的点火线圈有多种结构形式。

（1）适用于二极管分配的点火线圈。

适用于二极管分配同时点火方式的点火线圈具有两个初级线圈和一个次级线圈。高压二极管有直接安装在点火线圈内部（内装式）和连接在点火线圈外部（外接式）两种结构形式，分别如图2.90和图2.91所示。

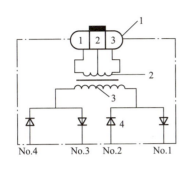
(a) 点火线圈内部电路

(b) 点火线圈实物

1—低压插接器端子；2—初级线圈；3—次级线圈；4—高压二极管；5—高压接线柱。

图2.90 二极管分配同时点火方式的点火线圈（内装式）

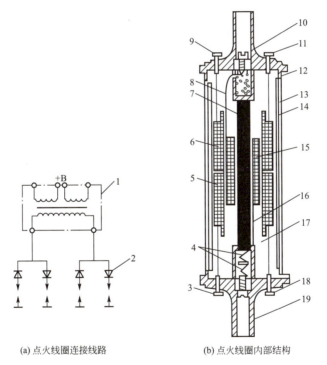

(a) 点火线圈连接线路　　(b) 点火线圈内部结构

1—点火线圈；2—高压二极管；3，11—接点火模块；4—弹簧；5—初级线圈Ⅰ；
6—初级线圈Ⅱ；7—铁芯；8，16—高压导电片；9，18—电源接线柱；10，19—高压线插座；
12—外壳；13—导磁板；14—衬纸；15—次级线圈；17—变压器油。

图2.91 二极管分配同时点火方式的点火线圈（外接式）

(2) 适用于点火线圈分配的点火线圈。

适用于点火线圈分配的点火线圈每个都有一个初级线圈和一个次级线圈，两个或三个点火线圈多采用组合安装的形式，如图2.92所示，此点火线圈适用于六缸发动机的组合式点火线圈。

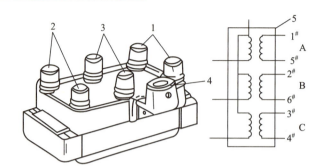

1—点火线圈 A 高压线插座；2—点火线圈 B 高压线插座；3—点火线圈 C 高压线插座；
4—点火线圈低压导线插座；5—点火线圈内部电路。

图 2.92　点火线圈分配同时点火方式的点火线圈（Ⅰ）

图 2.93 所示的点火线圈分配同时点火方式的点火线圈内部装有高压二极管，其作用是防止误点火。由于点火线圈与火花塞直接通过导线相连，因此点火线圈初级通路瞬间在次级所产生的电压（约 1000V）直接加在火花塞电极两端，如果该火花塞所在的气缸处于进气终了或压缩行程开始等气缸压力较低且有可燃混合气的行程，就可能会误点火。在高压回路中串联一个高压二极管（图 2.94），利用其单向导电性，使初级通路瞬间在次级产生的电压不能加在火花塞电极上，从而消除了误点火现象。

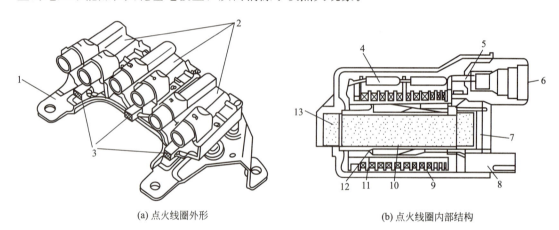

(a) 点火线圈外形　　　　　　　　　　　　(b) 点火线圈内部结构

1—支架；2—点火线圈；3—低压插座；4—高压二极管；5—高压引线；6—盖；7—填充材料；
8—低压接线柱；9—外壳；10、13—铁芯；11—次级线圈；12—初级线圈。

图 2.93　点火线圈分配同时点火方式的点火线圈（Ⅱ）

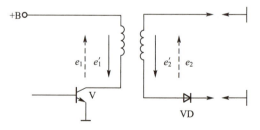

e_1、e_2—初级通路瞬间初、次级线圈的感应电动势；e_1'、e_2'—初级断路瞬间初、次级线圈的感应电动势。

图 2.94　点火线圈分配同时点火方式的高压二极管

在一些无分电器电控点火系统中,点火线圈与火花塞的连接电路中有 3~4mm 的间隙,以防止点火线圈初级通路瞬间误点火。

(3) 单独点火方式的点火线圈。

单独点火方式的点火线圈通常是将点火线圈直接安装在火花塞上端,如图 2.95 所示。这种点火线圈可省去高压导线,使点火能量的损失和点火系统的故障率降低。

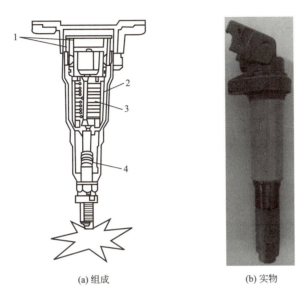

(a) 组成　　　　　　(b) 实物

1—接 ECU;2—初级线圈;3—次级线圈;4—火花塞。

图 2.95　单独点火方式的点火线圈

(4) 闭磁路式点火线圈。

由于闭磁路式点火线圈结构紧凑、能量转换损失小、点火能量高,因此其已成为点火线圈的主流产品。目前,汽车电控点火系统普遍采用闭磁路式点火线圈。

① 结构特点。典型的闭磁路式点火线圈主要由铁芯、初级线圈和次级线圈构成,如图 2.96 所示。

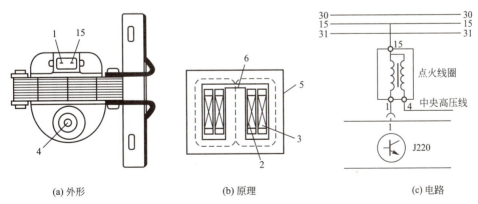

(a) 外形　　　　　　(b) 原理　　　　　　(c) 电路

1—点火线圈负极;2—次级线圈;3—初级线圈;4—高压线插孔;
5—铁芯;6—气隙;15—点火线圈正极;J220—ECU。

图 2.96　闭磁路式点火线圈

铁芯由浸有绝缘漆的片状"山"字形硅钢片叠合成"日"字形。铁芯内绕次级线圈，初级线圈绕在次级线圈的外面，以利于散热。

为了减小磁滞现象，铁芯上有微小的气隙。由于铁芯构成的磁路几乎是闭合回路，因此称为闭磁路式点火线圈。

闭磁路式点火线圈的优点是漏磁少、磁阻小、能量损失小，因此在产生的感应电动势相同的情况下所需匝数少、体积小。

② 工作原理。闭磁路式点火线圈电路如图2.96（c）所示。当点火开关接通时，低压电源经点火开关15端子和15号电源线加到点火线圈15端子（点火线圈正极）上。点火线圈1端子（点火线圈负极）与ECU内部的大功率晶体管连接，其初级电流的接通与切断由发动机ECU内部电路控制。

ECU通过计算导通角来控制点火线圈初级线圈的通电时刻，通过计算点火提前角来控制初级电流的切断时刻。

2.6.3　电控点火系统的控制原理

1. 基本控制原理

电控点火系统的控制原理如图2.97所示，空气流量传感器和节气门位置传感器向ECU提供发动机负荷信号，用于计算、确定点火提前角；曲轴位置传感器向ECU提供发动机转速、曲轴转角信号，转速信号用于计算、确定点火提前角，转角信号用于控制点火时刻（点火提前角）；凸轮轴位置传感器用于检测活塞上止点位置，识别缸序；冷却液温度传感器信号、进气温度传感器信号、车速传感器信号、空调开关信号及爆燃传感器信号等用于修正点火提前角。

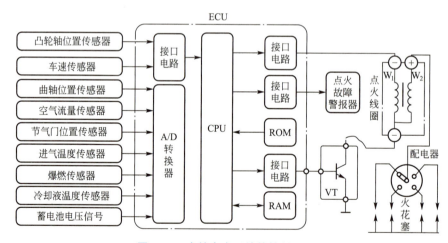

图2.97　电控点火系统的控制原理

发动机工作时，ECU根据凸轮轴位置传感器信号判定哪一缸即将到达压缩上止点，根据反映发动机工况的转速信号、负荷信号及与点火提前角有关的传感器信号确定相应工况下的最佳点火提前角，向点火控制器发出控制指令，使功率晶体管截止，点火线圈初级电流切断，次级线圈产生高压电，并按发动机点火顺序分配到各缸火花塞跳火点燃混合气。

上述控制过程是指发动机在正常状态下点火时刻的控制过程。当发动机起动、怠速或汽车滑行时,设有专门的控制程序和控制方式进行控制。

2. 点火提前角的确定

发动机发出最大功率和最小油耗的点火提前角为最佳点火提前角,该点不在压缩行程上止点处,应适当提前。

理论和实践证明,发动机的最佳点火提前角应能够使发动机的燃烧临近爆燃且不发生爆燃,发动机的最佳点火提前角随发动机转速和负荷呈非线性变化,如图 2.98 所示。

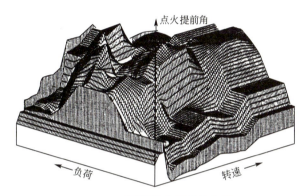

图 2.98 最佳点火提前角曲面

点火提前角由初始点火提前角、基本点火提前角和修正点火提前角三部分组成。

(1) **初始点火提前角**。

初始点火提前角又称固定点火提前角,其值取决于发动机型号,并由曲轴位置传感器的初始位置决定,一般为上止点前 $6°\sim12°$。在下列情况下,实际点火提前角等于初始点火提前角。

① 发动机起动时。

② 发动机转速低于 400r/min 时。

③ 检查初始点火提前角时。此时诊断插座测试端子短路,怠速触点闭合,车速低于 2km/h。

(2) **基本点火提前角**。

基本点火提前角是发动机最主要的点火提前角,也是设计电控点火系统时确定的点火提前角。由于发动机本身结构复杂,影响点火的因素较多,理论推导基本点火提前角的数学模型比较困难,而且很难适应发动机的运行状态,因此国内外普遍采用台架试验方法,利用发动机最佳运行状态下的试验数据确定基本点火提前角。

(3) **修正点火提前角**。

为使实际点火提前角适应发动机的运转状况,以便得到良好的动力性、经济性和排放性能,必须根据相关因素(如冷却液温度、进气温度、开关信号等)适当增大或减小点火提前角,即对点火提前角进行必要的修正。修正点火提前角的方法有多种,主要有暖机修正和怠速修正。

发动机的实际点火提前角是上述三者之和。发动机曲轴每转一圈,ECU 计算处理后输出一个点火提前角信号,因此,当传感器检测到发动机转速、负荷、冷却液温度发生变化时，ECU 自动调整点火提前角。

当 ECU 确定的点火提前角超过允许的最大点火提前角或小于允许的最小点火提前角时，发动机很难正常运转，此时 ECU 将以最大点火提前角或最小点火提前角允许值进行控制。

3. 电控点火系统的配电方式

电控点火系统高压配电方式分为机械配电和电子配电。

（1）机械配电（有分电器电控点火系统）。

机械配电是由分火头将高压电分配至分电器盖旁电极，再通过高压线输送到各缸火花塞上的传统配电方式。

在这种点火系统的分电器中，有的除保留传统的机械式配电结构外，不再有传统的分电器中的断电器、离心式和真空式点火提前角调节器。在有些车型的分电器中装有曲轴位置传感器（Ne 信号）和凸轮轴位置传感器（G 信号）。

图 2.99 所示为有分电器的电控点火系统电路。ECU 根据各输入信号确定点火时间，并将点火正时信号（IG_t）送至点火控制器。当点火正时信号（IG_t）变为低电平时，点火线圈初级电路因功率晶体管截止而被切断，次级线圈感应出高电压，再由分电器按点火顺序送至相应气缸的火花塞上产生电火花。

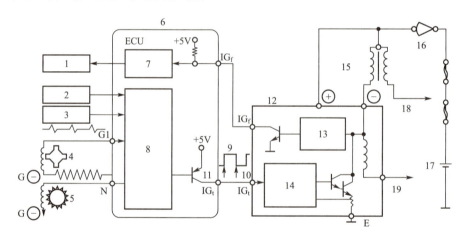

1—主继电器；2—压力传感器；3—温度传感器；4—基准位置传感器；5—曲轴位置传感器（发动机转速传感器）；6—ECU；7—EFI 控制；8—ESA 控制；9—点火指令信号；10—电子点火器的 IG_t 接线端子；11—ECU 的 IG_t 接线端子；12—点火控制器；13—点火监视回路；14—闭合角控制；15—点火线圈；16—点火开关；17—蓄电池；18—至分电器；19—至发动机转速表。

图 2.99　有分电器的电控点火系统电路

为了产生稳定的次级电压和保证系统的可靠工作，在点火控制器中设有闭合角控制回路和点火确认信号（IG_f）发生电路。

闭合角控制回路的作用是根据发动机转速和蓄电池电压（电源电压）的变化调节闭合角，保证闭合时间（初级线圈通电时间）稳定，以保证足够的点火能量和次级电压。在发动机转速上升和蓄电池电压下降时，闭合角控制电路使闭合角增大，延长初级线圈的通电时间，防止初级储能下降，确保点火能量。

点火确认信号发生电路的作用是在点火线圈初级电流切断、初级线圈产生自感电动势时，向 ECU 输出点火确认信号（IG$_f$），以监视点火控制电路是否工作正常。

当点火控制器中的功率晶体管不能正常导通和截止时，ECU 接收不到由点火器反馈回来的点火确认信号（IG$_f$），表明点火系统发生故障，ECU 将切断燃油喷射脉冲信号，喷油器停止喷油。

如果因某种原因偶尔出现一次不正常信号，则 ECU 不会判定为故障，只有点火器6～8次没有将点火确认信号（IG$_f$）反馈给 ECU，ECU 才判定为点火系统故障，喷油器停止喷油。

机械配电存在以下缺点。

① 分火头与分电器盖旁电极之间必须保留一定间隙，以实现高压电分配，因此必然损失部分火花能量，还会产生无线电干扰。

② 曲轴位置传感器转子由分电器轴驱动，旋转机构的机械磨损会影响点火时刻的控制精度。

③ 为了抑制无线电的干扰信号，高压线采用高阻抗电缆，也要消耗能量。

④ 分火头、分电器盖或高压导线漏电时，高压电火花减弱、缺火或断火。

⑤ 分电器的布置影响发动机的结构布置和汽车的外形设计。

（2）电子配电（无分电器电控点火系统）。

电子配电由点火控制器控制，点火线圈的高压电按照一定的点火顺序，直接加到火花塞上，实现直接点火的配电方式。采用这种配电方式的点火系统也称无分电器点火（distributor‑less ignition，DLI）系统。 目前，无分电器点火系统在汽车上应用广泛。

常见的电子配电方式分为双缸同时点火和各缸单独点火两种，如图 2.100 所示。

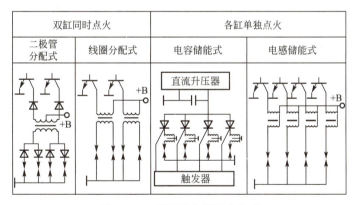

图 2.100　常见的电子配电方式

① **双缸同时点火**。双缸同时点火是指点火线圈每产生一次高压电，两个气缸的火花塞都同时跳火。次级线圈产生的高压电直接加在两个气缸（四缸发动机的 1、4 缸或 2、3 缸；六缸发动机的 1、6 缸，2、5 缸或 3、4 缸）的火花塞电极上跳火。

双缸同时点火时，一个气缸处于压缩行程末期，是有效点火；另一个气缸处于排气行程末期，缸内温度较高而压力很低，火花塞电极间隙的击穿电压很低，对有效点火气缸火花塞的击穿电压和火花放电能量影响很小，是无效点火。

曲轴旋转一圈后，两缸所处行程恰好相反。双缸同时点火时，高压电的分配方式有二极管分配和点火线圈分配两种形式。

a. **二极管分配式双缸同时点火**。二极管分配式双缸同时点火电路如图 2.101 所示。点火线圈由两个初级线圈和一个次级线圈构成，次级线圈的两端通过四只高压二极管与火花塞构成回路。高压二极管有内装式（安装在点火线圈内部）和外装式两种。

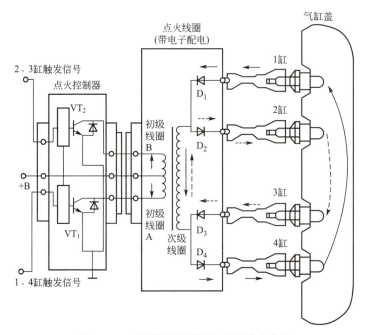

图 2.101　二极管分配式双缸同时点火电路

对于点火顺序为 1→3→4→2 的发动机，1、4 缸为一组，2、3 缸为一组。点火控制器中的两只功率晶体管分别控制一个初级线圈，两只功率晶体管由 ECU 按点火顺序交替控制其导通与截止。

当 ECU 将 1、4 缸的点火触发信号输入点火控制器时，功率晶体管 VT_1 截止，初级线圈 A 中的电流切断，次级线圈中产生高电压，方向如图 2.101 中实线箭头所示。在该电压的作用下，二极管 D_1、D_4 正向导通，1、4 缸火花塞电极上的电压迅速升高直至跳火，高压放电电流经图中实线箭头所指方向构成回路；D_2、D_3 反向截止，不能构成放电回路，因此 2、3 缸火花塞电极上无高压火花放电电流而不能跳火。

当 ECU 将 2、3 缸的点火触发信号输入点火控制器时，功率晶体管 VT_2 截止，初级线圈 B 中的电流切断，次级线圈产生高电压，方向如图 2.101 中虚线箭头所示。此时二极管 D_1、D_4 反向截止，D_2、D_3 正向导通，故 2、3 缸火花塞电极上的电压迅速升高直至跳火，高压放电电流经图中虚线箭头所指方向构成回路。

b. **点火线圈分配式双缸同时点火**。点火线圈分配式双缸同时点火电路如图 2.102 所示。很多经典发动机（如大众 AJR 发动机、奥迪 V6 发动机等）均采用了这种配电方式。

点火线圈组件由两个（四缸发动机）或三个（六缸发动机）独立的点火线圈组成，每个点火线圈供给两个火花塞工作（四缸发动机的 1、4 缸和 2、3 缸分别共用一个点火线圈；六缸发动机 1、6 缸，2、5 缸，3、4 缸分别共用一个点火线圈）。点火控制组件中设有与点火线圈数量相等的功率晶体管，分别控制一个点火线圈工作。点火控制器根据

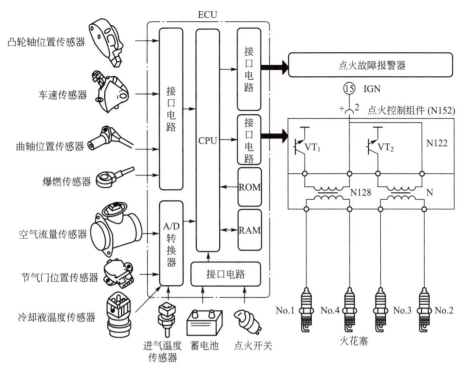

图 2.102　点火线圈分配式双缸同时点火电路

ECU 输出的点火控制信号,按点火顺序轮流触发功率晶体管的导通与截止,从而控制每个点火线圈轮流产生高压电,再通过高压线直接输送到成对的两缸火花塞电极间隙上跳火点燃混合气。

c. **高压二极管的作用**。在部分点火线圈分配高压的同时点火系统中,点火线圈次级回路中连接了一只高压二极管,用于防止次级线圈在初级电路接通时产生的电压(约为 1000V)加到火花塞电极上而导致误跳火。

② **各缸单独点火**。点火系统采用各缸单独点火方式时,每一个气缸都配有一个点火线圈,并安装在火花塞上方。在点火控制器中,设置与点火线圈数目相等的大功率晶体管,分别控制每个点火线圈中次级线圈电流的接通与切断,其工作原理与双缸同时点火方式相同。

各缸单独点火省去了高压线,点火能量损耗少,所有高压部件都安装在气缸盖上的金属屏蔽罩内,降低了无线电的干扰。

4. 发动机爆燃的控制原理

当发动机发生严重爆燃时,其动力性和经济性严重下降;当发动机工作在爆燃临界点或有轻微爆燃时,其动力性和经济性最好。利用点火提前角闭环控制系统能有效地控制点火提前角,使发动机工作在爆燃的临界状态。

(1) 发动机爆燃控制系统的组成。

发动机爆燃控制系统由爆燃传感器、带通滤波器、信号放大器、整形滤波电路、比较基准电路、积分电路、点火提前角控制电路和点火控制器等组成,如图 2.103 所示。

爆燃传感器用于检测发动机是否发生爆燃,一般每台发动机安装 1~2 个。带通滤波

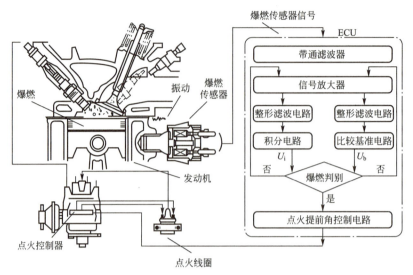

图 2.103　发动机爆燃控制系统的组成与控制

器只允许发动机爆燃信号（频率为 6～9kHz 的信号）或接近爆燃的信号输入 ECU 进行处理，其他频率的信号被衰减。

信号放大器对输入 ECU 的信号进行放大，以便整形滤波电路处理。接近爆燃的信号经过整形滤波电路和比较基准电路处理后，形成判定是否发生爆燃的基准电压 U_b。爆燃信号经过整形滤波电路和积分电路处理后，形成的积分信号用于判定爆燃强度。

（2）爆燃的判别与控制。

发动机爆燃一般发生在大负荷、中低转速（小于 3000r/min）时，由于爆燃传感器输出电压的振幅随发动机转速不同而不同，因此不能根据爆燃传感器输出电压的绝对值判别发动机是否发生爆燃，通常将发动机无爆燃时的传感器输出电压与产生爆燃时的输出电压进行比较，从而作出判别。

① 基准电压的确定。将发动机即将爆燃时爆燃传感器的输出电压作为判定爆燃的基准电压，如图 2.104 所示。

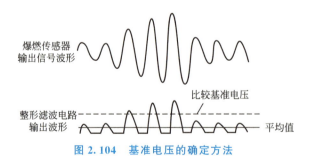

图 2.104　基准电压的确定方法

首先对传感器输出信号进行滤波和半波整流，利用平均电路求得信号电压的平均值，然后乘以常数倍形成基准电压 U_b，平均值的倍数由设计制造时试验确定。因为发动机转速升高时，爆燃传感器输出电压的幅值增大，所以基准电压不是一个固定值，其值将随发动机转速升高而增大。

② 爆燃强度的判别。发动机的爆燃强度取决于爆燃传感器输出信号电压的振幅和持

续时间。爆燃信号电压值超过基准电压值的次数越多,爆燃强度越大;反之,超过基准电压值的次数越少,爆燃强度越小。

爆燃强度的判定方法如图 2.105 所示,首先利用基准电压值对爆燃传感器输出信号进行整形处理,然后对整形后的波形进行积分,求得积分值 U_i。爆燃强度越大,积分值 U_i 越大;反之,爆燃强度越小,积分值 U_i 越小。当积分值 U_i 超过基准电压 U_b 时,ECU 判定发动机发生爆燃。

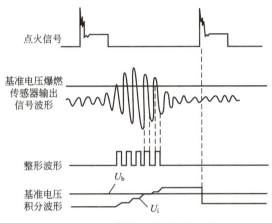

图 2.105　爆燃强度的判定方法

③ 发动机爆燃的控制。发动机工作时,缸体振动频繁、剧烈,为使检测的爆燃信号准确无误,检测爆燃过程中并非随时都在进行,而是在发出点火信号后的一定范围内进行,因为发动机产生爆燃的最大可能性是在点火后的一段时间内。

爆燃控制系统是一个闭环控制系统,发动机工作时,ECU 根据各传感器输入的信号,从存储器中查询出相应的点火提前角控制点火时刻,控制结果由爆燃传感器反馈到 ECU 输入端,ECU 对点火提前角进行修正。

将爆燃传感器的信号输入 ECU,ECU 比较积分值 U_i 与基准电压 U_b。当积分值 U_i 高于基准电压 U_b 时,ECU 立即发出指令,控制点火时刻推迟,一般每次推迟 0.5°~1.5°曲轴转角,直到爆燃消除。爆燃强度越大,点火时间推迟越多;爆燃强度越小,点火时间推迟越少。当积分值 U_i 低于基准电压 U_b 时,爆燃消除,ECU 递增一定量的点火提前角控制点火,直到再次产生爆燃为止。爆燃控制系统控制的点火提前角曲线如图 2.106 所示。

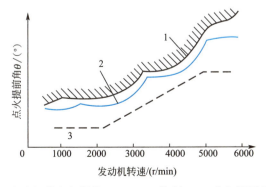

1—点火提前角极限值;2—ECU 控制;3—分电器调节。

图 2.106　爆燃控制系统控制的点火提前角曲线

从图 2.106 不难看出，ECU 动态调节点火提前角，使点火提前角始终"游走"在发动机发生爆燃的边缘，以获得最佳动力性、经济性和排放性能。

2.7 发动机辅助控制

2.7.1 怠速控制

1. 怠速控制的目的和策略

汽油机在正常运行工况下由驾驶人通过加速踏板控制节气门开度，调节进气量的方法来控制发动机输出功率。

燃油喷射发动机怠速时，节气门处于全关闭状态，空气通过节气门缝隙及旁通节气门的怠速调节通路进入发动机，空气流量传感器（或进气歧管压力传感器）检测该进气量，并根据转速及其他修正信号控制喷油量，使输出转矩与发动机本身内部阻力矩平衡，保证发动机在怠速下稳定运转。

当发动机的内部阻力矩发生变化时，怠速运转转速将会发生变化。发动机控制系统怠速控制装置的功能就是由 ECU 自动维持发动机怠速稳定运转，以降低怠速时的燃油消耗量，并满足排放法规的要求。

【拓展图文】

怠速控制（idle speed control，ISC）是通过调节空气通道的截面面积来控制空气流量的方法。

怠速时喷油量的控制由燃油喷射控制系统根据与空气量匹配的原则增减，以达到目标空燃比。典型的怠速控制系统如图 2.107 所示。

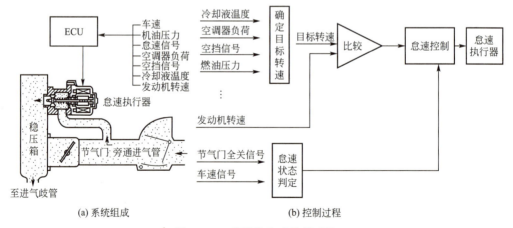

(a) 系统组成　　　　　　　　　　(b) 控制过程

图 2.107　典型的怠速控制系统

2. 怠速控制装置分类

怠速控制内容包括起动后控制、暖机过程控制、负荷变化控制和减速时控制等。怠速控制的实质是通过调节空气通道的截面面积来控制怠速的进气量。

怠速控制装置按控制原理可以分为节气门直动控制式和旁通空气控制式两类，如

图 2.108 所示。

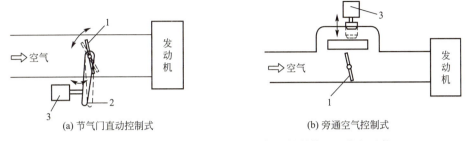

(a) 节气门直动控制式　　　　(b) 旁通空气控制式

1—节气门；2—节气门操纵臂；3—节气门控制装置（执行元件）。

图 2.108　怠速控制装置

其中，旁通空气控制式按结构和控制方式又可分为步进电动机调节机构、旋转电磁阀调节机构、占空比电磁阀控制机构和真空电磁阀控制机构等。

3. 节气门直动控制机构

节气门直动控制机构（图 2.109）是直接通过对节气门最小开度的控制来控制怠速的。ECU 控制直流电动机的正反转和转动量。直流电动机驱动减速齿轮并通过螺旋传动将转动转变为直线移动，从而控制节气门的开度，达到控制怠速进气量和怠速转速的目的。

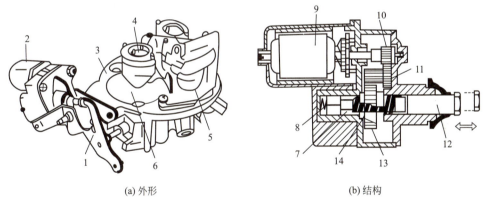

(a) 外形　　　　(b) 结构

1—节气门操纵臂；2—怠速执行器；3—节气门体；4—喷油器；5—调压器；6—节气门；
7—防转孔；8—弹簧；9—电动机；10，11，13—齿轮；12—传动轴；14—丝杠。

图 2.109　节气门直动控制机构

这种控制机构的优点是结构简单、工作稳定性好，缺点是采用齿轮减速机构后执行速度低、动态响应性差。

4. 旁通空气控制机构

旁通空气控制机构是通过改变旁通通道的流通面积来控制怠速进气量的。在多点燃油喷射系统中多采用旁通空气控制机构，其类型主要有以下几种。

（1）步进电动机式怠速控制机构。

① 步进电动机式怠速控制机构的结构和工作原理。步进电动机与怠速控制阀集成一体，装在进气总管内，其结构如图 2.110 所示，电动机可顺时针或逆时针旋转，使阀轴向

移动,改变阀与阀座之间的间隙,调节流过节气门旁通通道的空气量。怠速控制阀还可用来控制发动机的快怠速,而不需要辅助空气阀。

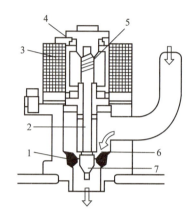

1—阀座；2—阀轴；3—定子线圈；4—轴承；5—进给丝杠机构；
6—旁通空气进口；7—阀。

图 2.110　步进电动机与怠速控制阀

步进电动机的内部结构如图 2.111 所示,其由定子和转子组成。转子上有 8 对永磁磁极,其 N、S 极相间排列于转子圆周上,以构成电动机的主磁场；定子由 A、B 两组构成,每一组都带有 16 个齿且有铁芯,交错装配,每个铁芯上都绕有两个定子线圈,但缠绕方向相反。

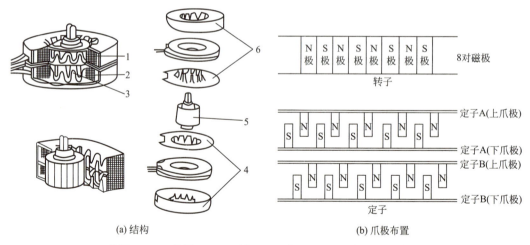

1—线圈 A；2—线圈 B；3—爪极；4—定子 B；5—转子；6—定子 A。

图 2.111　步进电动机的内部结构

步进电动机的转动方向可通过改变 4 个定子线圈的通电顺序改变。转子一周分为 32 个步级,每个步级转动一个爪的角度,即 11.25°(一般步进电动机有 2～125 个步级)。步进电动机的控制电路如图 2.112 所示。

② 步进电动机式怠速控制机构的控制过程。步进电动机式怠速控制机构的控制原理如图 2.113 所示。步进电动机式怠速控制机构对怠速的控制主要有以下几种情况。

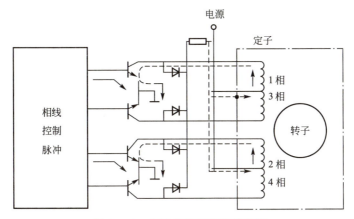

图 2.112 步进电动机的控制电路

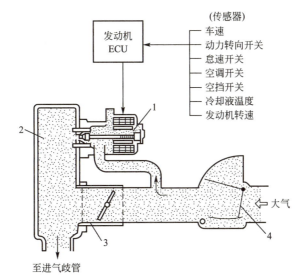

1—怠速控制阀；2—稳压箱；3—节气门体；4—空气流量计。

图 2.113 步进电动机式怠速控制机构的控制原理

a. 初始值设定。为了改变发动机再起动时的起动性能，在发动机点火开关关闭后，ECU 将控制怠速控制阀全部打开，为下次起动做准备。

b. 暖机控制。起动时，旁通阀设定在全开位置，便于发动机起动。起动后，当发动机转速达到一定值时，ECU 控制将怠速控制阀关小到当时冷却液温度相应的最佳怠速转速。如果是冷机起动（70℃以下），则起动后以较高的怠速（快怠速）运转，当冷却液温度达到 70℃时，暖机控制结束。

c. 反馈控制。在怠速运转过程中，如果由于某种原因发动机转速与目标转速相差超过 20r/min，则 ECU 控制怠速控制阀相应增减旁通空气量，以使发动机转速与目标转速相同。

d. 怠速转速变化预控制。在某些情况下，负荷的变化（自动变速器空挡开关、空调开关的通断）会引起发动机转速发生可以预见的较大幅度变化。为了防止这种转速变化，

ECU 控制怠速空气阀提前开大或关小一定值。

e. 其他控制。当负荷等引起电源电压降低时，ECU 会自动控制提高发动机转速，保证系统正常供电。

随着机件的磨损等，ECU 原来控制步进电动机的步进数达不到原来的控制效果，发动机通过转速的反馈控制，使转速达到原来的目标值，这种控制功能称为怠速控制的学习控制功能。

（2）旋转电磁阀式怠速控制机构。

旋转电磁阀装在节气门体上，通过永久磁铁及周围的磁化线圈控制机构来控制阀门的旋转角度，从而改变怠速空气通道的截面面积。其结构如图 2.114 所示。

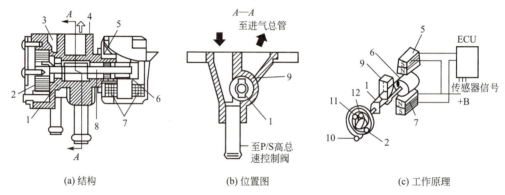

(a) 结构　　(b) 位置图　　(c) 工作原理

1—阀；2—双金属带；3—冷却液腔；4—阀体；5—线圈 L_1；
6—永久磁铁；7—线圈 L_2；8—阀轴；9—旁通口；10—固定销；
11—挡块；12—杆。

图 2.114　旋转电磁阀怠速控制机构

双金属带一端连接带有凹槽的挡块，另一端固定，冷却液流过阀体，当冷却液温度发生变化时，双金属带产生变形带动挡块一端转动。挡块的凹槽限制阀轴上方头的旋转，控制阀门的最大开度和最小开度。

ECU 控制脉冲信号的占空比，即控制线圈 L_1、L_2 中的平均电流，使阀门转过一定角度。占空比的值为 ECU 控制信号在一个周期内通电时间与通电周期之比，如图 2.115 所示。

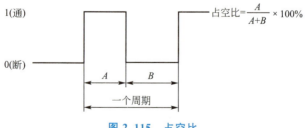

图 2.115　占空比

当占空比为 50% 时，线圈 L_1、L_2 的平均通电时间相等，产生的磁场作用力相互抵消，阀轴停止转动。当占空比超过 50% 时，线圈 L_2 的磁场强度大于线圈 L_1 的磁场强度，阀门转过一定角度，打开旁通口。旋转电磁阀的工作原理如图 2.116 所示。

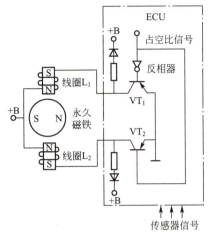
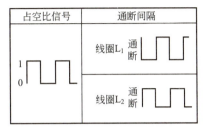

(a) 控制电路　　　　　　　(b) 占空比信号

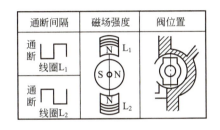
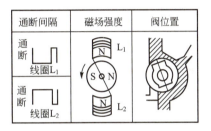

(c) 占空比为50%时,阀不动　　　(d) 占空比超过50%时,阀转过一定角度

图 2.116　旋转电磁阀的工作原理

ECU 对旋转电磁阀的控制有起动、暖机、稳定怠速、预测转速变化控制及学习控制功能。

（3）占空比型电磁阀怠速控制机构。

占空比型电磁阀工作时,ECU 确定控制脉冲信号的占空比,磁化线圈中的平均电流取决于占空比。占空比越大,磁化线圈中的平均电流越大,磁场强度越大,阀门升程越大,旁通通道开度越大。占空比型电磁阀怠速控制机构的结构及控制原理如图 2.117 所示。

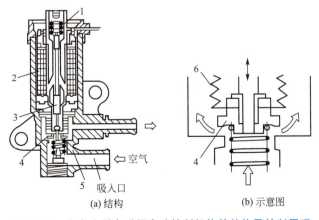

图 2.117　占空比型电磁阀怠速控制机构的结构及控制原理

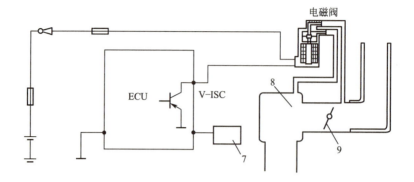

(c) 与ECU连接

1—弹簧；2—磁化线圈；3—阀轴；4—阀；5—壳体；6—波纹管；
7—传感器；8—进气总管；9—节气门。

图 2.117　占空比型电磁阀怠速控制机构的结构及控制原理（续）

ECU 对占空比控制也有起动、暖机、稳定怠速、预测转速变化控制及自适应功能。

上述三种机构的区别：前一种ECU控制步进电动机的步数，而后两种ECU控制脉冲占空比。

（4）真空电磁阀式怠速控制机构。

真空电磁阀式怠速控制机构如图 2.118 所示。

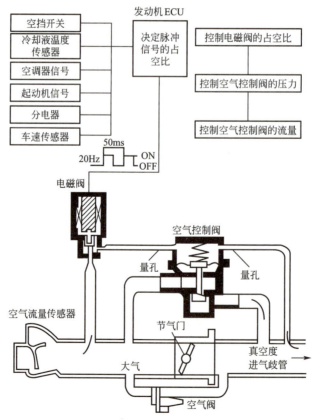

图 2.118　真空电磁阀式怠速控制机构

ECU 根据各种传感器的输入信号控制电磁阀打开和关闭，控制旁通空气量，使发动机保持稳定怠速运转。控制信号只存在开、关两种状态。怠速时，ECU 发出指令打开此阀，升高到某预定值时，切断电源，关闭此阀。

真空电磁阀式怠速控制机构，由 ECU 根据发动机的工作状况进行接通和断开的控制，在满足以下四种条件之一时，接通电磁阀开关；在其他工况下，电磁阀均断开。

① 发动机起动工作时或刚起动。
② 怠速触点闭合，并且发动机转速下降到规定转速以下。
③ 怠速触点闭合，并且变速器挡位从空挡换到其他行驶挡位后的几秒内。
④ 怠速触点闭合，灯开关接通或后窗去雾器开关接通。

对于占空比型怠速控制机构和真空电磁阀式怠速控制机构，由于控制的旁通空气量少，因而仍需辅助空气阀控制快怠速。

2.7.2 进气控制

1. 动力阀控制系统

某些发动机上采用动力阀控制系统，它根据发动机的不同负荷改变进气量，从而改变发动机的动力性能。

真空控制的动力阀装在进气管上，用于控制进气管空气通道的截面面积，如图 2.119 所示。

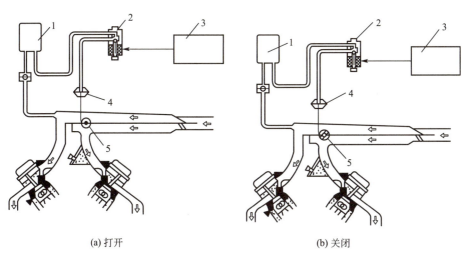

(a) 打开　　　　　　　　　　(b) 关闭

1—真空室；2—真空电磁阀；3—ECU；4—单向阀；5—动力阀。

图 2.119　动力阀控制系统

当发动机小负荷运转时，ECU 控制真空电磁阀关闭，动力阀也关闭，进气通道截面面积变小，发动机输出较小功率；当发动机负荷增大时，ECU 根据转速、温度、空气量等信号接通真空电磁阀，真空管内的真空度提高而将动力阀打开，进气通道截面面积变大，发动机输出较大功率。

2. 进气惯性增压控制系统

进气惯性增压控制系统（acoustic control induction system，ACIS），也称谐波增压进

气控制系统,是一种利用进气流惯性产生的压力波提高进气效率的进气控制系统。

(1) 压力波的产生。

当气体高速流向进气门时,如果进气门突然关闭,则进气门附近气体流动突然停止,但是受惯性作用,进气管仍在进气,进气门附近的气体被压缩,压力上升。气体的惯性消失后,被压缩的气体开始膨胀,向与进气流相反的方向流动,压力下降。膨胀产生的波传到进气管口时又被反压回来,形成压力波。

(2) 压力波的应用。

如果上述进气压力脉动波与进气门开闭配合好,使压力波集中到要打开的进气门旁,在进气门打开时就会形成增压进气的效果。

一般进气管长时,压力波波长大,可使发动机中、低速区功率增大;进气管短时,压力波波长小,可使发动机高速区功率增大。

如果进气管长度可改变,则可兼顾增大功率和增大转矩,但一般进气管长度是不可改变的,因此利用惯性增压一般采用最大转矩对应的转速区域。

(3) 长度可变的进气惯性增压控制系统。

图2.120所示为进气惯性增压控制系统的工作原理。当空气室出口的控制阀关闭时,进气管内的脉动压力波传递长度为空气滤清器与进气门的距离,这一距离较大,适应发动机中、低速工况,可达到气体动力增压效果。

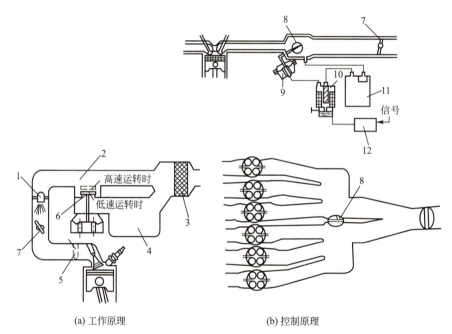

(a) 工作原理　　　　(b) 控制原理

1—喷油器;2—进气道;3—空气滤清器;4—空气室;5—涡流控制气门;6—控制阀;7—节气门;8—进气增压控制阀;9—真空马达;10—真空电磁阀;11—真空罐;12—ECU。

图2.120　进气惯性增压控制系统的工作原理

当控制阀打开时,接通真空罐,打开进气增压控制阀,由于大容量空气室参与,在进气道控制阀处形成气帘,因此进气脉动压力波只能在空气室出口和进气门之间传播,缩短了压力波的传播距离,可满足发动机高速工况下的气体动力增压要求。

3. 废气涡轮增压控制系统

图 2.121 所示为废气涡轮增压控制系统的工作原理。控制废气流动路线的切换阀由驱动气室内部的气体压力的控制。在涡轮增压器出口与驱动气室之间的管路上装有 ECU 控制的释压电磁阀，释压电磁阀控制进入驱动气室的气体压力。

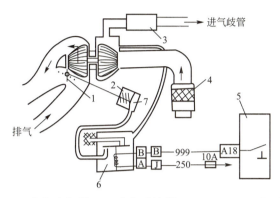

1—切换阀；2—动作器；3—空气冷却器；4—空气滤清器；5—ECU；6—释压电磁阀；7—驱动气室。

图 2.121 废气涡轮增压控制系统的工作原理

当 ECU 检测到进气压力小于 0.098MPa 时，受 ECU 控制的释压电磁阀的搭铁回路断开，释压电磁阀关闭，此时由涡轮增压器出口引入的压力空气经释压阀进入驱动气室，克服气室弹簧的压力，推动切换阀将废气进入涡轮室的通道打开，同时将排气旁通口关闭，此时废气流经涡轮室使进气增压。

当 ECU 检测到进气压力大于 0.098MPa 时，ECU 控制接通释压电磁阀搭铁回路，释压电磁阀打开，通往驱动气室的压力空气被切断，在气室弹簧力的作用下，驱动切换阀，关闭进入涡轮室的通道；同时将排气旁通口打开，废气不经涡轮室直接排出，增压器停止工作，进气压力下降，直至进气压力降到规定的压力时，ECU 又将释压阀关闭，切换阀将进入涡轮室的通道打开，增压器开始工作。

2.7.3 配气相位和气门升程控制

汽油发动机要达到良好的动力性、燃油经济性和排放性能，应准确控制燃油与空气形成的混合气，以满足各种工况对混合气的要求，但是一般在没有采取可变气门正时的发动机上，其配气相位和气门升程均是固定不变的，使发动机的进气量相对固定，因此发动机的性能潜力不能得到良好的发挥。

随着汽油发动机的高速化和汽车排放要求的日趋严格，传统发动机的配气机构和气门升程不能满足发展的需要，促进配气相位和气门升程控制技术迅速发展。

1. 丰田车系 VVT-i 控制系统

丰田汽车公司将其可变气门正时技术称为 VVT-i（variable valve timing-intelligent，智能可变气门正时）控制系统。发动机根据转速的变化要求气门正时随之变化，传统的发动机不具备这个功能，只有安装 VVT-i 控制系统，才能达到这一要求。

丰田可变气门正时控制系统是一种控制进气凸轮轴气门正时的机构,在进气凸轮轴与传动链轮之间装有油压离合装置,使进气门凸轮轴与链轮之间转动的相位差可以改变,通过调整凸轮轴转角对气门正时进行优化,提高发动机在所有转速范围内的动力性、燃油经济性,并降低尾气的排放。

现以丰田 3ZZ-FE 发动机为例,介绍 VVT-i 控制系统的结构原理。

(1) VVT-i 控制系统的结构组成。

VVT-i 控制系统的结构组成如图 2.122 所示。它由 VVT-i 控制器、凸轮轴正时机油控制阀和传感器三部分组成,其中传感器有曲轴位置传感器、凸轮轴位置传感器两种。在有些技术资料中,谈及 VVT-i 技术时,也将曲轴位置传感器、凸轮轴位置传感器合称为 VVT 传感器。

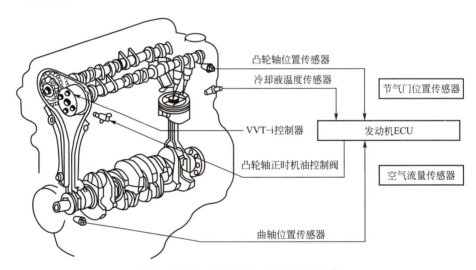

图 2.122 VVT-i 控制系统的结构组成

(2) VVT-i 控制器。

VVT-i 控制器由固定在进气凸轮轴上的叶片、与从动正时链轮一体的壳体及锁销组成,如图 2.123 所示。

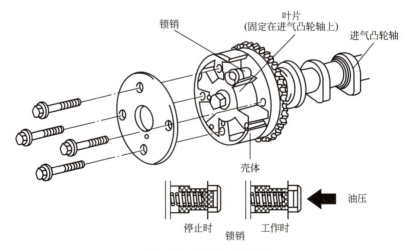

图 2.123 VVT-i 控制器

控制器有气门正时提前室和气门正时滞后室这两个液压室,通过凸轮轴正时机油控制阀的控制,可在进气凸轮轴上的提前或滞后油路中传送压力机油,使控制器叶片沿圆周方向旋转,调整连续改变进气门正时,以获得最佳的配气相位。

(3) VVT-i 控制系统的凸轮轴正时机油控制阀。

凸轮轴正时机油控制阀由用来转换机油通道的滑阀、用来控制移动滑阀的线圈、柱塞及回位弹簧等组成,其结构如图 2.124 所示。

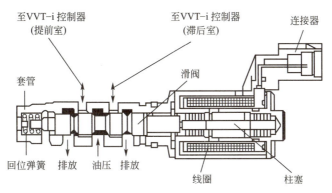

图 2.124　凸轮轴正时机油控制阀

工作时,发动机 ECU 接收各传感器传来的信号,经分析、计算后向凸轮轴正时机油控制阀发出控制指令,凸轮轴正时机油控制阀以此控制滑阀的位置来控制机油压力,使 VVT-i 控制器处于提前、滞后或保持工作状态。当发动机停机时,凸轮轴正时机油控制阀多处于滞后状态,以确保起动性能。

(4) VVT-i 控制系统的控制过程。

发动机 ECU 根据发动机转速、进气量、节气门位置和冷却液温度计算出最优气门正时,向凸轮轴正时机油控制阀发出控制指令。凸轮轴正时机油控制阀根据发动机 ECU 的控制指令选择至 VVT-i 控制器的不同油路,使之处于提前、滞后或保持工作状态。

此外,发动机 ECU 根据凸轮轴位置传感器和曲轴位置传感器的信号检测实际的气门正时,从而尽可能地进行反馈控制,以获得预定的气门正时。

VVT-i 控制系统的控制原理如图 2.125 所示。凸轮轴正时机油控制阀的三种工作状态见表 2-2。

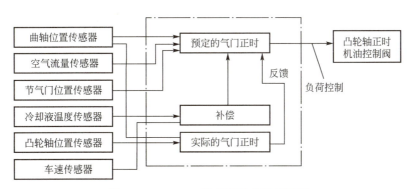

图 2.125　VVT-i 控制系统的控制原理

表 2-2 凸轮轴正时机油控制阀的三种工作状态

状态	说明	控制器工作情况	控制阀工作情况
提前	根据发动机 ECU 的提前信号，总油压通过提前油路作用到气门正时提前室，使叶片与凸轮轴一起向正时提前方向转动，气门正时被提前		
滞后	根据发动机 ECU 的滞后信号，总油压通过滞后油路作用到气门正时滞后室，使叶片与凸轮轴一起向正时滞后方向转动，气门正时被滞后		
保持	预定的气门正时被设置后，发动机 ECU 使凸轮轴正时机油控制阀处于空挡位置（提前与滞后的中间位置），保持预定的气门正时		

2. 本田车系 VTEC 系统

本田发动机 VTEC 系统（variable valve timing and valve lift electronic control system，可变气门配气相位和气门升程电控系统）由发动机 ECU 控制，ECU 接收并处理发动机传感器的数据（包括转速、进气压力、车速、冷却液温度），输出相应的控制信号，通过电磁阀调节摇臂活塞液压系统，从而使发动机在不同的转速工况下由不同的凸轮控制，影响进气门的开度和时间。

一般情况下，汽车发动机每缸气门组都只由一组凸轮驱动，而 VTEC 系统的发动机有中低速用和高速用两组不同的气门驱动凸轮，并可通过电控系统智能控制自动转换。VTEC 系统保证了发动机中低速与高速不同的配气相位及进气量的要求，使发动机无论在高转速还是在低转速情况下运转都能达到动力性、经济性与排放性能的统一和极佳状态。

（1）VTEC 系统的组成。

同一缸有主进气门和次进气门，主摇臂［图 2.126（a）］驱动主进气门，次摇臂驱动次进气门，中间摇臂在主、次进气门之间，不与任何气门直接接触。

主凸轮［图 2.126（b）］配气相位适应低速工况的需要，中间凸轮配气相位适应高速工况的要求，升程最大，次凸轮的升程很小，只能微微推开气门。

VTEC 系统配气机构与普通配气机构相比，主要区别是凸轮轴上的凸轮较多且升程不相等，结构复杂。以本田 F22B1 发动机进气凸轮轴（图 2.127）为例，除原有控制两个气门的一对凸轮（主凸轮 a 和次凸轮 b）和一对摇臂（主摇臂 A 和次摇臂 B）外，还增加了一个较高的中间凸轮 c 和相应的摇臂（中间摇臂 C），三根摇臂内部都装有由液压控制移动的小活塞。

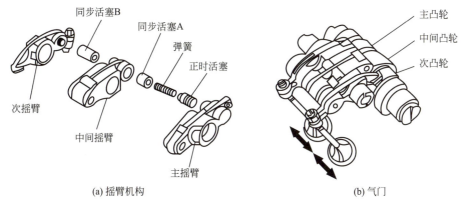

图 2.126 VTEC 系统摇臂机构与气门

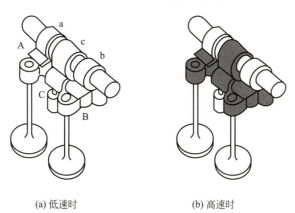

(a) 低速时　　　　　(b) 高速时

a—主凸轮；b—次凸轮；c—中间凸轮；A—主摇臂；B—次摇臂；C—中间摇臂。

图 2.127 可变气门升程的控制凸轮

(2) VTEC 系统的工作原理。

当发动机低速转动时，小活塞在原位置上，三根摇臂分离，主凸轮 a 和次凸轮 b 分别推动主摇臂 A 和次摇臂 B，控制两个进气门的开闭，气门升量较少，工作情形类似于普通的发动机，如图 2.127（a）所示。

虽然中间凸轮 c 也推动中间摇臂 C，但由于摇臂分离，其他两根摇臂不受中间凸轮的控制，中间凸轮驱动中间摇臂空摆（不起作用），因此不会影响气门的开闭状态。次凸轮升程非常小，通过次摇臂驱动次进气门微量开闭，以防止进气门附近积聚燃油。进气量主要由主凸轮驱动主摇臂推动主气门来决定。

当发动机转速达到设定的高转速（如 3500r/min）时，电控系统会指令电磁阀启动液压系统，推动摇臂内的正时活塞和同步活塞，使三根摇臂锁成一体，成为同步工作的组合摇臂，如图 2.127（b）所示。

因为中间凸轮比其他凸轮高、升程大，所以组合摇臂由中间凸轮驱动，两个气门的配气相位由中间凸轮控制，两个进气门开闭时间适应高速的需要，升程增大，充气量也相应增加。

当发动机转速降低到设定的低转速时，摇臂内的液压随之降低，活塞在回位弹簧的作用下退回原位，三根摇臂分开。

【拓展视频】

(3) VTEC 系统的控制电路。

发动机 ECU 控制 VTEC 系统的工作。VTEC 系统控制电路如图 2.128 所示,ECU 接收并处理发动机传感器的数据(包括发动机转速、进气压力、车速、冷却液温度等),输出相应的控制信号,通过电磁阀调节摇臂活塞液压系统,从而使发动机在不同的转速工况下由不同的凸轮控制,影响进气门的开度和作用时间。VTEC 系统整体结构如图 2.129 所示。

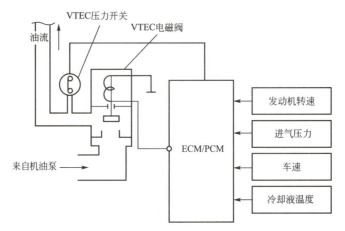

图 2.128　VTEC 系统控制电路

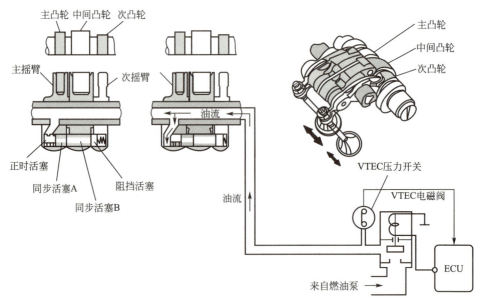

图 2.129　VTEC 系统整体结构

3. 宝马车系的可变配气凸轮轴相位和气门升程电控系统

(1) 宝马车系的 VANOS。

宝马公司的可变配气凸轮轴相位控制技术称为 VANOS（VANOS 为德语 variable nockenwellen steuerung 的缩写,与之对应的英语为 variable camshaft control）。这项技术通过调整进气、排气凸轮轴相对于曲轴的位置，实现进气、排气阀门开启时间的改变。这种改变是持续进行的，并且是基于加速踏板位置和当前发动机转速来自动调节的。

起初，这项技术仅可以调节进气凸轮轴。而双 VANOS 既可以控制进气凸轮轴，又可以控制排气凸轮轴，同时这种持续的调整会贯穿发动机的全部速度区间。

图 2.130 所示为宝马 N42 发动机的双 VANOS 实物。图 2.131 所示为 VANOS 机构的结构原理。

图 2.130　宝马 N42 发动机的双 VANOS 实物

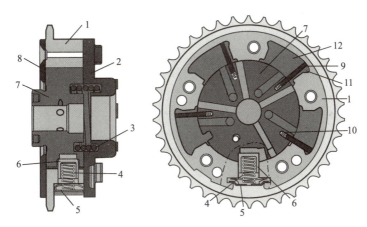

1—链轮；2—前法兰盘；3—转矩弹簧；4—锁止弹簧；5—锁止弹簧限位板；6—锁止销钉；
7—配气凸轮轴；8—后法兰盘；9—叶片；10—弹簧；11—压力油道 A；12—压力油道 B。

图 2.131　VANOS 机构的结构原理

与传统的配气凸轮轴结构不同，VANOS 配气凸轮轴与驱动凸轮轴的链轮不是刚性连接的，而是由转矩弹簧和液压油共同作用连接的，配气凸轮轴与驱动凸轮轴的链轮之间可以根据需要产生一定角度的偏转。

如图 2.131 所示，链轮内部和配气凸轮轴端部均设有液压油腔，叶片 9 将液压油腔分成两部分，即压力油道 A 和压力油道 B。

当发动机转速较低，不进行 VANOS 调节时，压力油道 A 和压力油道 B 的油压平衡，在转矩弹簧的作用下，配气凸轮轴连同叶片（插在配气凸轮轴的径向槽里）紧紧地靠在链轮内腔的突起处。

与此同时，锁止销钉在锁止弹簧的推力作用下落入配气凸轮轴的锁止孔，使配气凸轮轴与驱动凸轮轴的链轮刚性连接。此时，配气凸轮轴与驱动凸轮轴的链轮同步转动，两者之间没有相位变化。

当发动机转速较高，需要进行 VANOS 调节时，来自压力油道 A 的压力油首先对锁止销钉产生挤压作用，该压力迫使锁止弹簧压缩变形，锁止销钉由配气凸轮轴的锁止孔中退出，使配气凸轮轴与驱动凸轮轴的链轮不再刚性连接，为下一步两者之间的相位变化做好准备。

锁止销钉退出锁止孔之后，压力油道 A 的压力会在电磁阀的调节下持续升高。当压力油道 A 的压力比压力油道 B 的压力高，并且其压力差达到一定数值时，压力差克服转矩弹簧的作用，推动叶片连同配气凸轮轴离开链轮内腔的突起处，超前于链轮转过一个角度，从而使两者之间发生相位变化。发动机转速越高，两个油道的压力差就越大，配气凸轮轴超前于链轮的角度也就越大。

压力油道 A 和压力油道 B 的液压油是由发动机机油泵提供的，经由两个油压调节电磁阀调节各自压力，而这两个油压调节电磁阀又都受发动机 ECU 的控制。

（2）宝马车系的 Valvetronic。

宝马公司的气门升程控制技术为 Valvetronic，采用该技术后，发动机进、排气门的升程不再单纯取决于驱动气门的配气凸轮的轮廓形状，而是与发动机负荷密切相关。

下面以宝马车系 Valvetronic Ⅱ 为例，介绍气门升程控制技术的原理。

（1）工作原理。Valvetronic Ⅱ 气门升程控制技术应用在宝马 N52 发动机上，发动机实物如图 2.132 所示，Valvetronic 的结构如图 2.133 所示。

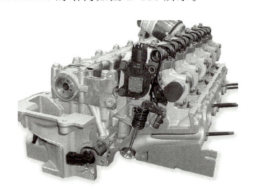

图 2.132　宝马 N52 发动机实物

Valvetronic Ⅱ 由全可变气门行程控制装置和可变凸轮轴控制装置（双 VANOS）构成。通过下列方式实现无须节气门参与的发动机负荷控制：进气门的可变气门行程，进气门的可变气门开启时间，进气凸轮轴和排气凸轮轴的可变凸轮轴交错角度。

全可变气门行程控制通过伺服电动机、偏心轴、中间推杆、回位弹簧、进气凸轮轴和进气滚子式气门摇臂实现。

伺服电动机安装在凸轮轴上方的气缸盖内，用于调节偏心轴。电动机的蜗杆轴嵌入偏心轴上的蜗轮。因为蜗杆传动机构具有足够的自锁能力，所以调节后无须特别锁止偏心轴。偏心轴调节进气侧的气门行程。

中间推杆改变凸轮轴与进气滚子式气门摇臂之间的传动比。在全负荷位置时气门行程

（9.9mm）和开启时间达到最大值，在急速位置时气门行程（0.18mm）和开启时间达到最小值，如图 2.134 所示。

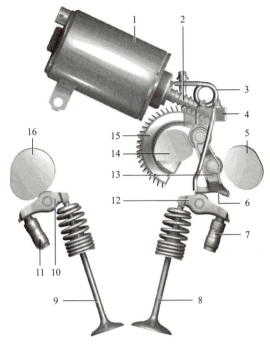

1—伺服电动机；2—蜗杆轴；3—回位弹簧；4—槽板；5—进气凸轮轴；
6—调节板；7—进气液压挺杆；8—进气门；9—排气门；10—排气滚子式气门摇臂；
11—排气液压挺杆；12—进气滚子式气门摇臂；13—中间推杆；
14—偏心轴；15—蜗轮；16—排气凸轮轴。

图 2.133 ValvetronicⅡ的结构

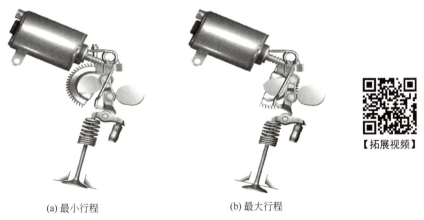

(a) 最小行程　　(b) 最大行程

图 2.134 气门的极限行程

进气滚子式气门摇臂和相关中间推杆分为四个等级。部件上冲压有相关参数。每对的等级相同。通过在生产厂处对进气滚子式气门摇臂和中间推杆进行分类,可确保即使在最小行程为 0.18mm 时气缸也能均匀进气。

(2) 偏心轴位置传感器。为了检测偏心轴的偏转角度,设有偏心轴位置传感器(图 2.135)。

1—磁轮;2—非磁性螺栓;3—偏心轴位置传感器。

图 2.135　偏心轴上的偏心轴位置传感器和磁轮

偏心轴位置传感器将偏心轴位置信息发送到发动机 ECU。

该传感器按照磁阻效应原理工作:当附近磁场发生变化时,铁磁导体的电阻就会自动发生改变。为此,在偏心轴上装设一个带有永久磁铁的磁轮。偏心轴旋转时,该磁铁的磁力线穿过传感器内的导磁材料。由此产生的电阻变化值用作发动机 ECU 的信号调节参数。

必须用非磁性螺栓将磁轮固定在偏心轴上,否则传感器无法正常工作。

2.7.4　排放净化系统

为了减少汽车排放污染,现代汽车采用了由 ECU 控制的多种排气净化装置,如三元催化转化、废气再循环、活性炭罐蒸发控制装置等。

1. 汽车尾气的三元催化转化

(1) 三元催化转化与空燃比控制。

如图 2.136 所示,三元催化转化器 (three-way catalyst converter,TWC) 安装在排气管中,其作用是通过三元催化剂与 HC、CO 的 NO_x 发生反应,把废气中的有害气体转化成无害气体。常用的三元催化剂是铂 (或钯) 和铑的混合物。

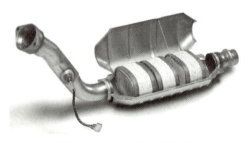

图 2.136　三元催化转化器

图 2.137 所示为三元催化转化器转化效率与空燃比的关系曲线。由图可见,当发动机

在理论空燃比（14.7∶1）附近运行时，三元催化转化器的转化效率最佳。为此，必须对发动机的空燃比进行精确控制，即把空燃比保持在理论空燃比附近很小范围内。

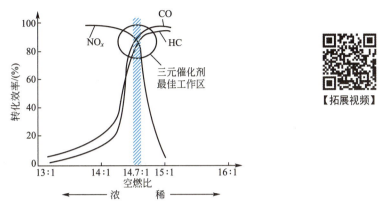

图 2.137 三元催生转化器转化效率与空燃比的关系曲线

在开环控制过程中，发动机 ECU 根据转速、进气量、冷却液温度和进气温度等确定喷油量，这种控制方式不可能精确，也就很难将空燃比控制在 14.7∶1 附近很小范围内。因此，在发动机控制系统中普遍采用由氧传感器组成的空燃比反馈控制方式，即闭环控制。在三元催化转化器前的排气歧管或排气管内装设氧传感器，其功能是检测排气中氧气的含量，以确定实际空燃比是比理论空燃比大还是小，并向 ECU 反馈相应的电压信号，ECU 根据此信号控制喷油量的增减。

氧传感器的结构和工作原理在前面相应章节已详述。根据氧传感器的输出特性可知，其输出电压在理论空燃比处有一个突变。ECU 有效地利用这一空燃比反馈信号，将其与基准电压比较，判断混合气的浓度，以便控制喷油量的增减。

由于采用闭环控制的实质是保持空燃比在 14.7∶1 左右，因此非理论空燃比运行工况只能采用开环控制。发动机进入开环或闭环控制均由 ECU 根据有关输入信号确定。下列工况应采用开环控制：①怠速运转；②节气门全开，大负荷；③减速断油；④发动机起动；⑤发动机冷却液温度低或氧传感器温度未达到工作温度；⑥氧传感器失效或其线路出现故障。

（2）三元催化转化器的监控。

随着汽车排放法规的加强，在具有排放监控功能的 OBD-Ⅱ 车载自诊断系统中普遍安装两个氧传感器，即在三元催化转化器前、后各安装一个氧传感器（图 2.138）。

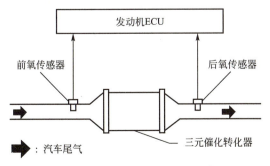

图 2.138 双氧传感器的安装示意图

前氧传感器的作用是检测发动机不同工况的空燃比，同时 ECU 根据其信号调整喷油量和计算点火时间；后氧传感器的作用是检测三元催化转化器的工作情况，即三元催化转化器的尾气转化率，通过与前氧传感器的数据作比较来监控三元催化转化器的工作是否良好。

如图 2.139（a）所示，后氧传感器 B 的输出信号与前氧传感器 A 的输出信号同步但幅值低得多，说明三元催化转化器工作良好；如图 2.139（b）所示，后氧传感器 B 的输出信号与前氧传感器 A 的输出信号几乎完全相同，即同步、等幅值，说明三元催化转化器工作不良。

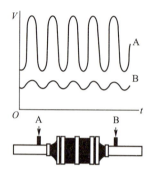
(a) 三元催化转化器工作良好

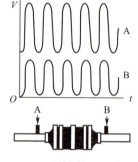
(b) 三元催化转化器工作不良

A—前氧传感器；B—后氧传感器。

图 2.139　后氧传感器与前氧传感器输出信号的比较

2. 废气再循环

废气再循环（exhaust gas recirculation，EGR）是指发动机工作过程中，将部分废气引入新鲜空气（或混合气）中重返气缸进行再循环。废气在燃烧过程中吸收热量，降低了最高燃烧温度。由于废气再循环过度会影响发动机怠速、低转速小负荷、暖机工况的性能，因此必须适量控制废气再循环率（参与废气再循环的比例）。

（1）废气再循环阀。

废气再循环阀通过特殊通道使排气歧管与进气歧管连通，废气再循环阀上方的真空度由废气再循环系统的真空电磁阀控制。ECU 根据转速、空气流量、进气压力及温度信号控制真空电磁阀的占空比，从而控制废气再循环阀的开度来改变废气再循环率。废气再循环阀的结构如图 2.140 所示。

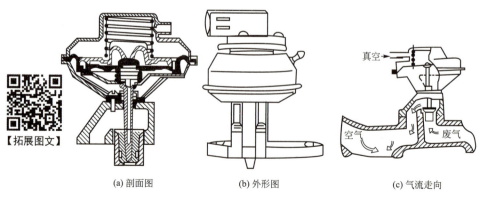

(a) 剖面图　　　(b) 外形图　　　(c) 气流走向

图 2.140　废气再循环阀的结构

(2) 可变废气再循环率控制系统。

可变废气再循环率控制系统工作时,ECU 根据传感器的输入信号确定发动机工况,然后进行查阅和计算修正,发出适当指令,控制电磁阀开度,以调节废气再循环率。有关数据由发动机台架试验确定废气再循环率与转速、进气量的对应关系,然后存入存储器。

图 2.141 所示为可变废气再循环率控制系统。其中,真空控制电磁阀由废气再循环电磁控制阀和怠速调节电磁阀组成。

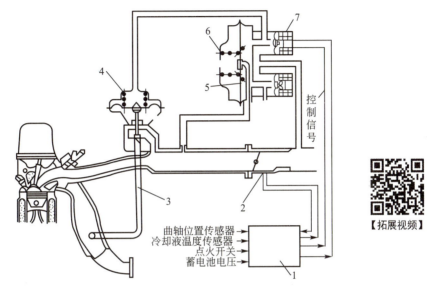

1—ECU；2—节气门开关；3—废气再循环管路；4—废气再循环阀；
5—定压阀；6—真空控制电磁阀；7—电磁阀。

图 2.141 可变废气再循环率控制系统

ECU 根据传感器输入信号、点火开关和蓄电池电压等,为废气再循环电磁控制阀提供不同占空比的控制脉冲信号,调节真空控制电磁阀真空管进入的空气量,控制废气再循环阀的真空度,从而改变废气再循环率。

占空比越大,废气再循环电磁控制阀打开时间越长,进入真空控制电磁阀的空气量越多,真空度越小,废气再循环阀开度越小,废气再循环率越低,直至达到某值时,废气再循环阀关闭停止工作；反之,占空比越小,废气再循环率越高。

3. 活性炭罐蒸发控制装置

活性炭罐蒸发控制装置是为了防止油箱内的汽油蒸气向大气排放产生污染而设置的。 如图 2.142 所示,油箱中的汽油蒸气通过单向阀进入炭罐上部,外界的空气从炭罐下部进入活性炭罐。在炭罐右上方,有一定量排放小孔及受真空控制的排放控制阀。

ECU 控制活性炭罐控制电磁阀的开度,调节排放控制阀上方的真空度,从而控制排放控制阀的开度。当排放控制阀打开时,汽油蒸气通过排放控制阀吸入进气歧管。

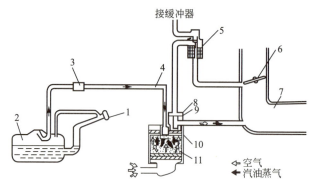

1—油箱盖及真空泄放阀；2—油箱；3—单向阀；4—蒸气通气管路；
5—废气再循环及活性炭罐控制电磁阀；6—节气门；7—进气歧管；8—真空室；9—排放控制阀；
10—定量排放小孔；11—活性炭罐。

图 2.142　活性炭罐蒸发控制装置

2.7.5　电控节气门系统

1. 电控节气门系统概述

在传统的发动机节气门操纵机构中，节气门拉索连接加速踏板和节气门轴，节气门开度由驾驶人控制。虽然操纵机构的结构简单、可靠性高，但节气门的响应性差，特别是在发动机后置的大型车辆上其表现尤为突出。

采用电控节气门系统（电子节气门）可避免发生时滞现象，大大提高节气门的操纵响应性，改善发动机的排放性能。

电控节气门系统也称电动线控驾驶系统，是飞机电传线控技术在汽车发动机控制领域的典型应用。

电控节气门系统还可以衍生出许多控制功能。如果采用电控节气门系统，则只需使用较少的开关、传感器和软件就能实现汽车的多项功能，如汽车的自适应巡航控制、怠速空转控制及牵引力控制和行驶稳定性控制等。

一旦电控节气门系统的执行机构步进电动机对节气门的开度实施控制，步进电动机就能够在动力控制模块（PCM）的控制下为发动机提供怠速控制和加速控制等功能，省去怠速控制电动机和巡航控制伺服系统。

同时，利用汽车防抱死制动系统的车轮转速传感器得到的数据来监测汽车的牵引力，当汽车牵引力方面出现问题时，无论驾驶人此时的意图是什么，动力控制模块都会对节气门的开度进行自动调节。

电控节气门系统的结构如图 2.143 所示。

2. 电控节气门系统的控制原理和部件结构

在电控节气门系统中取消了节气门拉索，故一般通过加速踏板总成识别驾驶人的意图，并通过传感器将驾驶人的意图传递给发动机 ECU。节气门的开度由发动机 ECU 驱动的节气门控制电动机控制。电控节气门系统主要由加速踏板模块、发动机 ECU 和节气门总成组成，如图 2.144 所示。

发动机电子控制系统 第2章

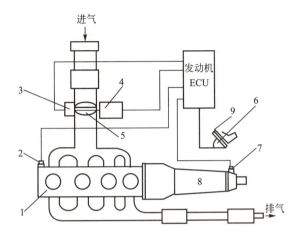

1—发动机；2—曲轴转速传感器；3—节气门位置传感器及节气门控制杆；4—节气门控制电动机；
5—节气门；6—加速踏板位置传感器；7—车速传感器；8—变速器；9—加速踏板。

图 2.143 电控节气门系统的结构

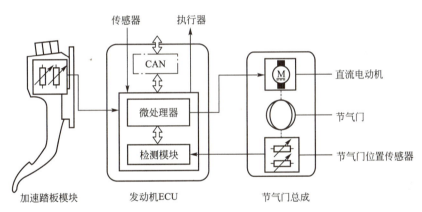

图 2.144 电控节气门系统工作原理

发动机 ECU 根据各传感器输入信号确定最佳节气门开度，并通过对电动机和电磁离合器的控制改变节气门开度。

加速踏板模块中集成了两个相同的无触点型加速踏板位置传感器，如图 2.145 所示，传感器使用安装在加速踏板臂上的霍尔集成电路采集信号，一个为主信号，另一个为副信号。加速踏板位置传感器将加速踏板位置（角度）转换为具有不同特性的电信号，并将其输出至发动机 ECU，作为控制节气门开度的基础。

电磁轭安装在加速踏板臂的底座上，根据施加在加速踏板上的作用力绕霍尔集成电路旋转，霍尔集成电路将磁通量变化转换为电信号，并将其输出至发动机 ECU。

采用加速踏板总成的设计，当其中一个传感器出现故障时，另一个传感器仍然可以将驾驶人的意图传递给发动机 ECU，而且驾驶人仍然能够体验到传统机械式钢索和弹簧所产生的"脚感"。

节气门总成中集成了直流电动机、减速传动机构、节气门机构和节气门位置传感器，

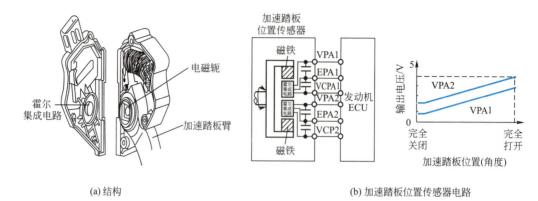

(a) 结构　　　　　　　　　　　　　(b) 加速踏板位置传感器电路

图 2.145　加速踏板模块结构及其内部电路

如图 2.146 所示。直流电动机响应 ECU 的信号，通过减速机构驱动节气门。节气门阀片的位置由电动机调节控制，该电动机采用具有优异响应性能和最小功率消耗的直流电动机。

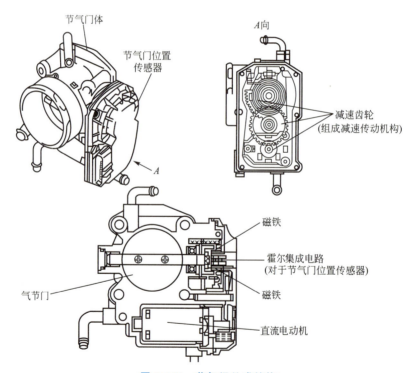

图 2.146　节气门总成结构

发动机 ECU 根据占空比的控制和流经节气门直流电动机的电流调整节气门开度。节气门阀片在 1°～80° 范围内转动，以得到期望的节气门开度。对于节气门阀片的大部分转动位置，其定位精度一般为 ±0.5°。当发动机怠速运转时，阀片的转角精确度甚至能控制在 ±0.1°。

电动机内部有两个方向相反的磁场，采用脉宽调制技术控制其中一个磁场相对于另一个磁场的大小。通过增大脉冲持续时间的百分比来增大电动机的转动角度。也就是说，脉冲持续的时间越长，电动机使节气门阀片转动的角度就越大。作为安全保险措施，节气门阀片采用弹簧装置支承，当电控节气门系统出现故障时，节气门阀片能够在弹簧的作用下回到怠速运转时的位置。

此外，电动机自身配备两个位置传感器，能够将节气门的位置信息反馈给发动机 ECU，形成闭环控制。发动机 ECU 把指令传给电动机后，电动机能够根据传感器反馈的信息正确地使节气门阀片转动，从而精确定位。

节气门位置传感器集成在节气门总成中，是无触点型传感器，可以准确地反映节气门的打开位置。霍尔集成电路被电磁轭环绕，电磁轭随着节气门轴的转动将当时的磁通量变化转换为电信号，并将其输出至发动机 ECU。

节气门位置传感器电路及其工作特性曲线如图 2.147 所示。

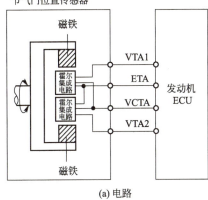 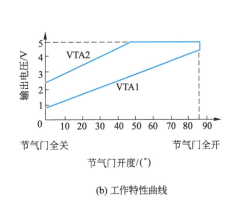

(a) 电路　　　　　　　　　　　　　(b) 工作特性曲线

图 2.147　节气门位置传感器电路及其工作特性曲线

1. 简述电控燃油喷射系统的工作原理及类别。
2. 简述电控燃油喷射系统的怠速控制方法。
3. 简述电控电子点火系统的工作原理。
4. 常见的电控发动机辅助控制项目有哪些？

【拓展视频】

第3章 电子控制自动变速器

教学提示

汽车自动变速器有行星齿轮式电控液力自动变速器、机械自动变速器（automatic mechanical transmission，AMT）和金属带式无级自动变速器（continuously variable transmission，CVT）三种，应用较多的是行星齿轮式电控液力自动变速器。

教学要求

本章主要介绍电子控制自动变速器及其在汽车上的应用情况。要求学生了解自动变速器的类型，熟悉其结构组成和工作原理，掌握行星齿轮式电控液力自动变速器的使用和检验方法。

3.1 自动变速器概述

3.1.1 自动变速器的定义

与手动变速器（manual transmission，MT）不同，自动变速器（automatic transmission，AT）是指汽车驾驶中离合器和变速器的操纵都实现了自动化，即可以实现自动换挡的变速器。由于自动变速器的自动换挡过程是由自动变速器的电子控制单元控制的，因此自动变速器又可简称 EAT、ECT、ECAT 等。

【拓展图文】

3.1.2 自动变速器的优点

与传统的机械式手动变速器相比，自动变速器具有如下优点。
（1）汽车起步平稳，能吸收、衰减振动与冲击，乘坐舒适性提高。
（2）自动适应行驶阻力和发动机工况的变化，实现自动换挡，有利于提高汽车的动力性和平均车速。
（3）液力变矩器使传动系统的动载荷减小，延长了汽车的使用寿命。
（4）驾驶操纵简单，实现换挡自动化，有利于行车安全。
（5）能以较低的车速稳定行驶，提高汽车在坏路上的通过性。
（6）减少尾气污染，提高了汽车的排放性能。

自动变速器的主要缺点是结构复杂、成本高，传动效率相对偏低，导致油耗高于机械式变速器。但是，现代汽车普遍采用的电子控制自动变速器可按照最佳油耗规律控制换挡过程，加之采用了超速挡和液力变矩器闭锁控制等技术措施，可使装备自动变速器的汽车油耗明显下降。

3.1.3 自动变速器的发展趋势

1. 向多挡位方向发展

早期的自动变速器多为三挡，如日本 AISIN 公司给丰田汽车提供的 A40 自动变速器。20 世纪 70 年代中期开始生产四挡自动变速器，如丰田汽车公司的 A40D、A140E 自动变速器，通用汽车公司的 4T60E/4T65E 自动变速器，福特汽车公司的 AXOD-E 自动变速器。

五挡自动变速器较早由德国 ZF 公司生产，用于 20 世纪 90 年代初生产的宝马汽车。随后五挡自动变速器成为高档汽车的标志，宝马公司生产的绝大多数乘用车都使用五挡自动变速器，如 5HP18、5HP30 自动变速器等。

2002 年宝马公司和 ZF 公司合作开发了六挡自动变速器，型号为 6HP19、6HP26，主要用于宝马 745i 乘用车等。2016 年，奔驰汽车公司在 C300 敞篷车上使用了型号为 9G-TRONIC 的九挡自动变速器。

多挡位自动变速器的主要优点是变速器的换挡品质、加速性能及经济性都较好，成为自动变速器的发展趋势。

2. 向手动/自动一体化方向发展

【拓展图文】

自动变速器可以实现自动换挡，但部分驾驶人认为装备自动变速器的汽车没有手动换挡的操纵乐趣，因此 20 世纪 90 年代末开始在中高档乘用车上采用手动/自动一体化变速器，其兼具自动挡的便利和手动挡的操纵乐趣。如奥迪 A6 乘用车的 Tiptronic 手动/自动一体化变速器，奥迪 A4 乘用车的 Multitronic 手动/自动一体化无级变速器，马自达 M6 乘用车的 Activematic 手动/自动一体化变速器，现代索纳塔 2.7L 乘用车的 H-Matic 手动/自动一体化变速器，宝马 325i 乘用车的 Steptronic 手动/自动一体化变速器，等等。

3. 向高智能、模糊逻辑控制方向发展

智能型电子控制自动变速器可以在汽车行驶过程中控制汽车的运行参数，合理选择换挡点，而且在换挡过程中对劣化的参数进行自动修正，如摩擦片的摩擦系数、自动变速器油（automatic transmission fluid，ATF）的黏度、汽车的负荷变化等；并且能利用模糊控制（fuzzy control）使自动变速器的电子控制单元自我学习、模拟驾驶人的驾驶习惯，如上坡逻辑控制，能根据加速踏板位置信号、车速信号、制动信号，判断驾驶人的性格特点以进行换挡的修正，达到性能化、舒适化、个性化的要求。

4. 向无级变速方向发展

由于传统的自动变速器采用液力传动，传动效率低于机械式变速器，并且只能实现部分的无级变速，因此其在经济性、动力性及行驶平顺性方面都略显不足。

无级变速器的传动比可以在一定范围内连续变化，从而得到传动系统与发动机工况的最佳匹配，最大限度地利用发动机的特性，提高汽车的动力性和经济性，因此在汽车上的应用越来越多。

3.1.4 自动变速器类型

在自动变速器的发展过程中出现了多种结构形式。自动变速器的驱动方式、挡位、变速齿轮的结构形式、液力变矩器的结构类型及换挡控制形式等都有不同之处。下面从不同角度对自动变速器进行分类。

1. 按汽车驱动方式分类

自动变速器按汽车驱动方式的不同分为前轮驱动自动变速器（图 3.1）和后轮驱动自变速器（图 3.2）两种。

前轮驱动自动变速器［又称自动变速驱动桥（automatic transaxle）］除具有与后轮驱动自动变速器相同的组成外，在自动变速器的壳体内还装有差速器和主减速器。

前轮驱动汽车的发动机有纵置和横置两种。纵置发动机的前轮驱动自动变速器的结构和布置与后轮驱动自动变速器的基本相同，只是在后端增加了一个差速器。横置发动机的前轮驱动自动变速器受汽车横向尺寸的限制，要求有较小的轴向尺寸，通常将输入轴和输出轴设计成两个轴线的方式。液力变矩器和行星齿轮机构输入轴布置在上方，输出轴布置在下方，减小了变速器总体的轴向尺寸，但增大了变速器的高度，可将阀体总成布置在变速器的侧面或上方，以保证汽车有足够的最小离地间隙。

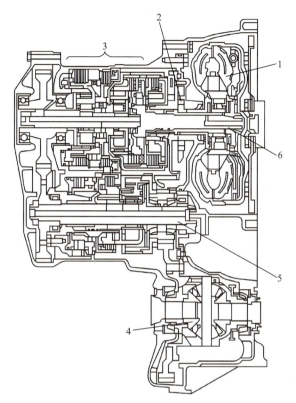

1—液力变矩器；2—油泵；3—行星齿轮机构；4—差速器；5—输出轴；6—输入轴。
图 3.1　前轮驱动自动变速器

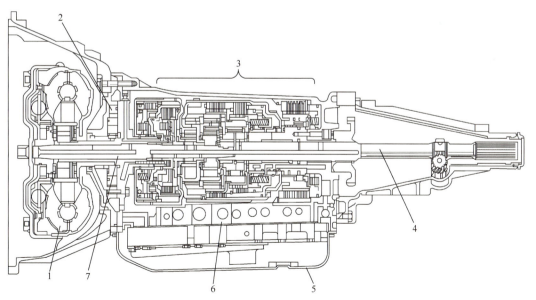

1—液力变矩器；2—油泵；3—行星齿轮机构；
4—输出轴；5—油底壳；6—阀体总成；7—输入轴。
图 3.2　后轮驱动自动变速器

后轮驱动自动变速器的液力变矩器和行星齿轮机构的输入轴及输出轴在同一轴线上，因此轴向尺寸较大，阀体总成则布置在行星齿轮机构下方的油底壳内。

2. 按自动变速器前进挡位数分类

自动变速器按前进挡位的不同，可分为2（前进）挡自动变速器、3挡自动变速器、4挡自动变速器等。早期的自动变速器通常有2个前进挡或3个前进挡，这两种自动变速器都没有超速挡，其最高挡为直接挡。

现代乘用车的自动变速器均设有超速挡，且向多挡位（具有8个前进挡，甚至12个前进挡）方向发展。虽然这种设计使自动变速器的构造更加复杂，但由于其前进挡位数量多且均设有超速挡，因此显著改善了汽车的燃油经济性。在商用车上，其自动变速器的挡位数比乘用车更多。

3. 按液力变矩器的类型分类

自动变速器按液力变矩器类型的不同分为普通液力变矩器式、综合液力变矩器式和带锁止离合器的液力变矩器式三种。

普通液力变矩器是指由泵轮、涡轮和导轮组成的液力变矩器。综合式液力变矩器是指在导轮与固定导轮的套管之间装有单向离合器的液力变矩器，它可以自动转换液力变矩器工况与液力耦合器工况。

自动变速器普遍采用带锁止离合器的液力变矩器。当汽车达到一定速度时，控制系统使锁止离合器接合，将液力变矩器的输入部分和输出部分集成，使发动机动力直接传入齿轮变速器，从而提高了传动效率、降低了油耗。

4. 按齿轮传动机构的类型分类

自动变速器按齿轮传动机构的类型分为普通齿轮式和行星齿轮式两种。普通齿轮式自动变速器体积大、最大传动比小，已逐渐被业界淘汰。行星齿轮式自动变速器结构紧凑，能获得较大的传动比，为绝大多数乘用车采用。

5. 按控制方式分类

自动变速器按控制方式分为全液压自动变速器和电子控制自动变速器两种。全液压自动变速器通过机械手段，将汽车速度及节气门开度两个参数转换为液压控制信号；阀体中的各个控制阀根据这些液压控制信号，按照设定的换挡规律，通过控制换挡执行机构的动作实现自动换挡，如图3.3所示。

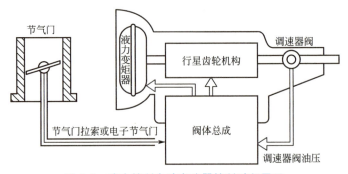

图3.3 液力控制自动变速器控制过程原理

电子控制自动变速器通过各种传感器将发动机转速、节气门开度、车速、发动机冷却液温度、自动变速器油温度等参数转换为电信号,并将其输入计算机;计算机根据这些信号,按照设定的换挡规律向换挡电磁阀、油压电磁阀等发出电子控制信号,换挡电磁阀和油压电磁阀将计算机的电子控制信号转换为液压控制信号,阀体中的各个控制阀根据这些液压控制信号控制换挡执行机构的动作,从而实现自动换挡,如图3.4所示。

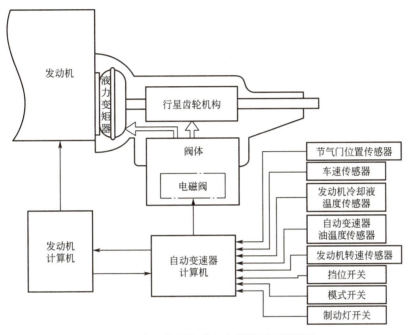

图 3.4　电子控制自动变速器控制过程原理

6. 按工作原理分类

自动变速器按工作原理分为液力自动变速器、机械自动变速器和无级自动变速器三种。

液力自动变速器通常指含有液力变矩器的自动变速器;机械自动变速器在手动变速器的基础上增加了一套自动换挡控制系统;无级自动变速器指无级控制速比变化的变速器,它的种类很多,有机械式、流体式和电动式等,应用较多的是金属带式无级变速器。

3.1.5　自动变速器的组成

自动变速器主要由液力变矩器、辅助变速器、控制系统等组成。

1. 液力变矩器

液力变矩器位于自动变速器的最前端,安装在发动机的飞轮上。它通过工作轮叶片的相互作用,引起机械能与液体能的相互转换来传递动力;通过液体动量矩的变化来改变转矩的传动元件,具有无级连续改变速度与转矩的能力;对外部负载有良好的自调节性和适应性,从根本上简化了操作;能使汽车平稳起步、加速迅速、均匀、柔和;用液体传递动力进一步降低了尖峰载荷和扭转振动,延长了动力传动系统的使用寿命,提高了安全性、通过性、乘坐舒适性和汽车平均行驶速度。

2. 辅助变速器

虽然液力变矩器的无级变速性能很好,但从经济性考虑它不能完全满足汽车改变速度和变化动力两方面的要求,需与齿轮传动串联或并联,以扩大其传动比和高效率工作范围。齿轮传动有定轴传动与行星齿轮传动两种。

虽然定轴传动工艺性好、成本低,但其体积大、传动比小,而行星齿轮传动易于实现自动化、结构紧凑、质量轻,特别是其具有与液力变矩器实现功率分流的优势,故液力自动变速器中多采用行星齿轮传动。

行星齿轮式自动变速器包括行星齿轮组和换挡执行机构。换挡执行机构可以使星齿轮组处于不同的啮合状态,以实现不同的传动比。大部分行星齿轮式自动变速器有3~4个前进挡和1个倒挡。机械传动在液力自动变速器中属于辅助地位,故又称其为辅助变速器。

3. 控制系统

目前电子控制自动变速器的控制系统广泛采用电液式控制系统,故称这种变速器为电控液力自动变速器(ECT)。自动换挡变速控制系统的组成如图 3.5 所示。

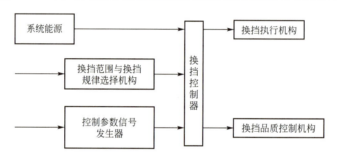

图 3.5　自动换挡变速控制系统的组成

(1) **系统能源**。

系统能源是各个机构的动力源,早期的液压式控制系统由油泵、调压阀等组成;目前广泛采用的电液式控制系统除上述部件外,还需直流电源为电控部分提供能源。

(2) 换挡范围与换挡规律选择机构。

为适应不同行驶工况的需要,自动变速器多配置按照不同追求目标编制的换挡规律(也称行驶模式)控制程序,如追求最佳动力性、追求最佳经济性等,驾驶人可通过行驶模式选择开关进行选择。在不同行驶模式下,变速器的换挡范围受到一定的限制,以充分满足不同行驶工况的需要。

(3) **控制参数信号发生器**。

自动换挡是指根据汽车行驶中选定的控制参数的变化来确定是否需要换挡,主要采用二参数控制(车速与发动机节气门开度),但这仅是原始信号,还必须加以调制,才能被控制系统接受,即所选参数不仅应能按比例精确地转换成控制信号,而且要求反应迅速、便于实现、工作可靠。

液压式控制系统采用速度调压阀和节气门开度调压阀;在电液式控制系统中,它们被结构简单的磁感应式、霍尔式、光电式、激光式等车速传感器及节气门电位器等取代。

(4) **换挡控制器**。

换挡控制器实际上是向换挡执行机构发出换挡指令的发生器。它接收并比较、处理车速、节气门开度(及节气门的加速度)和换挡选择等机构传来的信号,按预定的规律选择挡位和换挡时刻,及时向换挡执行机构发出相应的换挡指令;液压式控制系统由换挡阀完成,电液式控制系统则由控制单元与其控制的电磁阀、换挡阀完成。

(5) **换挡执行机构**。

换挡执行机构的功能是接收控制指令完成具体挡位变换,一般通过液压缸充、卸压力油使离合器、制动器或单向离合器分离或接合,实现换挡。

(6) **换挡品质控制机构**。

换挡品质控制机构的作用是控制换挡过程平稳、无冲击,从而使驾乘人员乘坐舒适、动力传动系统动载荷降低。一般在换挡品质控制机构通向液压缸的油路上增加蓄能器、缓冲阀、定时阀、执行压力调节阀、协调阀和单向离合器等,以改善换挡品质。

近年来,电子控制软件的作用发挥出明显优势,它不仅可取代单向离合器的功能、简化结构,而且逐步向智能化发展。

此外,在自动变速器的外部还设有自动变速器油散热器,用于散发自动变速器油在工作过程中产生的热量。

电液式控制系统可存储与处理多种换挡规律,可一机多能,实现更复杂、更合理的控制;改变规律或参数时,仅需调整局部电路,故适应性好,开发周期短;无惯量、控制精度高、反应快、动作准确;结构紧凑,质量轻;与整车动力传动系统控制(如巡航控制、牵引力控制、四轮驱动控制等)的兼容性好。因此,电液式控制系统所获得的优良换挡平顺性和操纵方便性及与汽车上其他电子控制装置之间的兼容性,使其取代了液压式控制系统。

3.2 行星齿轮式电控液力自动变速器

行星齿轮式电控液力自动变速器由液力变矩器、辅助变速器与电液式控制系统三大部分组成。液力变矩器多采用带锁止离合器的三元件综合式结构,可以自动调节传递转矩。辅助变速器采用行星齿轮传动,用来扩大液力变矩器的传动范围并实现倒挡传动。电液式控制系统是电控液力自动变速器的核心,电子控制装置通过传感器采集变速器及整车的相关信息,通过电磁阀控制液压执行机构,使整个自动变速器协调工作。

【拓展图文】

3.2.1　液力传动装置

1. 液力耦合器

液力耦合器主要由泵轮、涡轮和壳体组成,如图3.6所示。其中,泵轮是主动元件,与输入轴相连;涡轮是从动件,与输出轴相连。

泵轮和涡轮装在同一壳体内,上面均有许多径向叶片。泵轮起着离心式水泵的作用,涡轮起着水轮机的作用。工作液受离心力作用,不仅随着工作轮做圆周运动——传递转矩,而且在压力差的作用下沿循环圆流动,因此液体质点的流线形成一个首尾相连的环形螺旋线。

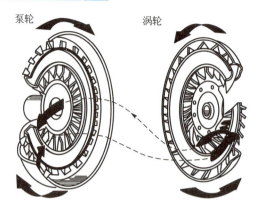

图 3.6 液力耦合器的结构和液流流动

液力耦合器具有如下传动特点。

(1) 泵轮的输入转矩（M_b）等于涡轮的输出转矩（M_w），即

$$M_b = M_w \tag{3-1}$$

(2) 传动比 i 为

$$i = \frac{n_w}{n_b} \tag{3-2}$$

式中，n_w 为输出轴转速；n_b 为输入轴转速。

(3) 传动效率 η 为

$$\eta = \frac{M_w n_w}{M_b n_b} = i \tag{3-3}$$

液力耦合器的效率特性曲线如图 3.7 所示。

① i 越大，η 越高，即涡轮转速提高，液力耦合器的传动效率增大。

② 理论上，当 $i=1$ 时，$\eta=100\%$。

③ 实际上，当 $i=0.985\sim0.99$ 时，传动效率达到最大值。当 $i>0.99$ 时，摩擦损失转矩比例增大，传动效率急剧下降。

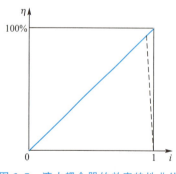

图 3.7 液力耦合器的效率特性曲线

2. 液力变矩器

(1) 功用。

液力变矩器（hydraulic torque converter, HTC）位于发动机和机械变速器之间，是一种液力传动装置，以自动变速器油为工作介质，主要具有以下功用。

① 传递转矩。发动机的转矩首先通过液力变矩器的主动元件，然后通过自动变速器油传给液力变矩器从动元件，最后传给变速器。

② 无级变速。根据工况的不同，液力变矩器可以在一定范围内实现转速和转矩的无级变化。

③ 自动离合。液力变矩器采用自动变速器油传递动力，当踩下制动踏板时，发动机不会熄火，此时相当于离合器分离；当抬起制动踏板时，汽车可以起动，此时相当于离合器接合。

④ 驱动油泵。自动变速器油在工作时需要油泵提供一定的压力，而油泵是由液力变矩器壳体驱动的。

由于采用自动变速器油传递动力，因此液力变矩器的动力传递柔和，并且能防止传动系统过载。

（2）组成和工作原理。

液力变矩器由泵轮、涡轮和导轮三个基本元件组成，如图3.8所示。

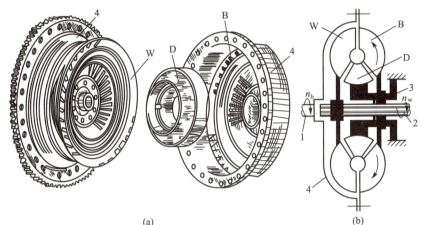

B—泵轮；W—涡轮；D—导轮；1—输入轴；2—输出轴；3—导轮轴；4—变矩器壳体；
n_b—泵轮转速；n_w—涡轮转速。

图3.8 液力变矩器的组成

泵轮为主动件，与液力变矩器壳体连成一体并用螺栓固定在发动机曲轴后端的凸缘上，它将发动机输出的机械能转换为自动变速器油的动能；涡轮为从动件，通过输出轴与变速器相连，它将自动变速器油的动能还原为机械能输出。

液力变矩器总成封装在一个钢质壳体（液力变矩器壳体）中，内部充满自动变速器油。液力变矩器工作时，发动机带动壳体旋转，壳体带动泵轮旋转，泵轮的叶片将自动变速器油带动起来，并冲击到涡轮的叶片；如果作用在涡轮叶片上的冲击力大于作用在涡轮上的阻力，涡轮就开始转动，并带动自动变速器的输入轴一起转动。涡轮叶片流出的自动变速器油经过导轮后再流回泵轮，形成图3.9所示的循环流动。

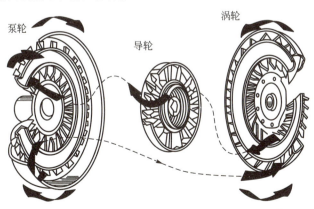

图3.9 自动变速器油在液力变矩器中的循环流动

依靠自动变速器油在三个基本元件之间的循环流动，液力变矩器不仅能传递转矩，而且能在泵轮转矩不变的情况下，随涡轮转速自动地改变涡轮轴上的输出转矩。可见液力变矩器的工作原理与液力耦合器相同，都是借助液体的运动把转矩从泵轮传给涡轮。两者区别如下：液力耦合器只能将转矩不变地由泵轮传给涡轮，起离合器的作用。而液力变矩器不仅能传递转矩，而且能在泵轮转矩不变的情况下，随涡轮转速自动地改变涡轮轴上输出转矩，兼具离合器和变速器的作用。

液力变矩器的工作过程如下。

① 汽车起动时：涡轮转速 $n_w=0$，导轮固定不动。涡轮转矩 M_w 等于泵轮转矩 M_b 和导轮转矩 M_d 之和，即 $M_w=M_b+M_d$，此时液力变矩器起增矩（增大转矩）作用。

② 汽车起动后加速时：涡轮转速提高，n_w 从零逐渐增大，导轮所受转矩不断减小，当涡轮转速增大到某值（此时自动变速器油经导轮后方向不改变）时，$M_d=0$，有 $M_w=M_b$。此时液力变矩器相当于液力耦合器，为液力耦合器工况。

③ 涡轮转速继续增大：自动变速器油冲击在导轮叶片的背面，此时导轮与泵轮转矩方向相反，于是 $M_w=M_b-M_d$，可见涡轮转矩小于泵轮转矩。

④ 当 $n_w=n_b$ 时，自动变速器油循环流动停止，不再传递动力。

可见，随着涡轮转速的升高，涡轮的输出转矩减小。当阻力增大时，涡轮转速降低，输出转矩增大，从而获得较大的驱动转矩；当阻力减小时，涡轮转速增大，输出转矩减小，驱动轮转速升高，故液力变矩器可随汽车行驶阻力不同而自动改变转矩。

（3）液力变矩器的传动特性。

① 转矩随 n_w 变化，M_w 相对于固定的 M_b 也相应变化。因此，变矩系数 K 为

$$K=\frac{M_w}{M_b}=\frac{M_b\pm M_d}{M_b} \tag{3-4}$$

② 传动比 i 为

$$i=\frac{n_w}{n_b}\leqslant 1 \tag{3-5}$$

③ 传动效率 η 为

$$\eta=\frac{M_w n_w}{M_b n_b}=Ki \tag{3-6}$$

液力变矩器的传动特性曲线如图 3-10 所示，可见 η 是随 i 变化的抛物线，形状取决于 K 曲线的形状，其变化关系如下。

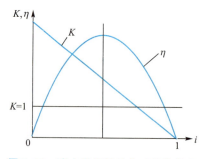

图 3.10 液力变矩器的传动特性曲线

（1）i 较小时，$K>1$，即 $M_d>M_b$。

(2) 随着 i 的增加，K 下降，当 $K=1$ 时，$M_d=M_b$。

(3) 当 i 接近于 1 时，$K<1$，$M_d<M_b$。

(4) 在 $K<1$ 时，η 下降很快。也就是说，液力变矩器只是在一定传动比范围内有较高的传动效率。

3. 综合式液力变矩器

液力耦合器与液力变矩器的传动特性曲线比较如图 3.11 所示。

(1) 在 $K \geqslant 1$ 的传动比范围（D 点左侧）内，液力变矩器的传动效率高于液力耦合器。

(2) 在 D 点右侧及 $K<1$ 的传动比范围内，液力耦合器的传动效率继续增大，而液力变矩器的传动效率迅速下降。

为了扩大液力变矩器的高效率范围，改善液力变矩器的使用性能，实际使用的液力变矩器都通过加装单向离合器（也称单向自由轮），成为综合式液力变矩器，其传动特性曲线如图 3.12 中的实线所示。

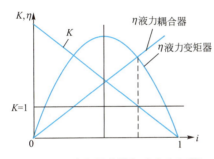

图 3.11 液力耦合器与液力变矩器的传动特性曲线比较

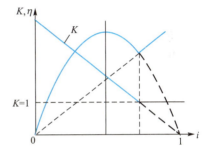

图 3.12 综合式液力变矩器的传动特性曲线

单向离合器的作用：在高速区使导轮顺泵轮转动方向自由转动，减小导轮背面对液流的有害反作用力，实现"自动变矩"和"自动耦合"的相互转换，提高液力变矩器在高速区的传动效率（可达 95%）。

常用的单向离合器有滚柱斜槽式和楔块式两种。滚柱斜槽式单向离合器的结构原理与起动机传动机构的单向离合器相同，为节省篇幅，在此不做赘述，读者可参阅本书的参考文献 [1]。图 3.13 所示为楔块式单向离合器。其结构特点是内圈（轮毂）固定，外圈（鼓轮）可转动。

楔块式单向离合器的工作原理：外圈顺时针转动时，楔块在摩擦力的作用下立起，因自锁作用而卡死在内、外圈之间，使内圈和外圈无法相对滑转，单向离合器锁止；外圈逆时针转动时，楔块在摩擦力的作用下倾斜，此时单向离合器处于自由状态。

当涡轮转速较低时，从涡轮流出的自动变速器油冲击导轮叶片的凹面，导轮和单向离合器外圈一起卡死在内圈上不动，此时液力变矩器起增矩作用。当涡轮转速

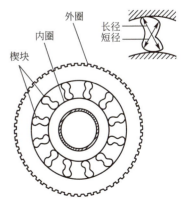

图 3.13 楔块式单向离合器

增大到一定程度时，自动变速器油对导轮的冲击力反向，导轮自由地相对于内圈与涡轮同向转动。这时，液力变矩器转为液力耦合器工况。所以，综合式液力变矩器在高转速时传动效率高，并且输出转矩等于输入转矩。

4. 带锁止离合器的液力变矩器

因液力变矩器涡轮与泵轮之间存在转速差和液力损失，安装液力变矩器的自动变速器效率低于机械变速器，故正常行驶时，采用液力变矩器的汽车燃油经济性较差。为提高液力变矩器高传动比工况下的效率，可采用带锁止离合器（图 3.14）的液力变矩器。

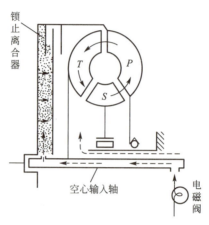

图 3.14 锁止离合器

锁止离合器的作用：在高速区，将泵轮与涡轮锁在一起，变为刚性连接，将发动机的机械能全部传给涡轮。

为提高高传动比下的效率，通常锁止离合器在 $K=1$ 的液力耦合器工况点接合，等同于由发动机直接驱动。同时，单向离合器脱开，导轮自由旋转，液力损失减少，汽车行驶速度和燃油经济性提高。虽然这种方式可提高传动效率，但是切换前、后速度冲击较大，故不能适应行驶阻力的变化。

3.2.2 行星齿轮变速机构

【拓展图文】

虽然液力变矩器能在一定范围内自动、无级地改变转矩比，以适应汽车行驶阻力的变化，但是它的变矩能力与传动效率之间存在矛盾，而且变矩系数为 1~3，难以满足汽车实际使用的需要，故在汽车上液力变矩器仍需与机械变速机构配合使用。

自动变速器的机械变速机构一般采用内啮合的行星齿轮机构。与手动变速器相比，在传递相同功率的条件下，内啮合行星齿轮机构可以减小变速机构的尺寸和质量，并可以实现同向、同轴减速传动。此外，变速过程中动力不间断，加速性好，工作可靠。

1. 基本结构和工作原理

行星齿轮机构按照齿轮排数不同分为单排行星齿轮机构和多排行星齿轮机构。多排行星齿轮机构一般由几个单排行星齿轮机构组成。在自动变速器中一般用 2~3 个单排行星齿轮机构组成一个多排行星齿轮机构。单排行星齿轮机构是多排行星齿轮机构的基础，下面先介绍单排行星齿轮机构及其传动原理。

图 3.15 所示为单排行星齿轮机构的基本结构。从图中可以看出，一个单排行星齿轮机构由太阳轮、行星齿轮和行星架、齿圈组成。太阳轮位于机构的中心，行星齿轮与之外啮合，同时行星齿轮与齿圈内啮合。通常行星齿轮有 3~6 个，通过滚针轴承安装在行星齿轮轴上，行星齿轮轴对称、均匀地安装在行星架上。

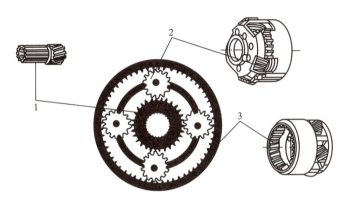

1—太阳轮；2—行星齿轮和行星架；3—齿圈。

图 3.15　单排行星齿轮机构的基本结构

行星齿轮机构工作时，行星齿轮除了绕自身轴线自转，还绕太阳轮公转。行星齿轮绕太阳轮公转时，行星架也绕太阳轮转动。由于太阳轮与行星齿轮外啮合，因此两者旋转方向相反；而行星齿轮与齿圈内啮合，两者旋转方向相同。

单排行星机构是一个二自由度的机构，其传动比只与齿圈齿数 Z_q、太阳轮齿数 Z_t 有关，而与行星齿轮齿数 Z_x 无关。行星齿轮机构的转速特性方程为

$$N_t + KN_q = (1+K)N_j \qquad (3-7)$$

式中，N_t 为太阳轮转速；N_j 为行星架转速；N_q 为齿圈转速；K 为行星齿轮机构参数，$K = Z_q / Z_t$。

由于一个方程有三个变量，如果将太阳轮、齿圈和行星架中某个元件作为主动（输入）部分，另一个元件作为从动（输出）部分，则第三个元件不受任何约束和限制，因此从动部分的运动是不确定的。

为了得到确定的运动，必须对太阳轮、齿圈、行星架中的某个元件的运动进行约束和限制。例如，若一个元件固定，另一个驱动，则第三个元件可变速转动输出动力。

为了便于计算行星齿轮机构的传动比，设行星架齿数为 Z_j，则根据转速特性方程，太阳轮、齿圈和行星架的齿数关系为

$$Z_j = Z_t + Z_q = Z_t + KZ_t \qquad (3-8)$$

可见，$Z_j > Z_q > Z_t$。

因此，将行星齿轮机构简化为图 3.16 所示的传动关系，以计算传动比。计算传动比时，去掉元件固定者的圆，剩下的按定轴轮系计算传动比。内啮合传动比为正（前进挡），外啮合传动比为负（倒挡）。

通过对不同的元件进行约束和限制，可以得到不同的传动方式，见表 3-1。可见，单排行星机构有 4 个前进挡，但不能满足汽车变速器各挡的速比要求。因此，自动变速器常用两排或更多排行星齿轮机构组成变速机构。

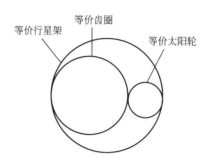

图 3.16 行星齿轮机构三元件间的传动关系

表 3-1 行星齿轮机构的传动方式

传动方式	主动件	从动件	锁定件	传动比	备注
1	太阳轮	行星架	齿圈	$1+K$	减速增矩
2	齿圈	行星架	太阳轮	$(1+K)/K$	
3	太阳轮	齿圈	行星架	$-K$	
4	行星架	齿圈	太阳轮	$K/(1+K)$	增速减矩
5	行星架	太阳轮	齿圈	$1/(1+K)$	
6	齿圈	太阳轮	行星架	$-1/K$	
7	任两个连成一体			1	直接传动
8	既无任一元件制动,又无任两元件连成一体			三元件自由转动	不传递动力

2. 换挡执行机构

将行星齿轮机构改组换挡的执行机构有离合器、制动器和单向离合器三种。

（1）离合器。

离合器是换挡执行机构中进行连接的主要组件。离合器连接输入轴与行星齿轮机构，把液力变矩器输出的动力传递给行星齿轮机构或连接行星排的某两个组件，使之成为一个整体。

① 结构。自动变速器中的换挡离合器为多片湿式离合器。它由离合器鼓、主动片、从动片和回位弹簧等构成，如图 3.17 所示。

离合器鼓是一个液压缸，鼓内有内花键齿圈，内圆轴颈上有进油孔与控制油路相通。离合器活塞呈环状，内、外圆上有密封圈，安装在离合器鼓内。从动片和主动片交错排列，两者统称离合器片，均由钢料制成，但主动片的两面烧结有硼基粉末冶金摩擦材料。

为保证离合器接合柔和及散热，将离合器片浸在自动变速器油中工作，因而称为湿式离合器。从动片有外花键齿，与离合器鼓的内花键齿圈连接，可做轴向移动；主动片有内花键齿，与花键毂的外花键槽配合，也可做轴向移动。

花键毂和离合器鼓分别以一定的方式与变速器输入轴或行星齿轮机构的元件连接。碟形弹簧的作用是使离合器接合柔和，防止换挡冲击。可以通过调整卡环或压盘的厚度调整离合器的间隙。

② 工作原理。离合器的工作原理如图 3.18 所示。

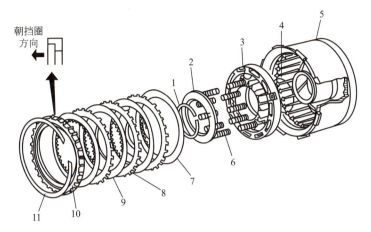

1,11—卡环；2—弹簧座；3—活塞；
4—O形圈；5—离合器鼓；6—回位弹簧；7—碟形弹簧；
8—从动片；9—主动片；10—压盘。

图3.17 离合器的组成

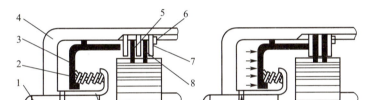

(a) 分离状态　　　　　　(b) 接合状态

1—控制油道；2—回位弹簧；3—活塞；
4—离合器鼓；5—主动片；6—卡环；7—压盘；
8—从动片；9—花键毂；10—弹簧座。

图3.18 离合器的工作原理

当一定压力的自动变速器油经控制油道进入活塞左面的液压缸时，液压作用力克服弹簧力使活塞右移，将所有离合器片压紧，即离合器接合，与离合器主、从动部分相连的元件也被连接在一起，以相同的速度旋转。

控制阀将作用在离合器液压缸的油压撤除后，离合器活塞在回位弹簧的作用下回复原位，并将缸内的自动变速器油从进油孔排出，使离合器分离，离合器主、从动部分以不同的转速旋转。

（2）制动器。

自动变速器中的制动器用于固定行星排中的元件。通过制动器的接合，把行星排中的某个元件和变速器壳体连接起来，使之不能转动。自动变速器中的制动器有片式制动器和带式制动器两种。

片式制动器与多片湿式离合器的结构和原理相同，不同之处是离合器起连接作用而传递动力，而片式制动器通过连接而起制动作用。下面介绍带式制动器的结构和原理。

① 结构。带式制动器由制动带和控制油缸（包括活塞、活塞杆等）组成，如图3.19所示。制动带是内表面带有镀层的开口式环形钢带。制动带开口处一端支承在与变速器壳体固连的支座上，另一端与控制油缸的活塞杆相连。

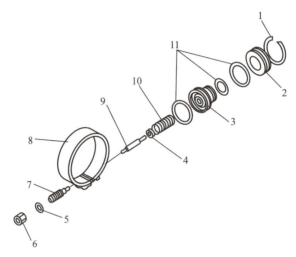

1—卡环；2—活塞定位架；3—活塞；4—止推垫圈；
5—垫圈；6—锁紧螺母；7—调整螺钉；8—制动带；9—活塞杆；
10—回位弹簧；11—O形圈。

图3.19 带式制动器的组成

② 工作原理。带式制动器的工作原理如图3.20所示，活塞在回位弹簧和左腔油压的作用下位于右极限位置，此时，制动带和制动鼓之间存在一定间隙。

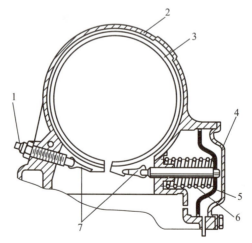

1—调整螺钉；2—壳体；3—制动带；4—控制油缸；
5—活塞；6—回位弹簧；7—推杆。

图3.20 带式制动器的工作原理

制动时，压力油进入活塞右腔，克服左腔油压和回位弹簧的作用推动活塞左移，制动带以固定支座为支点收紧。在制动力矩的作用下，制动鼓停止旋转，行星齿轮机构某元件被锁止。随着油压撤除，活塞逐渐回复原位，制动解除。

（3）单向离合器。

单向离合器在液力变矩器和行星排中均有应用。

在行星排中，单向离合器用来锁止某个元件的某种转向。它还具有固定作用，当与之相连元件的受力方向与锁止方向相同时，该元件被固定；当与之相连元件的受力方向与锁止方向相反时，该元件被释放。

单向离合器的锁止和释放完全由与之相连元件的受力方向控制。常见的单向离合器有滚柱斜槽式（图 3.21）和楔块式（图 3.13）两种。

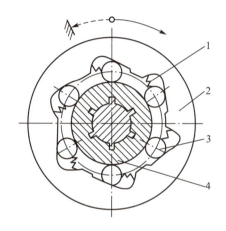

1—叠片弹簧；2—外圈；3—滚柱；4—内圈。

图 3.21　滚柱式单向离合器

3. 复合式行星齿轮机构的结构和工作原理

单排行星齿轮机构不能满足汽车行驶中变速变矩的需要，为了增大传动比，可以增加行星齿轮机构。在自动变速器中，两排行星齿轮机构或多排行星齿轮机构组合（即复合式行星齿轮机构），以满足汽车行驶需要的多种传动比。

复合式行星齿轮机构有辛普森式行星齿轮机构、在辛普森式行星齿轮机构的基础上加上一套单排行星齿轮机构和拉维娜式行星齿轮机构。

（1）辛普森式行星齿轮机构。

辛普森式行星齿轮机构由共用一个太阳轮的两组行星齿轮、两个齿圈和两个行星架组成，其两组单排行星齿轮机构分别称为前行星齿轮机构和后行星齿轮机构。

辛普森式行星齿轮机构可以提供空挡、第一降速挡、第二降速挡、直接挡和倒挡。辛普森变速器驱动太阳轮需要大轮毂，体积较大。

改进的辛普森式行星齿轮机构（图 3.22）对双排行星齿轮机构进行了改进，并增加了换挡执行元件，使变速机构增加了一个超速挡（OD 挡），形成了包括超速挡在内的四挡行星齿轮变速器。

（2）拉维娜式行星齿轮机构。

拉维娜式行星齿轮机构由一小一大两个太阳轮、三个长行星齿轮和三个短行星齿轮、一个共用行星架和一个共用齿圈组成，如图 3.23 所示。

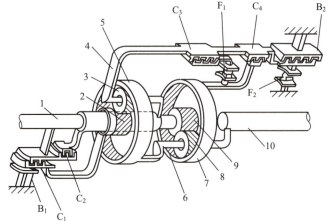

1—输入轴;2—前太阳轮;3—前行星齿轮;4—前行星架;5—前齿圈;6—后行星架;
7—后齿圈;8—后行星齿轮;9—后太阳轮;10—输出轴;C_1—倒挡离合器;C_2—高速挡离合器;
C_3—前进离合器;C_4—前进强制离合器;B_1—2挡、4挡制动器;B_2—低挡、倒挡制动器;
F_1—前进单向离合器;F_2—低挡单向离合器。

图 3.22 改进后的辛普森式行星齿轮机构

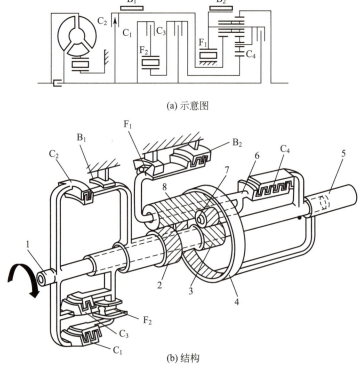

(a) 示意图

(b) 结构

1—输入轴;2—大太阳轮;3—小太阳轮;4—共用齿圈;5—输出轴;6—共用行星架;7—短行星齿轮;
8—长行星齿轮;C_1—前进离合器;C_2—倒挡离合器;C_3—前进强制离合器;C_4—高速挡离合器;
B_1—2挡、4挡制动器;B_2—低挡、倒挡制动器;F_1—低挡单向离合器;F_2—前进单向离合器。

图 3.23 拉维娜式行星齿轮结构

与辛普森式行星齿轮机构相比，拉维娜式行星齿轮机构的优点是结构紧凑，少了一个齿圈，而且不需要太阳轮轮毂；此外，由于相互啮合的齿数较多，因此传递的转矩较大。它的缺点是结构较复杂、行星齿轮多、工作原理理解起来较困难。

4. 四挡辛普森式行星齿轮变速器

图 3.24 所示为四挡辛普森式行星齿轮变速器的结构，其换挡执行机构如图 3.25 所示。

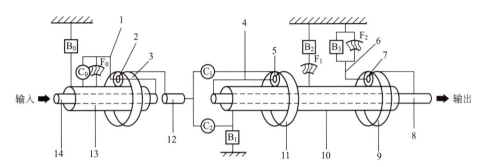

1—超速行星排行星架；2—超速行星排行星齿轮；3—超速行星排齿圈；4—前行星排行星架；5—前行星排行星齿轮；6—后行星排行星架；7—后行星排行星齿轮；8—输出轴；9—后行星排齿圈；10—前、后行星排太阳轮；11—前行星排齿圈；12—中间轴；13—超速行星排太阳轮；14—输入轴；C_0—超速挡离合器；C_1—前进挡离合器；C_2—直接挡、倒挡离合器；B_0—超速挡制动器；B_1—2 挡滑行制动器；B_2—2 挡制动器；B_3—低挡、倒挡制动器；F_0—超速挡单向离合器；F_1—2 挡（1 号）单向离合器；F_2—低挡（2 号）单向离合器。

图 3.24 四挡辛普森式行星齿轮变速器的结构

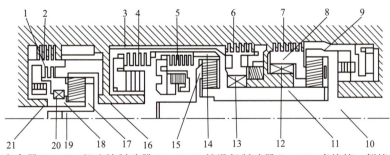

1—超速挡离合器 C_0；2—超速挡制动器 B_0；3—2 挡滑行制动器 B_1；4—直接挡、倒挡离合器 C_2；5—前进挡离合器 C_1；6—2 挡制动器 B_2；7—低挡、倒挡制动器 B_3；8—后行星排行星架；9—后行星排齿圈；10—输出轴；11—太阳轮；12—低挡（2 号）单向离合器 F_2；13—2 挡（1 号）单向离合器 F_1；14—前行星排齿圈；15—前行星排行星架；16—超速行星排齿圈；17—超速行星排行星架；18—超速行星排太阳轮；19—输入轴；20—超速挡单向离合器 F_0；21—超速挡行星齿轮。

图 3.25 四挡辛普森式行星齿轮变速器的换挡执行机构

四挡辛普森式行星齿轮变速器由四挡辛普森式行星齿轮机构和换挡执行元件两大部分组成。

其中，四挡辛普森式行星齿轮机构由三排行星齿轮机构组成，前面一排为超速行星排，中间一排为前行星排，后面一排为后行星排。由于四挡辛普森式行星齿轮机构是在三挡辛普森式行星齿轮机构的基础上发展起来的，因此沿用了三挡辛普森式行星齿轮机构的命名方式。

输入轴与超速行星排的行星架相连，超速行星排齿圈与中间轴相连，中间轴通过前进挡离合器或直接挡、倒挡离合器与前、后行星排相连。前、后行星排的结构特点是共用一个太阳轮，前行星排行星架与后行星排齿圈相连，并与输出轴相连。

换挡执行机构包括三个离合器、四个制动器和三个单向离合器，具体功能见表3-2。

表3-2 换挡执行元件的功能

换挡执行元件		功能
C_0	超速挡离合器	连接超速行星排太阳轮与超速行星排行星架
C_1	前进挡离合器	连接中间轴与前行星排齿圈
C_2	直接挡、倒挡离合器	连接中间轴与前、后行星排太阳轮
B_0	超速挡制动器	制动超速行星排太阳轮
B_1	2挡滑行制动器	制动前、后行星排太阳轮
B_2	2挡制动器	制动F_1外圈，当F_1也起作用时，可以防止前、后行星排太阳轮逆时针转动
B_3	低挡、倒挡制动器	制动后行星排行星架
F_0	超速挡单向离合器	连接超速行星排太阳轮与超速行星排行星架
F_1	2挡（1号）单向离合器	当B_2工作时，防止前、后行星排太阳轮逆时针转动
F_2	低挡（2号）单向离合器	防止后行星排行星架逆时针转动

变速器在各挡位时，换挡执行元件的动作情况见表3-3。

表3-3 各挡位时换挡执行元件的动作情况

变速杆位置	挡位	C_0	C_1	C_2	B_0	B_1	B_2	B_3	F_0	F_1	F_2	发动机制动
P	驻车挡	○										
R	倒挡	○		○				○	○			
N	空挡	○										
D	1挡	○	○						○		○	
D	2挡	○	○				○		○	○		
D	3挡	○	○	○			○		○			
D	4挡（OD挡）		○	○	○							
2	1挡	○	○						○		○	
2	2挡	○	○			○	○		○			○
2	3挡	○	○	○			○					○

续表

变速杆位置	挡位	换挡执行元件									发动机制动
		C_0	C_1	C_2	B_0	B_1	B_2	B_3	F_0	F_1	F_2	
L	1挡	○	○					○	○		○	○
	2挡	○	○			○	○		○	○		○

注：○表示执行元件起作用。

5. 五挡辛普森式行星齿轮变速器

图3.26所示为五挡辛普森式行星齿轮变速器的结构。

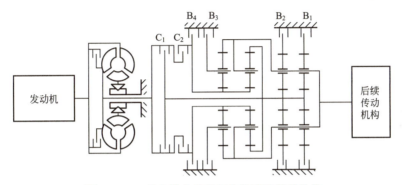

图3.26 五挡辛普森式行星齿轮变速器的结构

下面介绍五挡辛普森式行星齿轮变速器结构特点和工作原理。

(1) 结构特点。

五挡辛普森式行星齿轮变速器由四排行星齿轮机构、三根轴、两个离合器和四个制动器构成。

① 1挡、2挡太阳轮和3挡齿圈与中间轴集成一体。

② 3挡、4挡太阳轮为一体并空套在中间轴上。

③ 3挡行星架与1挡、2挡行星架和4挡齿圈集成一体。

④ 2挡行星架和1挡行星架接输出轴。

(2) 执行元件。

① C_1——前进挡离合器：连接输入轴和中间轴。

② C_2——直接挡（5挡）离合器：连接输入轴和3挡、4挡太阳轮。

③ B_1——1挡制动器：制动第1（挡）排齿圈。

④ B_2——2挡制动器：制动第2（挡）排齿圈。

⑤ B_3——3挡制动器：制动第4（挡）排行星架。

⑥ B_4——4挡制动器：制动第3挡、4（挡）排太阳轮。

(3) 挡位分析。

五挡辛普森式行星齿轮变速器执行元件的工作情况见表3-4。

表 3-4 五挡辛普森式行星齿轮变速器执行元件的工作情况

挡位	执行元件						传动比 i
	C_1	C_2	B_1	B_2	B_3	B_4	
N				○			
1	○		○				5.183
2	○			○			3.190
3	○				○		2.067
4	○					○	1.400
5	○	○					1.000
R		○		○			-4.476

注：○表示执行元件起作用。

① 空挡：B_2 制动→2 挡齿圈制动。

② 1 挡：C_1 接合→输入轴与中间轴连接。B_1 制动→1 挡齿圈制动。

动力传递路线：涡轮→输入轴→C_1→中间轴→1 挡太阳轮→1 挡行星架→输出轴。

此外，2 挡太阳轮和 3 挡齿圈也随输入轴转动，但因其他两元件都可以自由转动，故不传递动力。

③ 2 挡：C_1 接合，B_2 制动→2 挡齿圈制动。

动力传递路线：涡轮→输入轴→C_1→中间轴→2 挡太阳轮→2 挡行星架→1 挡行星架→输出轴。

④ 3 挡：C_1 接合，B_3 制动→4 挡行星架制动。

动力传递路线：涡轮→输入轴→C_1→中间轴→3 挡齿圈→
$\left\{\begin{array}{l}3 \text{ 挡行星架}\\ 3 \text{ 挡太阳轮→4 挡太阳轮→4 挡齿圈}\end{array}\right\}$→1 挡行星架→输出轴。

⑤ 4 挡：C_1 接合，B_4 制动→3 挡、4 挡太阳轮制动。

动力传递路线：涡轮→输入轴→C_1→中间轴→3 挡齿圈→3 挡行星架→1 挡行星架→输出轴。

⑥ 5 挡（直接挡）：C_1 接合，C_2 接合→3 挡、4 挡太阳轮与输入轴连接。3 挡、4 挡行星排抱成一体转动，传动比为 1。

⑦ 倒挡：C_2 接合，B_2 制动。

动力传递路线：涡轮→输入轴→C_2→3 挡、4 挡太阳轮→2 挡、3 挡行星架→1 挡行星架→输出轴。

3.2.3 液压控制系统

无论在液控式自动变速器还是在电控式自动变速器中，液压控制系统都占有相当重要的地位。

液压控制系统主要由以下几部分组成：

（1）动力源——油泵，其作用是向执行机构、控制机构提供液压油；向液力变矩器提供工作油液；向行星齿轮变速机构提供润滑油。

(2)执行机构——油缸,包括换挡离合器油缸和制动器油缸。
(3)液压控制机构——若干控制阀和阀体。
(4)辅助装置——油箱、滤清器、冷却器等。

在液压控制系统中,油泵在发动机的驱动下将压力油输送到控制阀体,控制阀体内的控制阀起油路"开关"的作用。根据汽车的工况,系统可开通或切断某些执行机构(油缸)的油路,从而使离合器接合或分离,制动器制动或释放,达到换挡变速的目的。这里主要介绍油泵和液压控制机构。

1. 油泵

液压系统的动力源主要是油泵。在自动变速器的液压控制系统中使用的油泵大致有三种:齿轮泵、转子泵和叶片泵。

(1)齿轮泵的结构和原理。

自动变速器中使用的齿轮泵一般是内啮合齿轮泵,其结构如图 3.27 所示。内啮合齿轮泵主要由泵体、从动轮(齿圈)、主动轮组成。由于从动轮是一个齿圈且较大,而主动轮是一个较小的外齿轮,因此在主、从动轮之间的空隙用一个月牙形隔板把这个容腔分为两部分,其中一腔是进油腔(或称吸油腔),另一腔是压油腔(或称排油腔)。

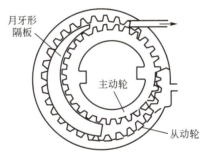

【拓展图文】

图 3.27 内啮合齿轮泵的结构

(2)转子泵的结构和原理。

转子泵主要由一对内啮合的转子组成。内转子为外齿轮,是主动件;外转子为内齿轮,是从动件。内转子一般比外转子少一个齿。内、外转子之间偏心安装。因内转子的齿廓和外转子的齿廓由一对共轭曲线组成,故内转子上的齿廓和外转子上的齿廓啮合,形成了若干密封腔,如图 3.28 所示。

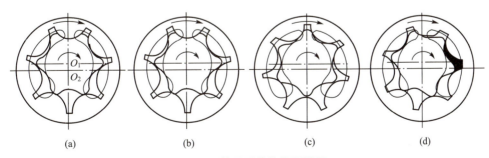

图 3.28 转子泵的结构和原理

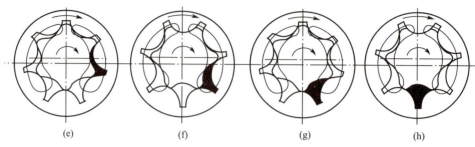

图 3.28 转子泵的结构和原理（续）

(3) 叶片泵的结构和原理。

叶片泵由转子、定子、叶片和端盖等组成，如图 3.29 所示。

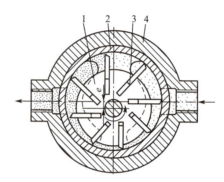

1—转子；2—定子；3—叶片；4—端盖。

图 3.29 叶片泵的结构

定子具有圆柱形内表面，定子和转子之间有偏心距 e。叶片装在转子槽中，并可在槽中滑动。当转子回转时，叶片受离心力的作用紧贴在定子内壁上，在定子、转子、叶片和端盖间就形成了若干密封空间。

2. 液压控制机构

对于液控式自动变速器和电控式自动变速器，液压控制系统的不同主要是液压控制机构部分，下面分别介绍。

(1) 液控式自动变速器的液压控制系统。

液控式自动变速器的液压控制系统如图 3.30 所示，其液压控制机构可分为以下几部分。

① 主油路系统。主油路系统包括油泵和主油路调压阀。主油路调压阀可根据发动机转速和负荷调节主油路系统的油压，使系统在各种工况下都保持最佳油压 P_H，以满足载荷和驾驶条件两个因素对变速器的要求。

② 换挡信号系统。换挡信号系统包括节气门阀和调速阀。节气门阀将节气门的开度转换成与其成一定比例关系的油压信号（开度大，油压高），供液压系统使用。调速阀将车速转换成与其成一定比例关系的油压信号，并传送给换挡阀，以便控制变速器的升挡和降挡。

③ 换挡阀系统。换挡阀系统包括换挡阀、手控制阀、强制低挡阀，其中手控制阀由换挡手柄操纵。

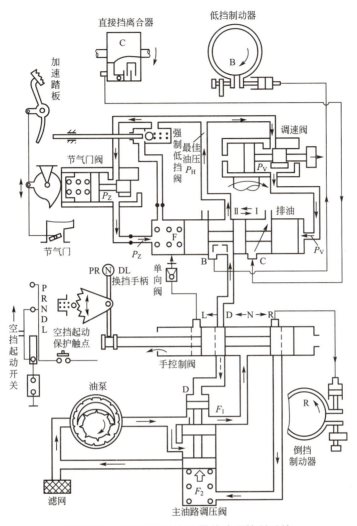

图3.30 液控式自动变速器的液压控制系统

④ 缓冲安全系统。缓冲安全系统包括缓冲阀、低挡限流阀、单向阀等。

下面以1-2挡换挡阀为例，简单介绍换挡阀的工作原理。自动变速器都有一个或多个换挡阀，其数量取决于前进挡位（2挡的，只有1个换挡阀；3挡的，有2个换挡阀；4挡的，有3个换挡阀；等等）。

换挡阀的功能是根据节气门开度和车速两个参数的变化自动控制升挡和降挡。1-2挡换挡阀的工作原理如图3.31所示。它是一个液控换向阀，一端为节气门阀输出压力P_Z和弹簧作用力F，另一端为调速阀输出压力P_V。

当$P_Z+F>P_V$时，滑阀右移 [图3.31 (a)]，离合器C油缸的排油口打开，油缸排油，离合器C分离。同时，主油路与制动器B油缸的进油口连通，油缸充油，制动器B起制动作用，此时变速器为1挡。

当$P_Z+F<P_V$时，滑阀左移 [图3.31 (b)]，制动器B油缸的排油口打开，油缸排油，制动器B不起作用。同时，主油路与离合器C油缸的进油口连通，油缸充油，离合器C接合，变速器换入2挡。

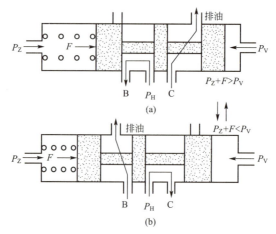

图 3.31　1－2 挡换挡阀的工作原理

（2）电控式自动变速器的液压控制系统。

电控式自动变速器是在液控式自动变速器液压控制系统的基础上增加了电子控制系统，以更精确地控制换挡时机和提高换挡品质。因而其液压控制系统（图 3.32）与全液式

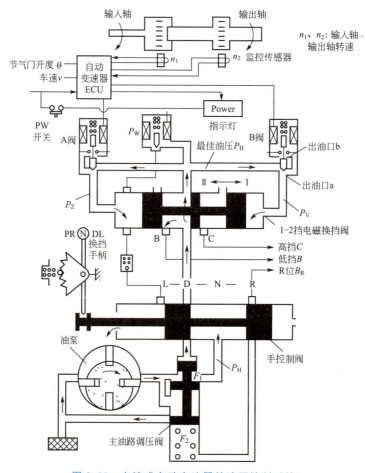

图 3.32　电控式自动变速器的液压控制系统

自动变速器的主要区别是用节气门位置传感器和车速传感器分别取代节气门阀和调速阀，换挡阀为电磁换挡阀。

自动变速器 ECU 根据两传感器输出的电信号确定节气门开度和车速，并控制电磁阀的开闭，调节换挡阀两端的油压来实现换挡。

电控式自动变速器与液控式自动变速器的区别如图 3.33 所示。

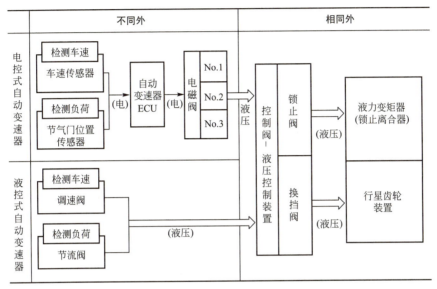

图 3.33　电控式自动变速器与液控式自动变速器的区别

（1）主油路系统：主油路调压阀相同。

（2）换挡信号系统：节气门阀和调速阀为电子式。

（3）换挡阀系统：换挡阀为电液结合式，手控制阀相同或为电子式，强制低挡阀为电磁式。

（4）缓冲安全系统：缓冲阀、低挡限流阀、单向阀相同。

（5）滤清冷却系统：冷却器、滤清器相同。

3.2.4　电子控制系统

1. 电子控制系统的结构组成

（1）电子控制系统的结构。

电控式自动变速器在液压控制系统的基础上增加了电子控制系统。图 3.34 所示为发动机前置前驱动汽车的电控自动变速器结构。

图 3.35 所示为电控式自动变速器的控制原理。

（2）电控系统的基本工作原理。

电控式自动变速器 ECU 具有控制换挡时机、控制锁止时机、巡航控制、自诊断和失效保护等功能。

① **控制换挡时机**。电控式自动变速器 ECU 将换挡操纵手柄在各个位置（D 位、2 位或 L 位）及每个行驶模式（常规或动力）下的最佳换挡模式编程存入存储器。

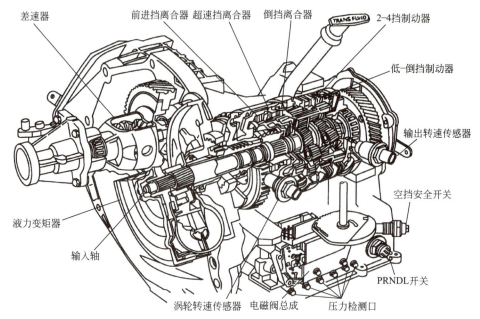

图 3.34 发动机前置前驱动汽车的电控式自动变速器结构

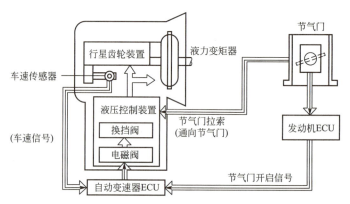

图 3.35 电控式自动变速器的控制原理

自动变速器 ECU 根据适当的换挡模式及车速传感器的车速信号和节气门位置传感器的节气门开度信号打开或关闭换挡电磁阀，如图 3.36 所示。这样，ECU 通过操纵各电磁阀可以打开或关闭通往离合器及制动器的液压通道，使变速器换高挡或换低挡。

② 控制锁止时机。电控式自动变速器 ECU 将各种行驶模式（常规或动力）下锁止离合器的工作方式编程存入存储器中。根据锁止方式，ECU 按照车速信号及节气门开度信号打开或关闭锁止电磁阀。根据锁止电磁阀的状态，锁止控制阀改变作用于液力变矩器的液压通道，以接合或分离锁止离合器。

③ 巡航控制。如果实际车速降至设定的巡航控制速度以下（约为10km/h），则巡航控制系统 ECU 传送一个信号至自动变速器 ECU，命令锁止离合器分离，同时不能换入超速挡。

④ 自诊断和失效保护。电控式自动变速器的电路控制系统具备故障自诊断和失效保护功能。当传感器或执行器出现故障时，自动变速器 ECU 会采取相应的保护措施，如点亮故障警告灯、存储故障码及实施失效保护控制策略，确保汽车能够维持基本行驶能力并

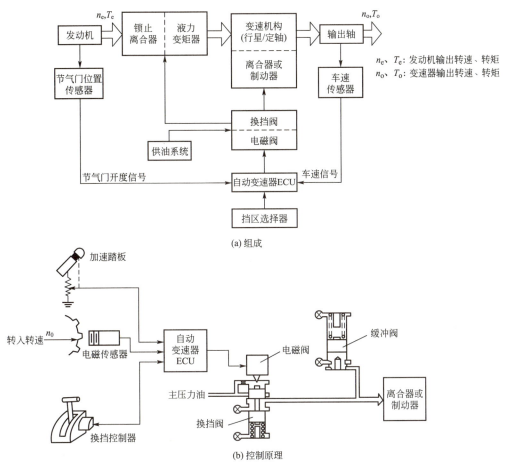

图 3.36 电控式自动变速器的组成与原理

提示驾驶人及时维修。

（3）电控系统的部件。

电控式自动变速器的电控系统由传感器、ECU 及执行器组成（图 3.37），其控制电路如图 3.38 所示。

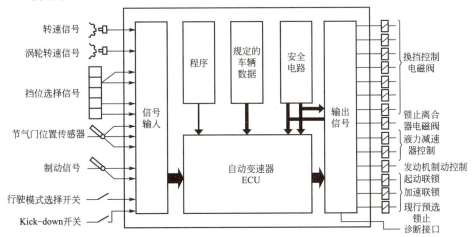

图 3.37 电控式自动变速器的电控系统

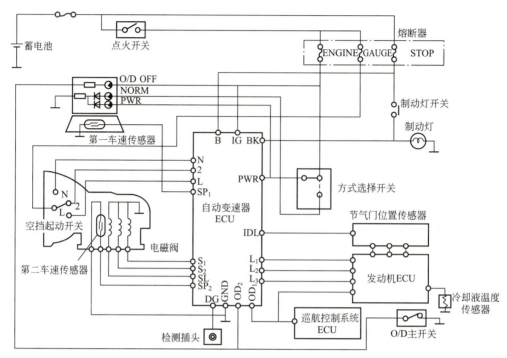

图 3.38　电控式自动变速器的控制电路

自动变速器输入端的信号通常有以下几种。

① **车速信号（转速信号）**。车速信号由变速器输出轴上的转速传感器产生，多用电磁型转速传感器，用来检测输出轴的转速。

自动变速器 ECU 根据车速传感器的信号计算出车速，并根据车速信号控制换挡。如果该传感器发生故障，则变速系统将保持在发生故障之前的挡位。

② **涡轮转速信号**。涡轮信号反映液力变矩器的涡轮转速，也由电磁型转速传感器产生。

③ **挡位选择信号**。挡位信号由选挡控制器产生，通过传感器将驾驶人选择的换挡操作手柄位置以电信号的形式传给自动变速器 ECU，在发动机起动时只能选择在空挡位置。由前进挡转换到倒挡或由倒挡转换到前进挡时，必须先经过空挡位置。

此外，若发动机转速高于怠速转速（如 900r/min），或加速踏板被踩下，或发动机点火开关处于 OFF 位置，则变速器不能从空挡位置换入其他挡位。

由于自动变速器 ECU 中有选择挡位的联锁，因此加速踏板只有处于怠速位置且发动机转速低于设定的怠速转速时才能选择挡位。

④ **节气门位置信号**。节气门位置信号也称加速踏板位置信号，由节气门位置传感器产生，反映发动机供油节气门开度，该信号影响换挡点的位置。

节气门位置传感器安装在节气门体上，随着节气门开度的变化和节气门轴的转动，带动该传感器内的电刷滑动或导向凸轮转动，将节气门开度信号转换成电信号送到自动变速器 ECU。

节气门开度传感器一方面检测节气门打开的角度，此检测结果将作为发动机负荷的参考信号；另一方面反映节气门开度的变化速率，以反映驾驶人的操作意图。

⑤ 制动信号。制动信号由制动踏板产生，当有该信号输入时，变速器不能进行升挡操作。

⑥ 行驶模式选择开关信号。行驶模式选择开关一般位于变速器换挡操纵手柄上或其附近，如图 3.39 所示，由驾驶人操作，是驾驶人用来选择行驶模式的开关。

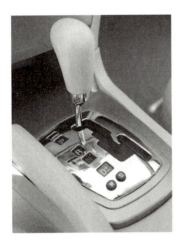

图 3.39　行驶模式选择开关（图中的 W、S、E 按钮）

所谓行驶模式，就是自动变速器 ECU 内存储的换挡控制程序。按照存储的换挡控制程序所追求的目标不同，电控式自动变速器有多种行驶模式。

如果换挡控制程序是以追求最佳动力性为目标编制的，则称为最佳动力性行驶模式，也称最佳动力性换挡控制程序，用 POWER 表示（略作 P）。

如果换挡控制程序是以追求最佳经济性为目标编制的，则称为最佳经济性行驶模式，也称最佳经济性换挡控制程序，用 ECONOMY 表示（略作 E）。

如果换挡控制程序是以追求动力性和经济性的平衡（即兼顾动力性和经济性）为目标编制的，则称为常规行驶模式，也称常规换挡控制程序，用 NORMAL 表示。

如果换挡控制程序是以追求最佳驾驶动感为目标编制的，则称为运动型行驶模式，也称运动型换挡控制程序，用 SPORT 表示，如图 3.40 所示。

如果换挡控制程序是以追求在冰雪路面上行驶稳定性为目标编制的，则称为冰雪路面行驶模式，也称冰雪路面换挡控制程序，用 SNOW 或 WINTER 表示，如图 3.40 所示。

图 3.40　行驶模式选择开关（SPORT 和 SNOW）

驾驶人只要通过行驶模式选择开关调用不同的行驶模式，电控自动变速器就能有不同的换挡规律和驾驶特性，实现一机多能，这在传统的液控式自动变速器上是难以实现的。

⑦ Kick-down 开关（强制降挡开关）信号。它也称超车开关信号，Kick-down 开关用来检测加速踏板打开的程度。当加速踏板超过节气门全开位置时，Kick-down 开关接通，并向自动变速器 ECU 输送信号，这时 ECU 按内存设置的程序控制换挡，并使变速器降一个挡位，以提高汽车的加速性能。

Kick-down 开关安装在加速踏板的下方（图 3.41）。将加速踏板踩到底时该开关被触发，自动变速器 ECU 发送信号，变速器先自动降挡，再沿最大的发动机动力特性曲线升挡，从而产生尽可能大的功率加速。因此，超车时猛踩加速踏板至底，压下该开关后即可达到加速超车的目的。

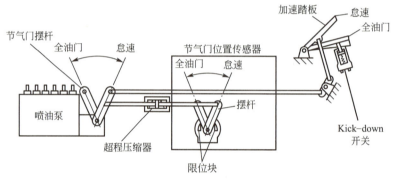

图 3.41 加速踏板和节气门位置传感器

⑧ 发动机冷却液温度信号。一般用发动机冷却液温度传感器检测发动机的冷却液温度。当冷却液温度低于预定温度时，如果变速器换入超速挡，则发动机性能及汽车乘坐舒适性会受到影响。为了防止这种情况发生，在冷却液温度达到预定温度以前，将其信号输入自动变速器 ECU，以防止变速器换入超速挡。

⑨ 空挡起动开关（也称挡位传感器）信号。空挡起动开关用来判断换挡操纵手柄的位置，防止发动机在变速器处于前进挡或倒挡时起动，保证汽车安全起动。

另外，自动变速器 ECU 从位于空挡起动开关中的挡位传感器获得变速器所在挡位的信息，然后确定适当的换挡方式。

⑩ O/D 主开关信号。O/D 主开关一般位于变速器换挡操纵手柄上，如图 3.42 所示，由驾驶人操作。

图 3.42 O/D 主开关和 O/D OFF 指示灯

当该开关处于接通（ON）状态时，如果各种条件满足，自动变速器 ECU 允许变速器换入超速挡。当该开关处于断开（OFF）状态时，自动变速器 ECU 不允许变速器换入超速挡。同时，仪表板上的 O/D OFF 指示灯点亮，以提示驾驶人。

⑪ **制动灯开关信号。**制动灯开关用以判断制动踏板是否被踩下。当制动踏板被踩下时,制动灯开关输送信号给自动变速器 ECU,ECU 便取消锁止离合器的锁止,确保汽车无冲击地平稳减速。

(4) 电磁阀。

自动变速器电控系统的执行器主要是各种电磁阀。下面介绍常用的两种电磁阀。

① 换挡电磁阀。换挡电磁阀是将电子控制信号转换为液压控制信号的元件,安装在控制变速的液压系统集成阀块上,实际上是一种电控液压换向阀。它接收自动变速器 ECU 传来的指令信号,通过其电磁铁的"开"(通电)与"关"(断电)驱动液压换向阀,实现液压油路的"通"与"断",从而控制自动变速器中换挡离合器或制动器的接合或分离,完成升挡或降挡操作。

常用的汽车换挡控制电磁阀有二位二通电磁阀和二位三通电磁阀两种。

a. 二位二通电磁阀。二位二通电磁阀的结构如图 3.43 所示,其工作原理如图 3.44 所示。

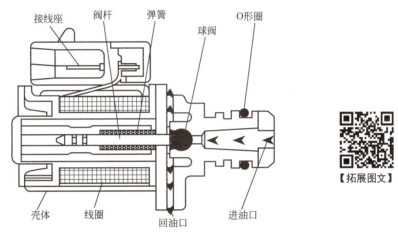

图 3.43 二位二通电磁阀的结构

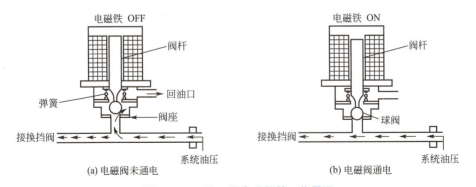

图 3.44 二位二通电磁阀的工作原理

在电磁铁未通电时,如图 3.44(a)所示,其阀芯在弹簧力的作用下将进油口(压力油口)打开,系统油压不能传输到换挡阀;电磁铁通电后,如图 3.44(b)所示,弹簧在电磁力的作用下压缩,将进油口关闭,系统油压传输到换挡阀实现换挡操作。由于一般进油口的油压为系统油压，因此需要和节流孔一起使用，以保证系统油压不降低。

b. 二位三通电磁阀。二位三通电磁阀的结构如图 3.45 所示，其工作原理类似于二位二通电磁阀。

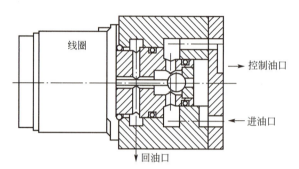

图 3.45　二位三通电磁阀的结构

在电磁铁未通电时，其阀芯在弹簧力的作用下将进油口（压力油口）堵住，控制油口与回油口连通；电磁铁通电后，弹簧在电磁力的作用下压缩，将控制油口与回油口的油路切断，与进油口的油路打开，实现换挡操作。

这类换挡用电磁阀响应时间要求较低，一般为 50~70ms；供电电压主要有 DC 12V 和 DC 24V 两种，所需驱动功率为 1~3W，最高控制压力一般不超过 3MPa，控制的流量较小（一般为每分钟几升）。

② 电液比例压力控制阀。图 3.46（a）所示为某电液比例压力控制阀的结构，该阀用于换挡离合器充油压力的控制，由比例电磁铁及其控制的一个双边节流阀组成。其输出的控制压力与输入的控制电流成比例关系，如图 3.46（b）所示。

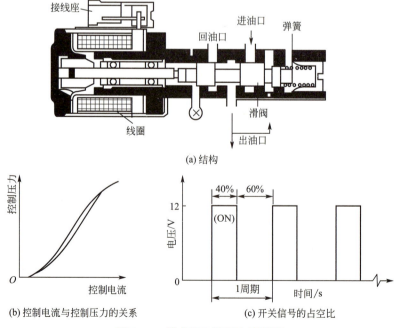

图 3.46　某电液比例压力控制阀

控制电磁铁的电流一般与该阀所控制的压力有关，作为换挡离合器压力控制所采用的电液比例压力控制阀，最大控制压力通常在 3MPa 以下，所需的控制电流小于 100mA，控制电压为 DC 12V 或 DC 24V。在进行控制时，通过改变输入比例电磁铁开关电信号的占空比来实现对控制电流的调节，如图 3.46（c）所示。占空比越大，相应于通过电磁线圈的电流越大，输出的控制压力也就越大。占空比调整采用脉宽调制。为了改善响应性能，通常在控制信号中加入 100~200Hz 小幅值的颤振信号。

2. 电控自动变速器的换挡方法

（1）换挡规律。

自动变速器是根据汽车的行驶参数控制换挡动作的。这些参数主要有车速、发动机节气门开度、发动机转速、液力变矩器涡轮转速和汽车加速度等，应用较多的是车速和发动机节气门开度。

自动换挡点随控制参数的变化而变化的规律称为换挡规律，如图 3.47 所示（实线为升挡曲线，虚线为降挡曲线）。按照参与换挡控制的参数划分，目前主要有单参数和双参数两种类型。

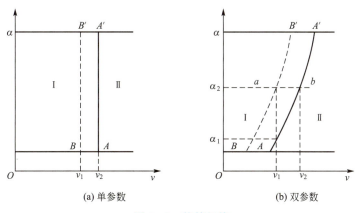

图 3.47　换挡规律

① 单参数换挡规律。单参数换挡规律是通过一个控制参数控制换挡的。当控制参数达到预定值时，自动变速器 ECU 自动发出换挡控制指令，接合合适的挡位。可选择节气门开度、发动机转速或车速等作为控制参数。

这种单参数控制方法的系统结构简单，但难以兼顾动力性和经济性的要求。为保证良好的动力性能，升挡点多设计在发动机最高转速点。

② 双参数换挡规律。双参数换挡规律是应用较多的形式。采用这种换挡控制，当两个控制参数（具有一定的比例关系）达到一定值时自动发出换挡指令，接合合适的挡位。常用车速（v）和发动机节气门开度（α）作为控制参数。实际操作中，驾驶人可以通过控制节气门开度干预换挡，例如，快速松开加速踏板时可以提前换入高挡，而猛踩加速踏板时可以强制换入低挡。

这种控制方法相对复杂，但可以选择最优的动力性或经济性进行换挡或两者兼顾。

在图 3.47 所示的换挡规律中，自动变速的降挡点（图中的虚线）比升挡点（图中的实线）晚，称为换挡延迟（也称降挡速差），其主要作用如下。

① 保证换挡控制的相对稳定性。自动换入新的挡位后，不会因为加速踏板振动或者车速稍有升降而重新换入原来的挡位。

② 有利于减少循环换挡（一会儿降到低挡，一会儿又升入高挡），避免对汽车行驶性能产生不利影响。

③ 驾驶人可以干预换挡，即可以通过控制加速踏板改变换挡点，进行提前升挡或提前降挡。

④ 改变换挡延迟可以改变换挡点，以适应动力性、经济性等方面的不同需要。

按照换挡延迟的变化不同，换挡规律可分为等延迟型、收敛型、发散型、组合型四种，如图 3.48 所示，它们对动力性和经济性各有侧重。

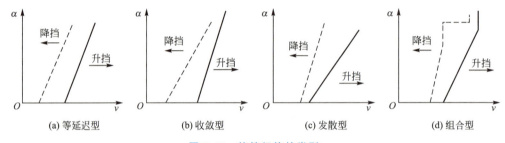

图 3.48 换挡规律的类型

① 等延迟型换挡规律。等延迟型换挡规律如图 3.48（a）所示，换挡延迟与节气门开度无关，无论节气门开度如何，换挡延迟都相等。等延迟型换挡规律常用于单参数换挡规律中，其优点是换挡次数最少，主要用于城市公共交通车辆。

② 收敛型换挡规律。收敛型换挡规律如图 3.48（b）所示，换挡延迟随着节气门开度的增大而减小。大节气门开度时换挡延迟小，有利于提前换入高挡，动力性好；小节气门开度时换挡延迟大，有利于减少换挡次数，燃油经济性好。这种换挡规律用于经常在大节气门开度下工作的重型汽车。

③ 发散型换挡规律。发散型换挡规律如图 3.48（c）所示，换挡延迟随着节气门开度的增大而增大。小节气门开度时换挡延迟小，有利于提前换入高挡；大节气门开度时换挡延迟大，有利于减少换挡次数。这种换挡规律适用于行驶阻力变化不大、经常在小节气门开度下工作的轻型汽车。

④ 组合型换挡规律。组合型换挡规律如图 3.48（d）所示，其由两种以上换挡规律组成，可以在不同的节气门开度下得到不同的换挡规律。一般在小节气门开度时以减少油耗和污染、提高舒适性为主；在大节气门开度时以提高动力性为主。汽车实际上采用的都是组合型换挡规律。

图 3.49 所示为某款车 3 挡自动变速器的组合型换挡规律曲线，实线为升挡点曲线，虚线为降挡点曲线。换挡控制器上共有两种选择，即"D"和"L"（选择"D"时，从 1 挡到 3 挡范围内自动换挡，选择"L"时在 1 挡与 2 挡之间自动换挡）。

图 3.49 中的双点画线为液力变矩器的闭锁与解锁控制规律，采用单参数等延迟型换挡规律，闭锁与解锁点只与车速（变速器的输出轴转速）有关。

动力传动系统、汽车类型不同，换挡规律也不同。一般需经过理论设计、台架与道路试验确定换挡规律。

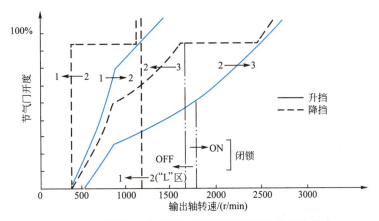

图 3.49　某款车 3 挡自动变速器的组合型换挡规律曲线

此外，增加电子控制后，按照自动变速系统可实现汽车行驶的最佳动力或经济性指标，上述换挡规律还分为动力型换挡规律和经济型换挡规律（在液控式自动变速器中只能兼顾动力性与经济性的某一要求）。

动力型换挡规律（一般标记为 P 或 S）是以汽车在行驶中的动力性（最大车速、爬坡性能、加速性能等）最优为目标而设计的换挡规律，其设计原则主要是充分发挥发动机的功率潜力，提高汽车平均行驶速度；经济型换挡规律（一般标记为 E）是以汽车发动机的燃油消耗最低为目标而设计的换挡规律。通常在换挡控制器上有这两种控制模式的选择开关。

（2）换挡方法。

下面以电控液力自动变速器的换挡过程为例，说明自动变速器的换挡方法。

电液换挡控制通过电磁阀控制液压油驱动换挡阀，实现升挡或降挡操作。图 3.50 给出了采用二位二通电磁阀控制一个二位三通换挡阀的电液换挡控制原理。

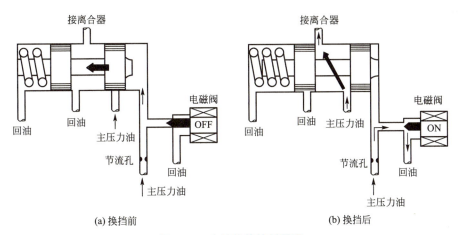

图 3.50　电液换挡控制原理

未向电磁阀发出换挡控制信号时，阀芯将换挡阀左端与液压系统回油通路关闭，压力油推动换挡阀阀芯使其保持在左端位置，离合器油缸进油通路与回油通路相通，离合器处于分离状态，如图 3.50（a）所示。

向电磁阀发出换挡指令后,阀芯将换挡阀左端与液压系统回油通路打开,压力油经过节流孔流向回油通路,换挡阀阀芯保持在右端位置,离合器油缸进油通路与供油通路相通,离合器处于接合状态,如图 3.50(b)所示。在如图 3.50 所示的结构中,由于电磁阀控制油路中有节流孔,因此主压力油的压力不会降低。

图 3.51 所示为一种由二位三通电磁阀控制换挡阀同时控制两个离合器的换挡控制原理。图 3.51(a)表示未向电磁阀发出换挡控制信号时,离合器 C_1 接合,C_2 分离;图 3.51(b)表示向电磁阀发出换挡指令后,离合器 C_2 接合,C_1 分离。

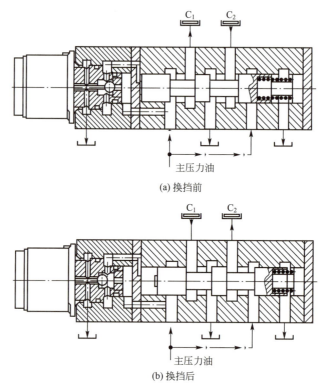

图 3.51 同时控制两个离合器的换挡控制原理

如果要求控制多个挡位的多个不同离合器或制动器,则需要多个电磁阀和换挡阀组成换挡控制系统。

3.2.5 自动变速器的使用

1. 自动变速器操纵手柄的使用

乘用车自动变速器的操纵手柄通常有六个位置,如图 3.52 所示。其功能如下。

(1) P 位:驻车挡。将操纵手柄置于此位置时,驻车锁止机构将自动变速器输出轴锁止。

(2) R 位:倒挡。将操纵手柄置于此位置时,液压系统倒挡油路接通,驱动轮反转,实现倒车行驶。

(3) N 位:空挡。将操纵手柄置于此位置时,所有行星齿轮机构都空转,不能输出动力。

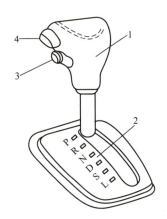

1—操纵手柄；2—挡位；3—超速挡开关或保持开关；4—锁止按钮。

图 3.52 自动变速器操纵手柄

（4）D 位：前进挡。将操纵手柄置于此位置时，液压控制系统根据节气门开度信号和车速信号自动接通相应的前进挡油路，行星齿轮变速器在换挡执行元件的控制下得到相应的传动比。随着行驶条件的变化，在前进挡中自动升降挡，实现自动变速功能。

（5）S 位（也称 2 位）：高速发动机制动挡。将操纵手柄置于此位置时，液压控制系统只能接通前进挡中的 1、2 挡油路，自动变速器只能在这两个挡位间自动换挡，无法升入更高的挡位，从而使汽车获得发动机制动效果。

（6）L 位（也称 1 位）：低速发动机制动挡。将操纵手柄置于此位置时，汽车被锁定在前进挡的 1 挡，只能在该挡位行驶而无法升入高挡，发动机制动效果更强。

S 位和 L 位这两个挡位多用于山区等路况的行驶，可避免频繁换挡，从而提高变速器的使用寿命。

只有将操纵手柄置于 N 位或 P 位时，发动机才能起动，此功能靠空挡起动开关实现。

2. 自动变速器控制开关的使用

电控式自动变速器除可用操纵手柄控制换挡外，还可通过操纵手柄或汽车仪表板上的一些控制开关来进行其他控制。不同车型的自动变速器，控制开关的数量和名称不尽相同，常见的有以下几种。

（1）O/D 开关。

O/D 开关用来控制自动变速器的超速挡。当 O/D 开关接通时，自动变速器在 D 位下最高可升至超速挡（如 4 挡）；当 O/D 开关断开后，仪表板上的 O/D OFF 指示灯亮起，自动变速器最高只能升至直接挡（3 挡），不能升入超速挡。

（2）模式开关。

大部分电控式自动变速器都有一个模式开关，用来选择自动变速器的控制模式，即自动变速器不同的换挡规律，以适应不同路况的使用要求。常见的控制模式有以下几种。

① 经济模式。在经济模式下，自动变速器的换挡规律将尽可能使发动机经常处于经济转速范围内，从而提高燃油经济性。

② 动力模式。在动力模式下，自动变速器的换挡规律能使发动机经常处于大功率范围内，从而提高汽车的动力性和爬坡能力。

③ 标准模式。在标准模式下，自动变速器的换挡规律使汽车既保证一定的动力性，又有较好的燃油经济性。

(3) 保持开关。

保持开关也称挡位锁定开关。按下这个开关后，自动变速器的自动换挡作用消失，只能手动换挡。保持开关通常设置在操纵手柄上（图 3.52）。也有一些自动变速器将此开关设置在操纵手柄处的地板上，并在开关两端标有"A"和"M"（A 表示自动换挡，M 表示手动换挡）。

3.2.6 自动变速器的检验

1. 基础检查

(1) 发动机怠速检查。

进行发动机怠速检查的目的是确定当自动变速器操纵手柄置于 P 位或 N 位时，汽车发动机的怠速转速是否在规定范围内。

发动机怠速检查的条件：发动机达到正常工作温度，安装空气滤清器，进气系统所有的管路和软管均接好，所有附件（包括空调在内的用电器）均关闭，所有的真空管路（包括废气再循环装置）均正确连接，电子控制燃油喷射系统的配线连接器完全插好，点火正时设定正确，同时自动变速器操纵手柄位于 N 位。

满足上述条件后，可将转速表接至发动机并开始怠速检查。检查时，最好先将发动机以 2500r/min 的转速高速空转 1.5s，再检查怠速转速。通常装有自动变速器的汽车发动机怠速为 750r/min，若怠速不符合规定，则应检查并调整怠速控制阀和进气装置。

(2) 自动变速器油位检查。

自动变速器油位检查主要检查自动变速器油位是否在规定范围内，同时一并检查油液的品质。在发动机怠速期间将自动变速器操纵手柄从 P 位转换为 L 位，再回到 P 位，然后检查油位是否在规定范围内。

检查油位时要注意以下几点。

① 必须在自动变速器（不是发动机）升温后（70~80℃）检查油位。

② 在检查油位期间不要关闭发动机。

③ 如果必须在自动变速器油温度较低时检查油位（如在更换自动变速器油期间），则将油位调整在热与冷范围之间，然后起动发动机，挂上挡位，热机后在热范围内检验。

虽然近期内未曾更换自动变速器油，但油液品质正常，而且汽车能正常行驶，说明自动变速器工作基本正常，不必拆修。若自动变速器油只有轻微变质或有轻微焦味，则说明自动变速器内的摩擦片有少量磨损，可换油后做进一步检查。如换油后自动变速器能正常工作，无明显故障，则此自动变速器可继续使用，不必拆修。若自动变速器油有明显的变质或有严重焦味，则进一步拆检油底壳。若油底壳内有大量摩擦材料粉末沉淀，则说明自动变速器磨损严重，应立即拆修。

(3) 节气门全开检验。

进行节气门全开检验的目的是检查在加速踏板踩到底，发动机的节气门应全开时，发动机的输出功率是否在规定的范围内。

如经检验发现节气门开度不符合要求，则应对发动机节气门操纵系统进行必要的检查和调整。

（4）**空挡起动开关检验**。

空挡起动开关检验的目的是检查汽车发动机是否只有在自动变速器操纵手柄处于 N 位或 P 位时方可起动，以及倒车灯开关是否只有在自动变速器操纵手柄置于 R 位时才接通，从而使倒车灯点亮。检查时，若发现发动机在自动变速器操纵手柄被置于除 N 位和 P 位以外的其他位置（如 D 位、2 位、1 位等）时也能起动，则应进行调整。

（5）**O/D 开关检验**。

O/D 开关检验用于确认自动变速器的超速挡电控系统是否工作正常。检查时，自动变速器油温应处于正常状态（70～80℃），然后将发动机熄火，点火开关置于 ON 位置，按下 O/D 开关，查听位于变速器内的相应电磁阀有无动作时发出的"咔嗒"声，如有"咔嗒"声，则说明被检自动变速器的超速挡电控系统工作正常。若要确认自动变速器是否有超速挡，则必须进行道路试验。

2．失速试验

将自动变速器操纵手柄置于 **D 位**或 **R 位**，踩住制动踏板并完全踩下加速踏板时，发动机处于最大转矩工况，而自动变速器的输出轴及输入轴均静止不动，液力变矩器的涡轮不动，只有液力变矩器壳及泵轮随发动机转动，此工况称为失速工况，此时发动机的转速称为**失速转速**。

（1）失速试验的目的。

失速试验的目的是检查发动机输出功率、液力变矩器及自动变速器中制动器和离合器等换挡执行元件是否正常工作。

（2）准备工作。

① 驾驶汽车，使发动机和自动变速器均达到正常工作温度。

② 检查汽车的行车制动和驻车制动，确认其性能良好。

③ 检查自动变速器油液面高度，液面应正常。

（3）试验步骤。

失速试验的试验步骤如图 3.53 所示。

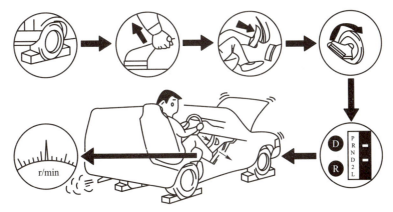

图 3.53　失速试验的试验步骤

① 将汽车停放在宽阔的水平路面上，前后车轮用三角木塞住。

② 拉紧驻车制动器，左脚用力踩住制动踏板。

③ 起动发动机。

④ 将自动变速器操纵手柄置于 D 位。

⑤ 在左脚踩紧制动踏板的同时，右脚将加速踏板踩到底且发动机转速不再升高时，迅速读取发动机转速。

⑥ 松开加速踏板。

⑦ 将自动变速器操纵手柄置于 P 位或 N 位，使发动机怠速运转 1min，以防止油液因温度过高而变质。

⑧ 将自动变速器操纵手柄置于其他挡位（R 位、L 位或 2 位、1 位），进行同样的试验。

在失速工况下，发动机的全部动力消耗在液力变矩器内油液的内部摩擦损失上，油液的温度急剧上升，因此在失速试验中，从踩下加速踏板到松开的整个过程的时间不得超过5s，否则会使油液温度过高而变质，甚至损坏密封圈等零件。

不同车型的自动变速器，失速转速标准不同。大部分自动变速器的失速转速标准约为2300r/min。若失速转速与标准值相符，则说明自动变速器的油泵、主油路油压及各个换挡执行元件工作基本正常；若失速转速高于标准值，则说明主油路油压过低或换挡执行元件打滑；若失速转速低于标准值，则可能是发动机动力不足或液力变矩器有故障。

3. 时滞试验

发动机怠速运转时，将自动变速器操纵手柄从 N 位拨至 D 位或 R 位后，需要有短时间的迟滞或延时使自动变速器完成换挡工作，这段时间称为自动变速器换挡迟滞时间。

(1) 试验目的。

测出换挡迟滞时间可判断主油路油压及换挡执行元件是否正常工作。

(2) 试验步骤。

时滞试验的试验步骤如图 3.54 所示。

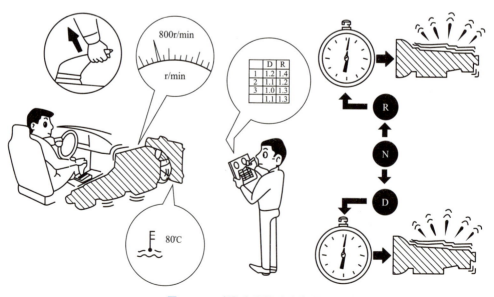

图 3.54　时滞试验的试验步骤

① 驾驶汽车，使发动机和自动变速器均达到正常工作温度。

② 将汽车停放在水平地面上，拉紧驻车制动器。

③ 检查发动机怠速，如不正常，则应按标准予以调整。

④ 将自动变速器操纵手柄从 N 位拨至 D 位，用秒表测量从拨动操纵手柄开始到感觉到汽车振动为止的时间，该时间称为 N-D 迟滞时间。

⑤ 将操纵手柄拨至 N 位，使发动机怠速运转 1min 后，再做一次同样的试验。

⑥ 进行三次上述试验，取其平均值。

⑦ 按上述方法，将操纵手柄由 N 位拨至 R 位，测量 N-R 迟滞时间。

（3）时滞试验的参考值。

N-D 迟滞时间约为 1.2s 或更少，N-R 迟滞时间约为 1.5s 或更少。

如果在本试验中测得的时间在规定范围内，说明自动变速器部件正常。若 N-D 迟滞时间过长，则说明前进挡主油路油压过低，前进挡离合器摩擦片磨损过多或前进挡单向离合器工作不良；若 N-R 迟滞时间过长，则说明倒挡主油路油压过低，倒挡离合器或倒挡制动器摩擦片磨损过多或工作不良。

4. 油压试验

自动变速器油压对自动变速器的工作影响很大。油压过高，会造成自动变速器换挡时冲击过大，液压系统也容易损坏；油压过低，会使离合器、制动器等换挡执行元件打滑，影响自动变速器正常工作，而且加速了离合器和制动器摩擦片的磨损，严重时会导致摩擦片烧坏。

因此，油压试验是自动变速器检修中的一项重要检验内容。

（1）试验目的。

测量液压控制系统管路中的油压，用以判断油泵、阀、离合器和制动器的工作性能。

（2）准备工作。

① 驾驶汽车，使发动机和自动变速器均达到正常工作温度。

② 将汽车停放在水平路面上，检查发动机怠速和自动变速器油的油面高度，如不正常，则应调整。

③ 准备一个量程为 2MPa 的压力表。

④ 找出自动变速器各个油路测压孔的位置。通常在自动变速器外壳上有几个用方头螺塞堵住的用于测量不同油路油压的测压孔。

（3）试验步骤。

测试主油路油压时，应分别测出前进挡和倒挡的主油路油压。

油压试验的试验步骤如图 3.55 所示。

① 前进挡主油路油压的测试。拆下自动变速器壳体上的主油路测压孔或前进挡油路测压孔螺塞，接上油压表。起动发动机，将自动变速器操纵手柄置于 D 位，读取发动机怠速运转时的油压。该油压即怠速工况下的前进挡主油路油压。

踩住制动踏板，同时将加速踏板踩到底，在失速工况下读取油压。该油压即失速工况下的前进挡主油路油压。

将自动变速器操纵手柄置于 N 位或 P 位，使发动机怠速运转 1min 以上。将自动变速器操纵手柄拨至各个前进低挡位置，重复上述步骤，读取各个前进低挡在怠速工况和失速

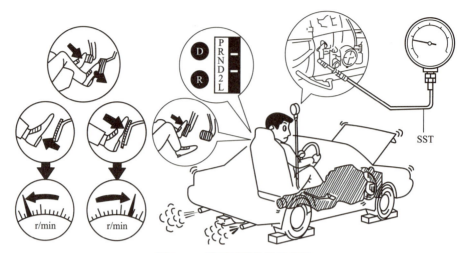

图 3.55 油压试验的试验步骤

工况下的主油路油压。

②倒挡主油路油压的测试。拆下自动变速器壳体上的主油路测压孔或倒挡油路测压孔螺塞,接上油压表。起动发动机,将自动变速器操纵手柄置于 R 位。在发动机怠速运转工况下读取油压。该油压即怠速工况下的倒挡主油路油压。

踩住制动踏板,同时将加速踏板踩到底,在发动机失速工况下读取油压。该油压即失速工况下的倒挡主油路油压。

将自动变速器操纵手柄置于 N 位,使发动机怠速运转 1min 以上,将测得的主油路油压与标准值进行比较。不同车型自动变速器的主油路油压不完全相同,若主油路油压不正常,则说明油泵或控制系统有故障。

5. 道路试验

由于自动变速器最终是以其在汽车行驶状态下表现的使用性能和换挡性能评价的,因此道路试验是重要的也是必需的试验。

(1) 试验目的。

道路试验是进一步检查和分析自动变速器的故障原因及检验修复后的自动变速器的功能是否正常的有效手段。

(2) 试验内容。

道路试验是对自动变速器性能的最终检验,检验内容侧重于换挡点、换挡冲击、振动、噪声和打滑等。

(3) 准备工作。

① 道路试验前,汽车的发动机、底盘等各总成或系统的技术状态应完好,自动变速器应通过各种检查和试验。

② 进行道路试验时,自动变速器油温应处于正常状态,即 70~80℃。

③ 将 O-D 开关置于 ON 位置,并将模式开关置于标准模式或经济模式位置。

④ 设法找到被试车型自动变速器的换挡规律图或换挡点表,以便对照检查。

(4) 试验方法。

① D位的升挡和降挡试验。将自动变速器操纵手柄置于D位，踩下加速踏板，使节气门开度保持在1/2，汽车加速行驶。检查内容如下。

a. 自动变速器是否自动按1→2挡、2→3挡、3→超速挡的规律自动升挡。若自动变速器不能升入高挡，则说明控制系统或换挡执行元件有故障。

当察觉到自动变速器升挡时，记下升挡车速。一般4挡自动变速器在节气门开度保持在1/2时，由1挡升至2挡的车速为25～35km/h，由2挡升至3挡的车速为55～70km/h，由3挡升至4挡的车速为90～120km/h。

由于升挡车速和节气门开度有很大的关系，即节气门开度不同时，升挡车速不同，而且不同车型的自动变速器各挡位传动比的大小不同，其升挡车速也不完全一样，因此，只要升挡车速基本保持在上述范围内，并且汽车行驶中加速良好、无明显的换挡冲击，就可认为升挡车速基本正常。

若汽车行驶时加速无力，升挡车速明显低于上述范围，则说明升挡车速过低（升挡过早）；若汽车行驶中有明显的换挡冲击，升挡车速明显高于上述范围，则说明升挡车速过高（升挡太迟）。

升挡车速太低一般由控制系统的故障导致；升挡车速太高可能由控制系统的故障导致，也可能是换挡执行元件发生故障。

b. 升挡时有无出现换挡冲击、打滑及振动等现象。如果有明显的换挡冲击，则可能是主油路的油压过高，蓄能器或单向阀不良。

c. 锁止离合器的工作状况的检查。使自动变速器升至超速挡，当汽车以80km/h的车速稳定行驶时，踩下加速踏板，发动机转速应无明显变化，否则说明锁止离合器不起作用，通常是锁止离合器控制系统有故障。

d. 自动变速器降挡检查。汽车从超速挡→3挡、3→2挡、2→1挡降挡时车速是否符合标准值。

e. 降挡时有无异常的振动和噪声。

② 在S位（或2位）下的试验。将自动变速器操纵手柄置于S位（或2位），使节气门保持一定的开度，检查内容如下。

a. 自动变速器是否自动地从1挡升至2挡，换挡车速与标准值是否相符。

b. 自动变速器在2挡下行驶时，松开加速踏板，检查有无发动机制动效果。如果无发动机制动，则说明2挡制动器有故障。

c. 升挡和降挡时有无异常噪声和冲击。

③ 在L位（或1位）下的试验。汽车在L位（或1位）行驶时，加速或减速时有无异常噪声。当突然松开加速踏板时，检查有无发动机制动效果。如果无发动机制动，则说明控制系统或前进强制离合器有故障。

④ 强制降挡试验。汽车在D位下中速行驶，保持节气门开度为1/3左右，迅速将加速踏板踩到底，检查自动变速器是否被强制降低一个挡位（应有明显的增矩效果）。松开加速踏板，自动变速器又回到高挡位。

若踩下加速踏板后没有出现强制降挡，则说明强制降挡功能失效。如果有强制降挡，但在降挡时发动机的转速异常高（高于5000r/min），并在松开加速踏板升挡过程中出现冲击，则说明换挡执行元件磨损严重而打滑，应拆修自动变速器。

⑤ R位试验。停车后，将自动变速器操纵手柄置于R位，应能够迅速倒车，并无打

滑现象。

⑥P位试验。在坡度大于9%的坡道上停车,换入P位,松开驻车制动和制动踏板后应不溜车。

6. 手动换挡试验

(1) 试验目的。

手动换挡试验用于确定电控式自动变速器故障是在电子控制系统还是其他部位。

(2) 试验方法。

将自动变速器换挡电磁阀线束接线器脱开,使自动变速器ECU失去自动控制换挡作用,然后手动换挡,检查自动变速器是否能正常工作,即观察发动机转速和车速的对应关系,以判断自动变速器所处的挡位。

不同车型的电控自动变速器在脱开换挡电磁阀后,操纵手柄位置与变速器实际工作挡位的对应关系不尽相同,大多数型号的对应关系见表3-5。

表3-5 操纵手柄位置和工作挡位的对应关系

操纵手柄位置	工作挡位	操纵手柄位置	工作挡位
P	驻车挡	D	超速挡
R	倒挡	S	3挡
N	空挡	L	1挡

若操纵手柄位的位置与自动变速器所处的挡位相对应,则说明电控自动变速器的阀体及换挡执行元件正常工作。

电控自动变速器工作不良的故障原因可能出自电子控制系统。如果手动换挡试验出现异常,则说明自动变速器的液压控制系统或换挡执行元件有故障,应通过其他试验方法确定故障范围。

试验结束后,接上电磁阀线束接线器,同时清除计算机中的故障码,防止因脱开电磁阀线束接线器而产生的故障码保存在计算机中,影响自动变速器的故障自诊断工作。

3.3 机械式自动变速器

3.3.1 机械式自动变速器概述

1. 机械式自动变速器的组成

机械式自动变速器是在传统的平行轴(固定轴)式齿轮变速器的基础上增加一套汽车起步、换挡自动控制机构而成的。用电子技术改造传统的手动机械式变速器使其自动化,不仅保留原齿轮变速器效率高、成本低等长处,而且具有自动换挡带来的优点。

机械式自动变速器在传统的手动机械变速器和干式(或湿式)离合器的基础上增加了电控系统。用液压执行机构代替原来的手动变速操纵机构和离合器踏板式控制机构,并依据变速器ECU内部预存的控制程序,对离合器的接合与分离、变速器挡位的变换进行自动化控制，即成为机械式自动变速器。

2. 机械式自动变速器的工作原理

机械式自动变速器的工作原理如图 3.56 所示。驾驶人通过加速踏板和操纵手柄的操纵，选定变速器功能和节气门状态，传感器监测汽车的各工作参数，变速器 ECU 根据存储器中存储的程序（最佳换挡规律、离合器最佳接合规律、发动机节气门调节规律等）控制离合器接合、节气门开度及换挡，以实现最佳匹配，从而获得良好的行驶性能、平稳的起步性能和迅速换挡能力。

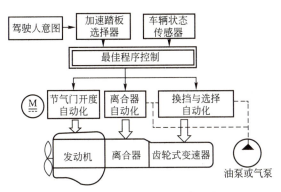

图 3.56 机械式自动变速器的工作原理

3. 机械式自动变速器的分类

在乘用车领域使用的机械式自动变速器主要有平行轴式自动变速器和双离合器式自动变速器两大类。平行轴式自动变速器只有日本本田汽车公司采用，而双离合器式自动变速器的应用非常广泛，其中以德国大众汽车公司的直接换挡变速器最具代表性。

3.3.2 平行轴式电控自动变速器

1. 平行轴式电控自动变速器的结构

本田乘用车采用平行轴式自动变速器，其变速机构的工作原理与手动变速器基本相同，不同点只在于它由液压离合器控制不同挡位齿轮的啮合。倒挡是靠多啮合一个中间齿轮实现的，倒挡控制机构通过拨动啮合套使倒挡齿轮与输出轴啮合。

在本田平行轴式自动变速器中只有离合器，没有制动器。有些平行轴式自动变速器内部还有一个单向离合器，以实现 1 挡时的滑行。本田平行轴式自动变速器有两轴式、两轴+辅助轴式和三轴式等形式。

常见的三平行轴式自动变速器的结构及动力传动路线如图 3.57 所示。

2. 平行轴式电控自动变速器的特点

平行轴式电控自动变速器具有良好的动力性和经济性，传动机构、液压控制机构（油路、电磁阀）相对简单，制造和维护成本均较低。但是，受平行轴式自动变速器变速原理的限制，其体积较大，而且难以实现更多挡位。因此，近年来，本田汽车公司开始逐步以无级自动变速器取代平行轴式电控自动变速器。

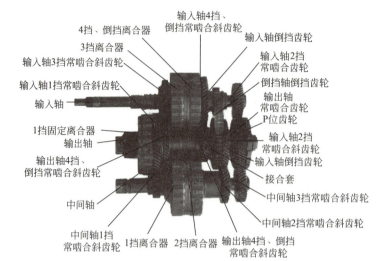

【拓展图文】

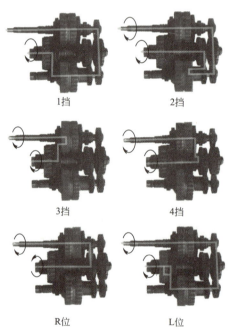

图 3.57 三平行轴式自动变速器的结构及动力传动路线

3.3.3 双离合器式电控自动变速器

1. 双离合器变速器概述

双离合器变速器（dual - clutch transmission，DCT）以传统手动变速器为基础，加入双离合器和电控组件而成，可以获得优异的动力性和良好的燃油经济性。

各个汽车公司对自己使用的、基于双离合器技术的自动变速器，命名有所区别：大众公司称为 DSG（direct shift gearbox），奥迪公司称为 S - Tronic，宝马公司称为 M DKG（M double clutch gearbox）或 M - DCT（M - dual clutch transmission），福特、沃尔沃公司称为 Power Shift，保时捷公司称为 PDK（Porsche doppel kupplung），三菱公司称为 TC-SST（twin clutch-super sport transmission），日产公司称为 GR6（rear gearbox 6 speed），等等。

2. 典型的双离合器变速器——大众公司 DSG

大众公司将双离合器式自动变速器称为 DSG（直接换挡变速器）。大众汽车公司在乘用车领域使用的 DSG 有 02E 型、0AM 型等，其性能指标及应用车型见表 3-6。

表 3-6　02E 型和 0AM 型 DSG 的性能指标及应用车型

型号	02E 型	0AM 型
总成质量	前轮驱动车型约 94kg，四轮驱动车型约 109kg	约 70kg
最大转矩	350N·m	250N·m
离合器	两个多片湿式离合器	两个干式离合器
挡位	6 个前进挡，1 个倒挡	7 个前进挡，1 个倒挡
工作模式	自动换挡模式和手动换挡模式（Tiptronic），即手自一体式操作	
应用车型	高尔夫 R32、帕萨特 3.0L V6 等	朗逸 1.4TSI、迈腾 1.8T、波罗 GTI 等

02E 型 DSG（图 3.58）采用两个多片湿式离合器，具有 6 个前进挡和 1 个倒挡；0AM 型 DSG（图 3.59）采用两个干式离合器，具有 7 个前进挡和 1 个倒挡。两种 DSG 均具有自动换挡模式和手动换挡模式，即均可进行手自一体式操作。

图 3.58　02E 型 DSG

两种 DSG 的基本工作原理相同，只是前进挡数目和离合器的结构形式不同。

下面以 0AM 型 DSG 为例，介绍其基本工作原理。如图 3.60 所示，DSG 由两个相互独立的子变速器组成，每个子变速器的功能、结构都与传统的手动变速器相同。每个子变速器都有一个干式离合器，离合器的接合、分离及该子变速器各个挡位齿轮副的啮合都受机械电子单元的控制。

子变速器 1 由离合器 K_1、输入轴 1、输出轴 1 及 1、3、5、7 挡齿轮副组成；子变速器 2 由离合器 K_2、输入轴 2、输出轴 2、输出轴 3 及 2、4、6 挡和倒挡齿轮副组成。

两个子变速器交替工作，即两个子变速器不同时工作。当离合器 K_1 处于接合状态时，子变速器 1 工作，此时机械电子单元通过控制换挡执行机构，可以形成 1、3、5、7 挡；

图 3.59 0AM 型 DSG

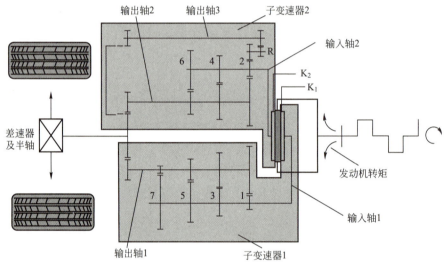

图 3.60 0AM 型 DSG 结构简图

当离合器 K_2 处于接合状态时，子变速器 2 工作，此时机械电子单元通过控制换挡执行机构，可以形成 2、4、6 挡及倒挡。

3. 双离合器变速器的特点

（1）换挡迅速，操控性和舒适性好。双离合器变速器的换挡时间非常短（约 200ms），比传统手动变速器的换挡时间还要短。特别是当高速挡齿轮副处于预备状态时，变速器的升挡时间极短，具有优异的操控性能，这也是双离合器变速器得以在赛车上大量应用的原因之一。

（2）换挡过程中几乎没有转矩损失，经济性好。双离合器变速器在换挡过程中消除了转矩的中断（发动机空转时间仅以毫秒计），来自发动机的动力可以得到持续利用。因此，双离合器变速器比行星齿轮式自动变速器利于提升燃油经济性，油耗约降低 15%，具有良好的经济性。

（3）换挡过程无顿挫感，乘坐舒适性好。由于双离合器变速器换挡时间短、换挡平顺，车身的顿挫感已经小到人体难以察觉的程度，因此装备该种变速器的汽车具有良好的乘坐舒适性。

3.4 无级自动变速器

3.4.1 无级变速器概述

无级变速器是传动比可以在一定范围内连续变化的变速器。它通过传动带和工作直径可变的主、从动带轮配合来传递动力,可以实现传动比的连续改变,从而得到传动系统与发动机工况的最佳匹配,最大限度地利用发动机的特性,提高汽车的动力性和燃油经济性。常见的无级变速器是金属带式无级变速器。

图 3.61 所示为金属带式无级变速器的变速原理。变速部分由主动带轮(也称初级轮)、金属带和从动带轮组成。每个带轮都由两个带有斜面的半带轮组成,其中一个半轮是固定的,另一个半轮可以通过液压控制系统控制其轴向移动,两个带轮之间的中心距是固定的。由于两个带轮的直径可以连续无级变化,因此形成的传动比也是连续无级变化的。

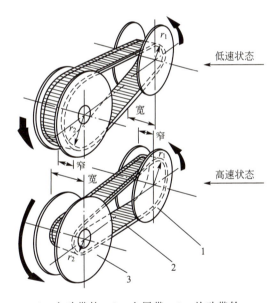

【拓展图文】

1—主动带轮;2—金属带;3—从动带轮。
图 3.61 金属带式无级变速器的变速原理

目前,国内常见的采用了无级变速器的有奥迪 A6 的 Multitronic 手动/自动一体无级变速器、派力奥 Speedgear 手动/自动一体式无级变速器、飞度的无级变速器、旗云的 VT1F 无级变速器、天籁的 X-TRONIC 无级变速器等。

3.4.2 无级变速器的基本组成和工作原理

无级变速器主要由无级变速传动机构和电子控制系统两部分组成。

1. 无级变速传动机构

一般无级变速机构的传动比为 0.44～4.69，需要在其后增加主减速器，在其前配置电磁离合器或带有锁止离合器的液力变矩器。

图 3.62 所示为带液力变矩器的无级变速器结构，图 3.63 所示为带液力变矩器的无级变速器实物。

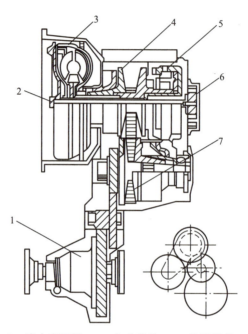

1—差速器；2—输入轴；3—液力变矩器；4—主动带轮；5—换挡机构；6—液压泵；7—金属带。

图 3.62 带液力变矩器的无级变速器结构

图 3.63 带液力变矩器的无级变速器实物

金属带是无级变速器的关键部件，其结构如图 3.64 所示。它是由一层层带有 V 形斜面的金属片通过柔性钢带组成的，靠 V 形金属片传递动力，而柔性钢带只起支承与保持作用。与普通的带传动不同，这种带在工作时相当于由主动带轮通过钢带推着从动带轮旋转来传递动力。一般金属带总长约为 600mm，由 300 块金属片组成，每片厚度约为 2mm，宽度约为 25mm，高度约为 12mm。每条带包含柔性金属带 2～11 条，每条厚度约为 0.18mm。生产出能够传递高转矩和高转速的 V 形金属带是研究无级变速传动的核心问题之一。

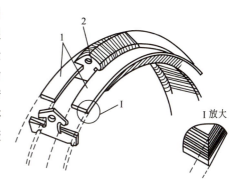

2. 电子控制系统

（1）控制系统的组成。

图 3.65 所示为一种电液控制的无级变速传动的控制系统。

系统中包括电磁离合器的控制和金属带的变速控制。变速比由发动机节气门信号和主动带轮转速决定，变速器 ECU 根据发动机的转速、车速、节气门位置、换挡控制器（一般仅有 P、R、N、D 位供选择）信号控制电磁离合器，以及控制带轮上液压伺服缸的压力，实现无级变速。

1—柔性钢带；2—金属片。

图 3.64 金属带的结构

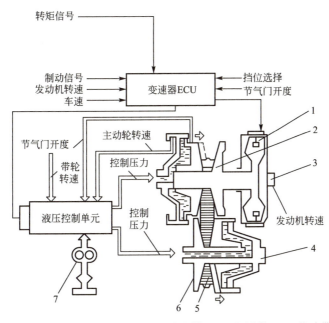

1—电磁离合器；2—主动带轮；3—输入轴；4—输出轴；5—金属带；6—从动带轮；7—液压泵。

图 3.65 无级变速传动的控制系统

一般在最高传动比（低挡）时控制压力最大，约为 2.2MPa；在最低传动比（高挡）时的控制压力最小，约为 0.8MPa。由于传动比仅受节气门和主动带轮转速的控制，因此控制的灵活性相对受到限制。

（2）控制方法。

将发动机转速作为反馈信号、节气门开度等作为输入信号控制带轮的压力、调节传动比的闭环电控无级变速传动控制系统如图3.66所示。这是一个全部输入和输出转速都能检测的闭环电子控制系统。驾驶人意图通过节气门开度及换挡控制器输入到电子控制系统。根据发动机的转速和转矩，确定施加到主、从动带轮上的压力，并由发动机转速（对应于主动带轮转速）构成转速反馈闭环控制，根据转速的偏差信号决定升挡或降挡变速，并输出控制信号到电液比例控制阀，控制作用在两个带轮上的液压伺服缸的压力。

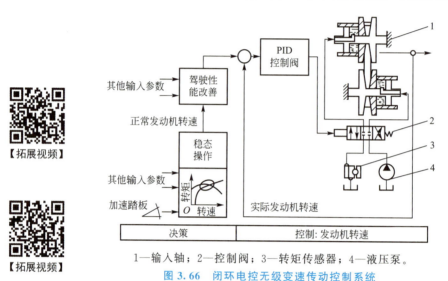

1—输入轴；2—控制阀；3—转矩传感器；4—液压泵。

图3.66 闭环电控无级变速传动控制系统

复习思考题

1. 简述汽车用自动变速器的类别。
2. 简述行星齿轮式电控自动变速器的结构组成和工作原理。
3. 简述大众公司DSG的结构组成和工作原理。
4. 简述金属带式无级自动变速器的结构组成和工作原理。

第 4 章
汽车制动稳定性控制系统

教学提示

  防抱死制动系统和牵引力控制系统能很好地提高汽车制动性能，逐渐成为汽车的标准配置。融合防抱死制动系统、牵引力控制系统和电子制动力分配技术的电子稳定程序技术的应用日益广泛。

教学要求

  本章主要介绍以防抱死制动系统、牵引力控制系统、电子稳定程序为代表的汽车制动稳定性控制系统。要求学生了解汽车制动稳定性控制系统在汽车上的应用情况和发展趋势，熟悉其基本组成和工作原理。

4.1 汽车防抱死制动系统

【拓展视频】

如果在汽车制动时车轮抱死滑移,则车轮与路面间的侧向附着能力完全丧失。防抱死制动系统(antilock braking system,ABS)的设计目的是在汽车制动过程中,无论道路情况如何,都将车轮滑移率控制在20%左右,从而保证汽车能获得最佳制动性能和转向操纵性能。

4.1.1 防抱死制动系统的功能和分类

1. 汽车制动时的车轮运动分析

在汽车制动过程中,当制动器制动力大于轮胎-道路附着力时,车轮会抱死滑移。只有汽车具有足够的制动器制动力,且地面能提供较大的附着力时,汽车才能获得良好的制动效果。

【拓展图文】

在汽车制动时,除车轮旋转平面的纵向附着力,还有垂直于车轮旋转平面的侧向附着力。在汽车制动过程中,纵向附着力决定汽车的纵向运动,影响汽车的制动距离;侧向附着力决定汽车的侧向运动,影响汽车的方向稳定性和转向操纵能力。

当汽车匀速行驶时,实际车速 v(车轮中心的纵向速度)与车轮速度 v_w(车轮滚动的圆周速度)相等,车轮在路面上的运动为纯滚动。然而,在汽车实际行驶过程中,驾驶人踩下制动踏板后,在制动器摩擦力矩的作用下车轮角速度减小,实际车速与车轮速度之间会产生速度差,轮胎与地面之间产生相对滑移。

轮胎滑移的程度用滑移率 S 表示。车轮滑移率的值等于实际车速 v 与车轮速度 v_w 之差同实际车速 v 的比值,即

$$S = \frac{v - v_w}{v} \times 100\% = \left(1 - \frac{v_w}{v}\right) \times 100\% = \left(1 - \frac{r\omega}{v}\right) \times 100\% \qquad (4-1)$$

式中,S 为车轮滑移率;v 为车速(车轮中心纵向速度,m/s);v_w 为车轮速度(车轮瞬时圆周速度,$v_w = r\omega$,m/s);r 为车轮半径(m);ω 为车轮转动角速度(rad/s)。

当 $v = v_w$ 时,滑移率 $S = 0$,车轮自由滚动;当 $v_w = 0$ 时,滑移率 $S = 100\%$,车轮完全抱死滑移;当 $v > v_w$ 时,滑移率 $0 < S < 100\%$,车轮既滚动又滑移。滑移率越大,车轮滑移程度越大。

汽车纵向附着系数和侧向附着系数对滑移率有很大影响。试验证明,在地面附着条件差(如在冰雪路面上制动)的情况下,由于道路附着力很小,可以得到的最大地面制动力减小,因此,在制动踏板力(或制动分泵压力)很小时,地面制动力达到最大附着力,车轮抱死滑移。

附着系数与滑移率的关系曲线如图4.1所示,由图可见如下规律。

(1) 附着系数取决于路面性质。一般干燥路面的附着系数大,潮湿路面的附着系数小,冰雪路面的附着系数更小。

(2) 在所有路面上,附着系数都随滑移率的变化而变化。

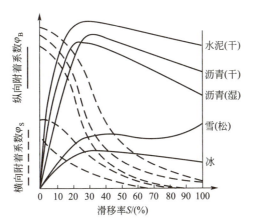

图 4.1 附着系数与滑移率的关系曲线

（虚线与实线标注的上下顺序一一对应）

（3）**在各种路面上，当滑移率为 20% 左右时，纵向附着系数最大，制动效果最好。**

纵向附着系数最大时的滑移率称为理想滑移率或最佳滑移率。当滑移率超过理想滑移率时，纵向附着系数减小，产生的地面制动力随之下降，制动距离增大。滑移率大于理想滑移率后的区域称为非稳定制动区域或非稳定区，如图 4.2 所示。

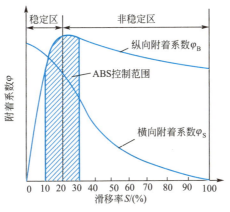

图 4.2 干燥硬实路面上附着系数与滑移率的关系曲线

横向附着系数是研究汽车行驶稳定性的重要指标。横向附着系数越大，汽车制动时的方向稳定性和保持转向控制的能力越强。当滑移率为零时，横向附着系数最大；随着滑移率的增大，横向附着系数逐渐减小。当车轮抱死时，横向附着系数接近零，汽车将失去方向稳定性和转向控制能力，其危害极大。

如果前轮抱死，虽然汽车能沿直线向前行驶，但是失去转向控制能力。由于前轮维持转向能力的横向附着力消失，因此汽车仍按原行驶方向滑行，可能冲入其他车道与其他车辆碰撞或冲出路面与障碍物碰撞而发生恶性交通事故，如图 4.3（a）所示。

如果后轮抱死，汽车的制动稳定性就变差，抵抗横向外力的能力很弱，后轮只要稍有外力（如侧向风力或地面障碍物阻力）作用就会发生侧滑（甩尾），甚至出现调头（突然出现 180°转弯）等危险现象，如图 4.3（b）所示。

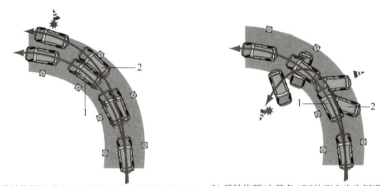

(a) 前轮抱死(未装备ABS的汽车失去转向控制能力)　(b) 后轮抱死(未装备ABS的汽车发生侧滑，甚至调头)

1—装备 ABS 的汽车；2—未装备 ABS 的汽车。

图 4.3　前轮和后轮分别抱死的行车状态

综上所述，为了获得最佳制动效能和制动时的方向稳定性，应将车轮滑移率控制在最佳滑移率（20％左右）范围内。采用 ABS，可使汽车在制动过程中自动调节车轮的制动力，防止车轮抱死滑移，从而缩短制动距离，提高方向稳定性，增强转向控制能力，减少交通事故的发生。

2. ABS 的作用

如图 4.4 所示，ABS 能防止汽车在常规制动过程中因车轮完全抱死而出现的后轮侧滑、前轮丧失转向能力等现象，从而充分发挥轮胎与路面间的潜在附着力，最大限度地提高汽车的制动性能，以及汽车在制动过程中的方向稳定性和转向操纵能力，从而满足行车安全的需要。

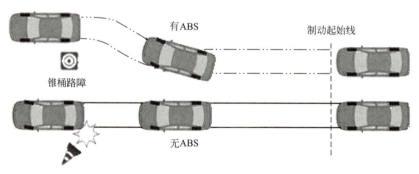

图 4.4　ABS 的作用

目前，ABS 产品的主流供应商有中国的京西重工（BWI Group），德国的博世（Bosch）、采埃孚（ZF），美国的威伯科（Wabco），日本的电装（Denso）。

3. ABS 的控制方式

在 ABS 中，能够独立调节制动压力的制动管路称为控制通道。如果可以对某车轮的制动压力单独调节，则称这种控制方式为独立控制；如果可以对两个（或两个以上）车轮的制动压力同时调节，则称这种控制方式为一同控制。

在对两个车轮的制动压力进行一同控制时，如果以保证附着力较大的车轮不发生制动抱死为原则调节制动压力,则称这种控制方式为高选原则;如果以保证附着力较小的车轮不发生制动抱死为原则调节制动压力,则称这种控制方式为低选原则。

按照控制通道数目的不同,ABS 有四通道、三通道、双通道和单通道四种控制方式。

(1) 四通道控制方式。

为了对四个车轮的制动压力进行独立控制,在每个车轮上都安装一个转速传感器,并在通往各制动轮缸的制动管路中各设置一个制动压力调节分装置(通道)。

对应于双制动管路的前后(H 型)或对角线(X 型)两种布置形式,四通道 ABS 也有两种布置形式,如图 4.5 所示。常见的使用四通道控制方式车型有奥迪(前轮驱动)、红旗、广汽本田(对角线布置)。

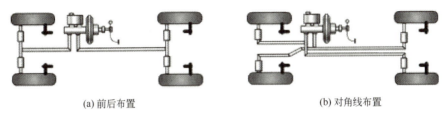

(a) 前后布置　　　　　　　　　　　　　(b) 对角线布置

图 4.5　四通道控制方式

前后布置形式的系统通过各车轮转速传感器的信号分别对各车轮制动压力进行独立控制,其制动距离和操纵性最好,但在附着系数不对称路面上制动时的方向稳定性较差,其原因是同一轴上左右车轮的制动力不同,从而使汽车产生较大的偏转力矩并发生制动跑偏。

对角线布置形式的系统由于四个车轮不共用一条制动管路,因此对它们实施一同控制(一般为低选控制)。四个车轮不是同一制动管路,故需要两个通道。此种控制方式的操纵性和方向稳定性较好,但制动效果稍差。

(2) 三通道控制方式。

四轮 ABS 大多为三通道系统,而三通道系统都是对两前轮的制动压力进行单独控制、对两后轮的制动压力按低选原则一同控制的,其布置形式如图 4.6 所示。三通道控制方式可以兼顾方向稳定性、转向操纵性和制动性等性能指标,而且制造成本低,故在对价格敏感的中低档乘用车领域得到了广泛的应用。

在图 4.6(a) 所示的按对角线布置的双管路制动系统中,虽然在通往四个制动轮缸的制动管路中各设置了一个制动压力调节分装置,但两个后制动压力调节分装置是由电子控制装置一同控制的,实际上仍是三通道 ABS。由于三通道 ABS 对两后轮进行一同控制,因此后轮驱动的汽车可以在变速器或主减速器中只设置一个转速传感器来检测两后轮的平均转速。

汽车紧急制动时会发生很大的轴荷转移(前轴荷增大,后轴荷减小),使得前轮的附着力比后轮的附着力大很多(前置前驱动汽车的前轮附着力占汽车总附着力的 70%~80%)。对前轮制动压力进行独立控制,可充分利用两前轮的附着力对汽车进行制动,有利于缩短制动距离,提高汽车的方向稳定性。

(3) 双通道控制方式。

双通道控制方式如图 4.7 所示。

图 4.7(a) 所示的双通道 ABS 在按前后布置的双管路制动系统的前后制动管路中各

163

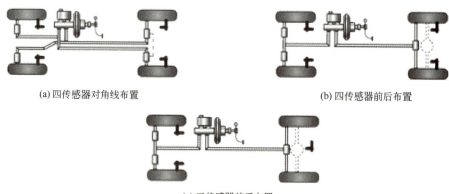

(a) 四传感器对角线布置　　　　(b) 四传感器前后布置

(c) 三传感器前后布置

图 4.6　三通道控制方式

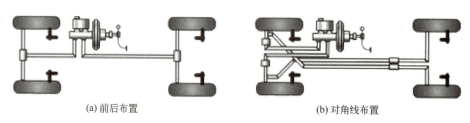

(a) 前后布置　　　　(b) 对角线布置

图 4.7　双通道控制方式

设置一个制动压力调节装置，分别对两前轮和两后轮进行一同控制。两前轮可以根据附着条件进行高选和低选转换，两后轮按低选原则一同控制。

图 4.7（b）所示的双通道 ABS 多用于制动管路按对角线布置的汽车上，对两前轮独立控制，制动液通过比例阀按一定比例减压后传给对角后轮。

由于双通道 ABS 难以兼顾方向稳定性、转向操纵性和制动距离等，因此很少采用。

（4）单通道控制方式。

单通道控制方式如图 4.8 所示。所有单通道 ABS 都是在前后布置的双管路制动系统的后制动管路中设置一个制动压力调节装置，后轮驱动的汽车只需在传动系统中安装一个转速传感器。

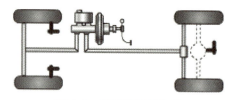

图 4.8　单通道控制方式

一般单通道 ABS 对两后轮按低选原则一同控制，其主要作用是提高汽车制动时的方向稳定性。单通道 ABS 具有结构简单、成本低的优点，在轻型货车上得到广泛应用。

4.1.2　防抱死制动系统的组成

通常情况下，**ABS** 是在普通制动系统的基础上加装车轮转速传感器、**ABS ECU**、制动压力调节器及制动控制电路（这里不展开介绍）等而成的，如图 4.9 所示。

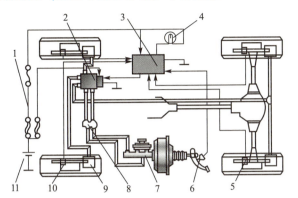

【拓展图文】

1—点火开关；2—制动压力调节器；3—ABS ECU；4—ABS 警告灯；
5—后轮转速传感器；6—制动灯开关；7—制动主缸；8—比例分配阀；
9—制动轮缸；10—前轮转速传感器；11—蓄电池。

图 4.9　ABS 的组成

1. 车轮转速传感器

车轮转速传感器又称轮速传感器、车轮速度传感器，其作用是检测汽车车轮的转速，主要有电磁式和霍尔式两种。

（1）电磁式车轮转速传感器。

为降低成本，目前大多数车轮转速传感器都为电磁式。电磁式车轮转速传感器由电磁感应传感头和信号转子两部分组成，其外形如图 4.10 所示。

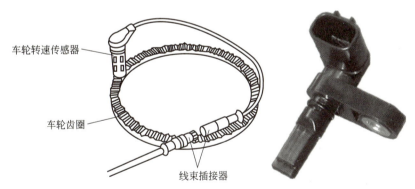

图 4.10　电磁式车轮转速传感器外形

电磁感应传感头用来产生感应电压，通常由永久磁铁、电磁线圈和极轴等构成，根据极轴的结构不同，可分为凿式极轴传感头和柱式极轴传感头两种，如图 4.11 所示。电磁感应传感头一般安装在车轮附近，如制动底板、转向节、半轴套管等处。

信号转子是一个齿圈，齿数多少与车型、ABS ECU 有关，一般安装在随车轮一起转动的部件上，如轮毂、半轴、制动盘等处。

电磁式车轮转速传感器的安装位置如图 4.12 所示。

电磁式车轮转速传感器输出的电压信号如图 4.13 所示。当车轮转速较高时，感应电压的频率和波幅均较大；反之，感应电压的频率和波幅均较小。

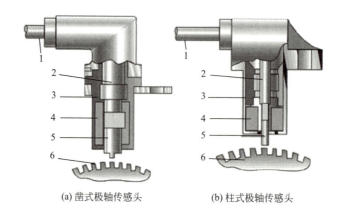

(a) 凿式极轴传感头　　　　(b) 柱式极轴传感头

1—电缆；2—永久磁铁；3—外壳；4—电磁线圈；5—极轴；6—信号转子（齿圈）。

图 4.11　电磁式车轮转速传感器结构图

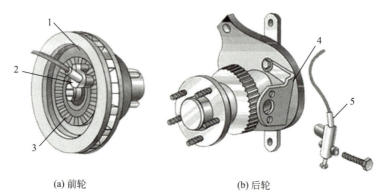

(a) 前轮　　　　(b) 后轮

1—制动盘；2，5—传感器；3—齿圈；4—传感器安装支架。

图 4.12　电磁式车轮转速传感器的安装位置

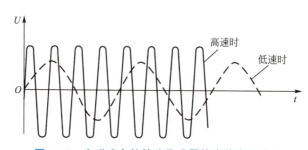

图 4.13　电磁式车轮转速传感器输出的电压信号

电磁式车轮转速传感器结构简单、成本低，但存在以下缺点：当车轮转速很低时，传感器输出的电压信号较弱，传感器频率响应较慢，当车轮转速过高时，传感器的频率响应跟不上，容易产生错误信号；传感器的抗电磁干扰能力较差。

（2）霍尔式车轮转速传感器。

霍尔式车轮转速传感器（图 4.14）根据霍尔效应原理产生与车轮转速相对应的电压脉冲信号。霍尔式车轮转速传感器由传感头和齿圈组成。传感头由永久磁体、霍尔元件和电子电路等组成。

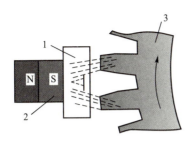 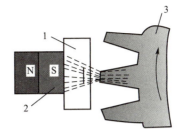

(a) 霍尔元件磁场较弱　　　　　　(b) 霍尔元件磁场较强

1—霍尔元件；2—永久磁铁；3—齿圈。

图 4.14　霍尔式车轮转速传感器

当齿圈位于图 4.14（a）所示位置时，穿过霍尔元件的磁力线分散，磁场较弱；当齿圈位于图 4.14（b）所示位置时，穿过霍尔元件的磁力线集中，磁场较强。齿圈转动时，穿过霍尔元件的磁力线密度发生变化，引起霍尔电压的变化，霍尔元件将输出一个毫伏级准正弦波电压，通过电子电路转换成标准的脉冲电压输出信号，电压幅值为 7～14V，如图 4.15 所示。

霍尔车轮转速传感器具有以下优点：输出信号电压幅值不受转速的影响；频率响应快，其响应频率高达 20kHz，相当于车速为 1000km/h 时检测的信号频率；抗电磁干扰能力强。

2. ABS ECU

根据来自轮速传感器的信号，ABS ECU 测量车轮转速和车速，发出相应的控制指令。早期生产的 ABS，其 ABS ECU 与制动压力调节器多采用分体式安装，但接线较多。得益于 ABS ECU 的日益小型化，并且出于散热和减少接线的考虑，现在生产的 ABS，其 ABS ECU 与制动压力调节器多采用整体式安装，即 ABS ECU 与制动压力调节器直接安装在一起，成为一个总成，如图 4.16 所示，其中带有接线槽口的黑色部分为 ABS ECU。

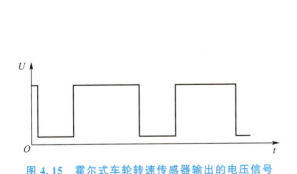 

图 4.15　霍尔式车轮转速传感器输出的电压信号　　　图 4.16　ABS ECU

在制动过程中，虽然车轮转速下降，但降速幅度因制动中的车速和路面状况（如干沥青路面、湿路面或结冰路面等）而异。ABS ECU 根据制动中车轮转速的变化，判断车轮与路面之间的滑移情况，控制 ABS 执行器，将最佳制动液压力传送至制动分泵（制动轮缸），以获得对车轮转速的最佳控制。

3. 制动压力调节器

制动压力调节器又称 ABS 压力控制器，是 ABS 的执行机构，其功用是接收 ABS ECU 的指令，通过电磁阀的动作控制车轮制动轮缸的制动压力，主要由电动液压泵、液压控制单元（包括蓄能器和电磁阀）等构成，如图 4.17 所示。

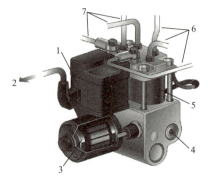

【拓展图文】

1—继电器盒；2—接 ABS ECU；3—液压泵电动机；4—电动液压泵；
5—液压控制单元（包括蓄能器和电磁阀）；6，7—制动液油管。

图 4.17　制动压力调节器

制动压力调节器串联在制动主缸与制动轮缸之间，通过电磁阀直接或间接地控制制动轮缸的制动压力。通常把电磁阀直接控制制动轮缸制动压力的制动压力调节器称为循环式调节器，把间接控制制动轮缸制动压力的制动压力调节器称为可变容积式调节器。

（1）电动液压泵。

在 ABS 运行时，电动液压泵根据 ABS ECU 的信号确定是否工作，从而起到循环控制制动液压力或迅速建立制动液压力的作用。它可在汽车起动 1min 内将制动液压力提高到 14～22MPa。

ABS 所用的电动液压泵多为柱塞式电动液压泵（图 4.18），由电动机、活塞式油泵、进出油阀等组成所示。

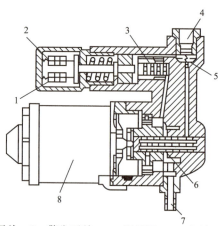

1—压力控制开关；2—警告开关；3—限压阀；4—出油口；5—单向阀；
6—滤芯；7—进油口；8—电动机。

图 4.18　柱塞式电动液压泵

电动机由压力控制开关控制，当柱塞出油口的压力低于设定的控制压力时，压力控制开关闭合，接通电动机电路，电动机驱动活塞式油泵工作将制动液泵入蓄能器。

（2）蓄能器（蓄压器）。

蓄能器的结构形式多种多样。活塞-弹簧式蓄能器一般位于电磁阀与回油泵之间，来自制动轮缸的液压油进入蓄能器，进而压缩弹簧，使蓄能器液压腔容积变大，以暂时储存制动液。

气囊式蓄能器（图4.19）内充满了高压氮气，可使制动液的压力保持在14～18MPa。随着电动液压泵性能的不断提升，2000年之后生产ABS已经取消了蓄能器，消除了安全隐患。

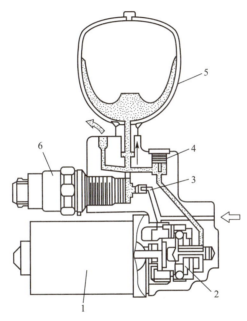

1—电动液压泵；2—回转球阀式活塞泵；3—单向阀；4—限压阀；
5—蓄能器；6—压力开关。

图 4.19 气囊式蓄能器

（3）电磁阀。

ABS中通常有4～8个电磁阀，分别对应控制前后轮的制动。常用的电磁阀有三位三通电磁阀和二位二通电磁阀等。

电磁阀由阀体、固定铁芯和可动铁芯组成。改变电磁阀的电流可改变磁场力，进而改变柱塞的位置，从而控制液体通道的开闭。

图4.20所示为博世公司的ABS三位三通电磁阀，根据电流将柱塞控制在三个位置，改变三个阀口之间的液体（制动液）通路。

4.1.3 丰田循环式防抱死制动系统

按照制动压力调节方式的不同，ABS可分为可变容积式ABS（如本田车系）、循环式ABS（如大众车系、丰田车系）等。下面以丰田循环式ABS为例进行介绍。

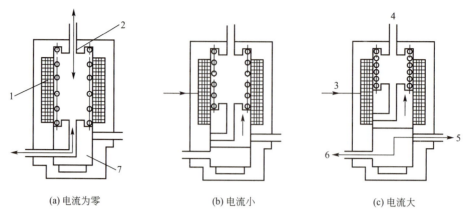

(a) 电流为零　　　　　　　(b) 电流小　　　　　　　(c) 电流大

1—线圈；2—固定铁芯；3—电流；4—通制动主缸；5—通蓄能器；
6—通制动轮缸；7—衔铁。

图 4.20　博世公司的 ABS 三位三通电磁阀

1. 丰田循环式 ABS 的部件

图 4.21 所示为雷克萨斯乘用车无牵引力控制装置的 ABS 部件配置图。

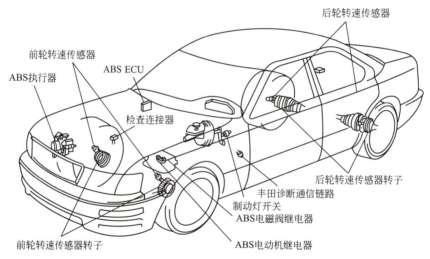

图 4.21　雷克萨斯乘用车无牵引力控制装置的 ABS 部件配置图

（1）轮速传感器。

前轮转速传感器和后轮转速传感器均为磁电式，由永久磁铁、线圈和传感器转子组成。前轮转速传感器安装在转向节上，后轮转速传感器安装在后桥壳上。锯齿形转子安装在驱动轴或轮毂上，作为一个整体转动。

（2）ABS 执行器。

丰田汽车 ABS 执行器因车型不同，其安装位置和制动管路的布置等均有所不同，但其本身的构造和工作原理基本相同，均由电磁阀、储液室和泵等构成，如图 4.22 所示。

（3）ABS 管路系统。

ABS 执行器有四个三位三通电磁阀，用于前轮的分别控制左、右轮，用于后轮的同时

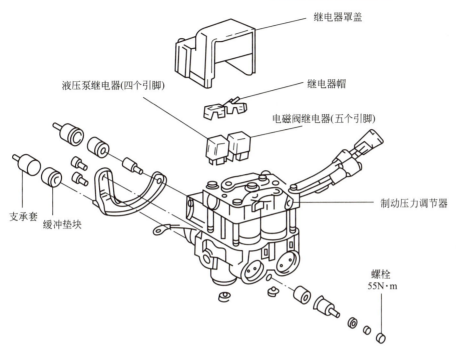

图 4.22 雷克萨斯乘用车的 ABS 执行器

控制左、右轮,如图 4.23 所示,因此这个系统称为三通道系统。

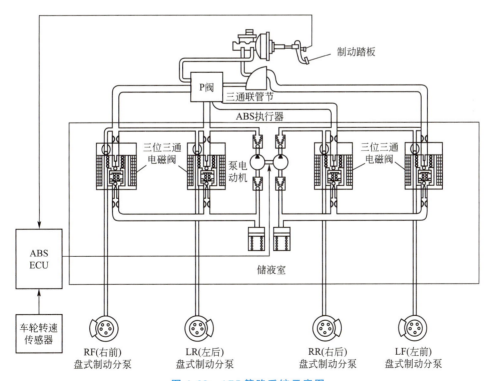

图 4.23 ABS 管路系统示意图

2. 丰田循环式 ABS 的工作过程

下面以前轮为例，说明 ABS 的工作过程。

(1) 正常制动（ABS 不工作）。

如图 4.24 所示，在正常制动中，ABS 不工作，ABS ECU 没有电流送至电磁线圈。此时，回位弹簧将三位三通电磁阀推下，A 孔保持打开，B 孔保持关闭。

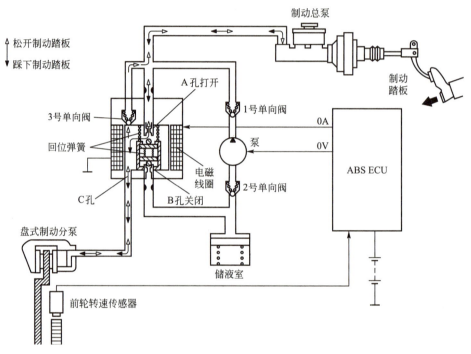

图 4.24 正常制动（ABS 不工作）油路

当踩下制动踏板时，制动总泵液压上升，制动液从三位三通电磁阀的 A 孔流至 C 孔，送至盘式制动分泵。泵油路中的 1 号单向阀阻止制动液流进泵内。

当松开制动踏板时，制动液从盘式制动分泵，经三位三通电磁阀的 C 孔流至 A 孔和 3 号单向阀，流回制动总泵。

在正常制动中，ABS 不工作，故制动过程与没有 ABS 的制动过程相同。

(2) 紧急制动（ABS 工作）。

在紧急制动中，当一个车轮被抱死时，ABS 执行器根据来自 ECU 的信号，控制作用在车轮上的制动液压力，阻止车轮抱死。ABS 按以下三种模式工作。

① "压力降低" 模式。ABS "压力降低" 模式如图 4.25 所示。

当车轮将要抱死时，ECU 将 5A 电流送至电磁线圈，产生强大的磁力。三位三通电磁阀向上移动，A 孔随 B 孔的打开而关闭。制动液从盘式制动分泵流经三位三通电磁阀的 C 孔至 B 孔，流入储液室。

同时，执行器泵的电动机由来自 ECU 的信号接通，制动液从储液室送回至制动总泵。由于 A 孔（此时关闭）及 1 号和 3 号单向阀阻止来自制动总泵的制动液流入三位三通电磁阀，因此盘式制动分泵内的液压降低，阻止车轮被抱死。液压降低速率通过"压力降低"

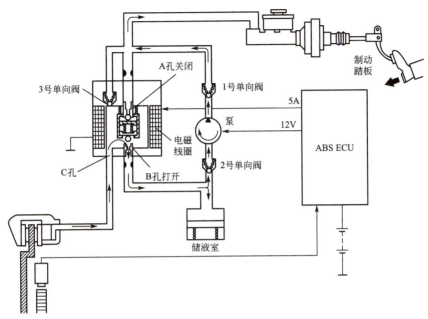

图 4.25　ABS "压力降低" 模式

和"保持"模式的反复交替调节。

②"保持"模式。随着盘式制动分泵内压力的降低或提高，车轮转速传感器传送一个信号，表示转速达到目标值，ABS ECU 供应 2A 电流至电磁线圈，将盘式制动分泵内的压力保持在该值。

如图 4.26 所示，当提供给电磁线圈的电流从 5A（"压力降低"模式）降至 2A（"保持"模式）时，在电磁线圈内产生的磁力减小，回位弹簧的弹力将三位三通电磁阀向下推

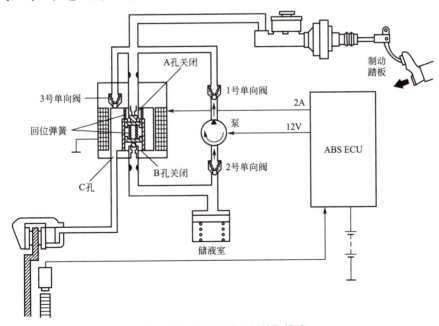

图 4.26　ABS 系统 "保持" 模式

至中间位置，B孔关闭。

③"压力提高"模式。当盘式制动分泵内的压力需要提高，以施加更大制动力时，ABS ECU停止供应电流至电磁线圈，如图4.27所示。

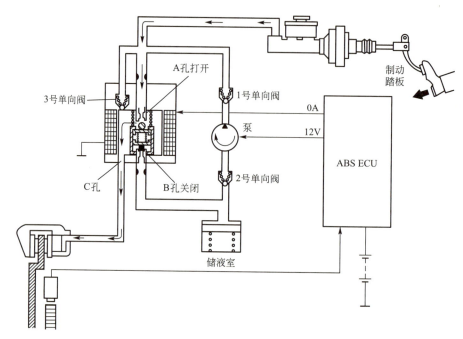

图4.27　ABS"压力提高"模式

三位三通电磁阀的A孔打开，B孔关闭，从而使制动总泵内的制动液经三位三通电磁阀的C孔流至盘式制动分泵。液压提高速率通过"压力提高"和"保持"模式的反复交替调节。

3. 丰田循环式ABS ECU的功能

ABS ECU控制电路图如图4.28所示。ABS ECU具有轮速控制功能、继电器控制功能、初始检查功能、诊断功能、传感器检查功能和失效保护功能。

（1）轮速控制功能。

ECU不断地接收来自四个车轮转速传感器的车轮转速信号，通过对每个车轮转速和减速度进行运算，估算车速。当踩下制动踏板时，各个盘式制动分泵内的液压开始升高，车轮转速开始降低。如果一个车轮将要抱死，ABS ECU就降低这个车轮盘式制动分泵内的液压。

（2）继电器控制功能。

①电磁线圈继电器控制功能。当满足下列条件时，ABS ECU接通电磁线圈继电器。

a. 点火开关接通。

b. 初始检查功能完成，这一功能在点火开关接通后立即执行。

c. 诊断中未发现故障（故障码37除外）。

如果上述条件中有一项不满足，ABS ECU就断开电磁线圈继电器。

②执行器泵电动机继电器控制功能。当满足下列条件时，ABS ECU接通泵电动机继电器。

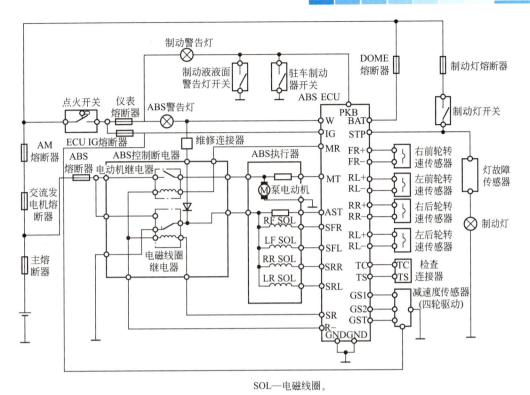

图 4.28 ABS ECU 控制电路图

a. 在 ABS 运作中或初始检查中。
b. 电磁线圈继电器接通。

如果上述条件中有一项不满足，ABS ECU 就断开泵电动机继电器。

（3）初始检查功能。

ABS ECU 依次操纵三位三通电磁阀和泵电动机，分别检查每个电器系统的工作情况，检查过程如图 4.29 所示。

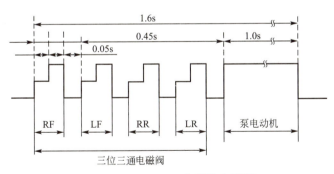

图 4.29 ABS ECU 初始检查过程

当断开制动灯开关，汽车以大于 6km/h 的车速行驶时，执行初始检查功能。这一功能仅在每次点火开关接通时执行。

（4）诊断功能。

任何一个信号系统发生故障，组合仪表内的 ABS 警告灯（图 4.30）都会点亮，警告驾驶人 ABS 有故障发生。ABS ECU 也会将这一故障的代码存储起来。

图 4.30 ABS 警告灯

（5）传感器检查功能。

有些车型上的 ABS ECU 还具有传感器检查功能，检查传感器的运行特性。车轮转速传感器检查功能用于检查所有传感器输出电压及输出电压的波动。

传感器检查功能只有汽车维修技术人员能够使用，要用专门程序设置其运作条件，以诊断每个传感器的运行特性。

（6）失效保护功能。

如果检测到 ABS 的电子控制系统发生故障，ABS ECU 就会发出指令，停止 ABS 的工作，恢复到常规制动系统状态，即如汽车未安装 ABS 一样。

4.2 汽车牵引力控制系统

4.2.1 牵引力控制系统概述

1. 汽车牵引力控制系统的作用

汽车牵引力控制系统（traction control system，TRC，也作 TCS）是继 ABS 之后应用于车轮防滑的电子控制系统，其功用是防止汽车在起动、加速时和在滑溜路面行驶时驱动轮滑转，故有些汽车公司也将该技术称为驱动防滑系统（acceleration slip regulation system，ASR）。

当车轮转动而车身不动或汽车速度低于转动车轮的轮缘速度时，轮胎与地面之间有相对滑动，这种滑动称为滑转。TRC 可以在车轮出现滑转时，通过对滑转车轮施以制动力或控制发动机的动力输出来抑制车轮滑转，以避免汽车牵引力和行驶稳定性下降。

由图 4.31 可以明显地看出，汽车在低附着系数路面（冰雪、湿滑、泥泞路面）上加速起动时，装备 TRC 的汽车可以很好地沿着既定车道行驶，而未装备 TRC 的汽车容易出现甩尾、侧滑等现象。

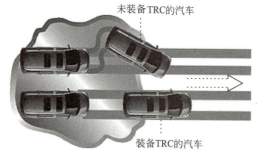

图 4.31 TRC 的作用

2. TRC 与 ABS 的比较

ABS 和 TRC 都用来控制车轮相对地面的滑动，以提高车轮与地面之间的附着力。但 ABS 控制的是汽车制动时车轮的"滑移"，主要用来提高汽车的制动效能和制动时的方向稳定性；而 TRC 控制的是汽车行驶时驱动车轮的"滑转"，用于提高汽车起步、加速及在滑溜路面行驶时的牵引力和确保行驶稳定性。

ABS 一般在车速很低（小于 8km/h）时不起作用，而 TRC 一般在车速很高（大于 80km/h）时不起作用。

3. TRC 的控制方式

TRC 对驱动轮的控制方式有发动机输出转矩控制、制动力控制、差速器锁止控制等控制方式。

（1）发动机输出转矩控制。

发动机输出转矩控制通过限制发动机的转矩输出达到抑制驱动轮滑转的目的。

当两侧驱动轮在附着条件相同的光滑路面上行驶，滑转率达到其受控限值时，发动机 ECU 开始进行发动机转矩控制，降低发动机的输出功率、转速，直至驱动轮的平均转速略超过非驱动轮的平均转速。

通常采用三种控制方法进行发动机转矩控制：一是调节节气门开度，即在发动机原节气门的基础上串联一个副节气门，或者直接安装电子节气门，由 ABS/TRC ECU 或发动机 ECU 控制其开度；二是减少或切断喷油量；三是减小点火提前角。

发动机输出转矩控制如图 4.32 所示。

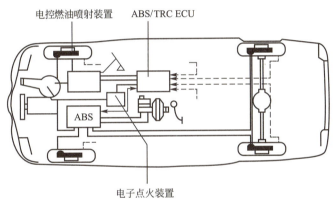

图 4.32 发动机输出转矩控制

（2）制动力控制。

通过对单边滑转的驱动车轮施加适当的制动力，使两侧驱动轮同步转动并限制其滑转率。

当单侧驱动轮打滑时，ABS/TRC ECU 发出控制指令，通过制动系统的压力调节器对产生滑转的车轮施加制动，其滑转率会逐渐下降。

当两侧驱动轮均出现滑转但滑转率不同时，可以通过对两侧驱动轮施加不同的制动力，分别抑制它们的滑转，从而提高汽车在湿滑路面上的起动、加速能力和行驶的方向稳定性。

（3）差速器锁止控制。

对差速器进行锁止时，可以使左、右驱动轮的输入转矩不同，差速器锁止控制即基于这一原理，如图 4.33 所示，根据路面情况和锁止比将滑转率控制在某一范围内。

例如，当路面两侧的附着系数不同时，附着系数低的一侧驱动轮打滑，ABS/TRC ECU 通过传感器获得这一信号后，驱动锁止阀，对差速器进行一定程度锁止，使附着系数高的一侧获得驱动力，从而提高行驶稳定性和行驶速度。这种控制操纵稳定性和牵引性较好，但乘坐舒适性较差。

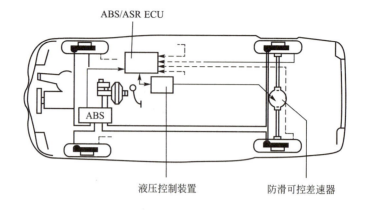

图 4.33　差速器锁止控制

由于以上控制方式各有优缺点，因此驱动防滑控制常采用组合方式，如发动机节气门开度调节和驱动轮制动力调节组合的控制方式。采用这种控制方式时，汽车的乘坐舒适性、操纵稳定性和牵引性均较好，应用广泛。

4. TRC 的工作原理

丰田 TRC 最早应用在雷克萨斯 LS400 和 SC400 上，该系统的工作原理如图 4.34 所示。

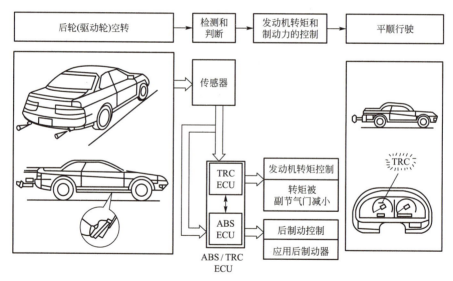

图 4.34　TRC 的工作原理

当车轮开始空转时，TRC 一方面制动驱动轮，另一方面调小节气门开度，降低发动机的输出转矩，使传递到路面的转矩减至一个适当值，使汽车获得稳定、迅速的起动和加速。

4.2.2　牵引力控制系统的结构组成

1. TRC 的组成

丰田雷克萨斯 LS400 使用的 TRC 部件配置如图 4.35 所示，TRC 的构成如图 4.36 所示，TRC 部件的功能见表 4-1。

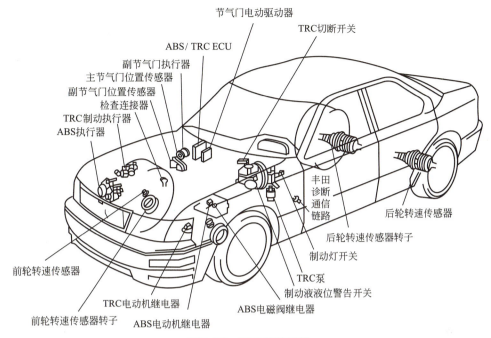

图 4.35 TRC 部件配置

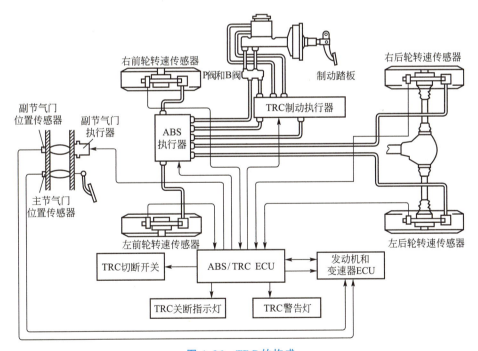

图 4.36 TRC 的构成

表 4-1　TRC 部件的功能

部件名称	功能
ABS/TRC ECU	① 根据前、后轮转速传感器及发动机和变速器 ECU 的节气门位置传感器信号判断行驶情况，将控制信号发送至副节气门执行器和 TRC 制动执行器 ② 如 TRC 发生故障，则接通 TRC 警告灯以警告驾驶人 ③ 当设置在诊断模式时，利用故障码显示每个故障
前、后轮转速传感器	检测车轮转速，将车轮转速信号发送至 ABS/TRC ECU
空挡起动开关	将变速器操纵手柄位置信号（P 位或 N 位）输入 ABS/TRC ECU
制动液液位警告开关	检测制动总泵储液室内的液面，将信号发送至 ABS/TRC ECU
制动灯开关	检测制动信号，将其发送至 ABS/TRC ECU
TRC 切断开关	允许驾驶人使 TRC 不运作
发动机和变速器 ECU	接收主、副节气门位置传感器信号，将其发送至 ABS/TRC ECU
主节气门位置传感器	检测主节气门开度，将其发送至发动机和变速器 ECU
副节气门位置传感器	检测副节气门开度，将其发送至发动机和变速器 ECU
TRC 制动执行器	根据 ABS/TRC ECU 的信号产生和提高液压，并将其供应至 ABS 执行器
ABS 执行器	根据 ABS/TRC ECU 的信号，分别控制至左、右后轮盘式制动分泵的液压
副节气门执行器	根据 ABS/TRC ECU 的信号，控制副节气门开度
TRC 警告灯	提示驾驶人 TRC 在工作，警告驾驶人系统发生故障
TRC 关断指示灯	提示驾驶人 TRC 因 ABS 或发动机控制系统发生故障而不工作或 TRC 切断开关断开
TRC 制动主继电器	向 TRC 制动执行器和 TRC 电动机继电器供电
TRC 电动机继电器	向 TRC 泵电动机供电
TRC 节气门继电器	经 ABS/TRC ECU 向副节气门执行器供电

TRC 和 ABS 共用一个 ECU，有些部件（如四个车轮转速传感器）既用于 ABS 又用于 TRC。下面仅介绍用于 TRC 的主要部件。

2. 副节气门执行器

副节气门执行器（图 4.37）安装在节气门体上，根据 ABS/TRC ECU 的信号控制副节气门开度，从而控制发动机输出功率。

（1）副节气门执行器的结构。

副节气门执行器的结构如图 4.38 所示，由永久磁铁、线圈和转子轴组成的步进电动机驱动副节气门轴末端的凸轮轴齿轮转动，从而控制副节气门的开度。

（2）副节气门的工作过程。

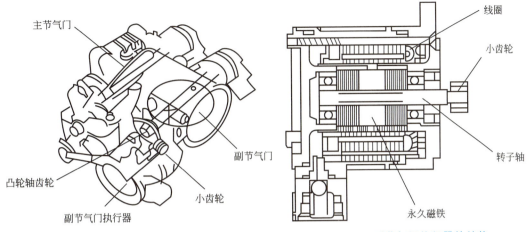

图 4.37 副节气门执行器　　　　　图 4.38 副节气门执行器的结构

副节气门的工作状态如图 4.39 所示。当 TRC 不工作时，副节气门完全打开，对发动机的工作没有影响；当 TRC 部分工作时，副节气门打开一定角度；当 TRC 完全工作时，副节气门完全关闭。

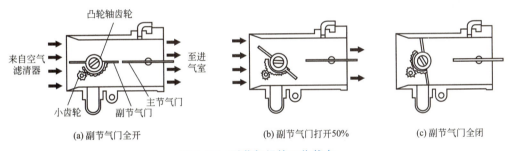

(a) 副节气门全开　　　　(b) 副节气门打开50%　　　(c) 副节气门全闭

图 4.39 副节气门的工作状态

3. 副节气门位置传感器

副节气门位置传感器安装在副节气门轴上，如图 4.40 所示，将副节气门开度转换为电

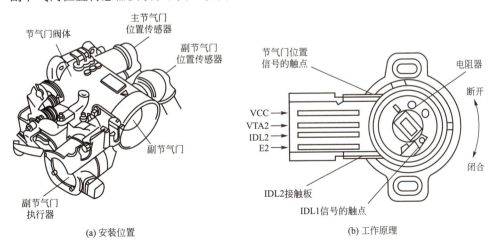

(a) 安装位置　　　　　　　　　　(b) 工作原理

图 4.40 副节气门位置传感器

压信号,并将其经发动机和变速器 ECU 发送至 ABS/TRC ECU,其电路如图 4.41 所示。

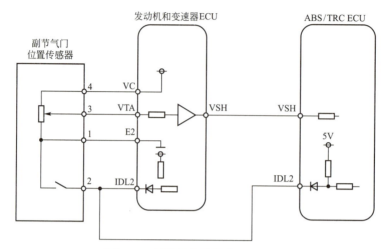

图 4.41　副节气门位置传感器电路

4. TRC 制动执行器

TRC 制动执行器由泵总成和制动执行器组成,如图 4.42 所示。泵将制动液从制动总泵储液室泵出,提高其压力,然后送至蓄能器。蓄能器中充有高压氮气,以缓和制动液容积的变化。

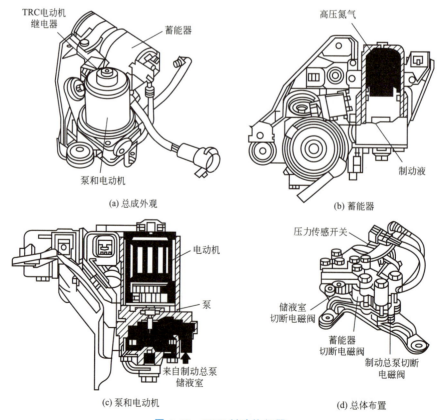

图 4.42　TRC 制动执行器

TRC 制动执行器和 ABS 执行器共用盘式制动分泵，ABS/TRC ECU 控制 ABS 执行器，分别控制左、右后轮盘式制动分泵中的液压。

5. 压力传感开关

压力传感开关属于接触型压力传感开关，监测蓄能器中的压力，其安装位置如图 4.43 所示。ABS/TRC ECU 根据压力信号接通和关断 TRC 泵。

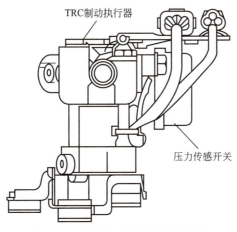

图 4.43　压力传感开关的安装位置

压力传感开关工作过程和电路图如图 4.44 所示。

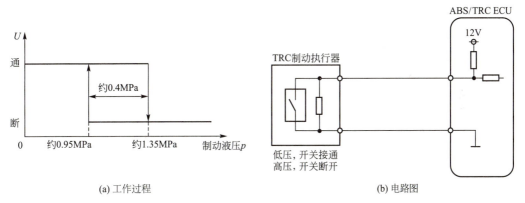

图 4.44　压力传感开关工作过程和电路图

4.2.3　牵引力控制系统执行器的工作过程

TRC 液压控制系统如图 4.45 所示。TRC 液压控制系统中蓄能器切断电磁阀的作用是在 TRC 工作时将蓄能器的液压送至盘式制动分泵；总泵切断电磁阀在蓄能器中的液压被送至盘式制动分泵时，阻止制动液流回总泵；储液器切断电磁阀在 TRC 工作时，使制动液从盘式制动分泵流回总泵。

1. 在正常制动中（TRC 未启动）

当施加制动力时，TRC 制动执行器中总泵切断电磁阀、蓄能器切断电磁阀、储液器

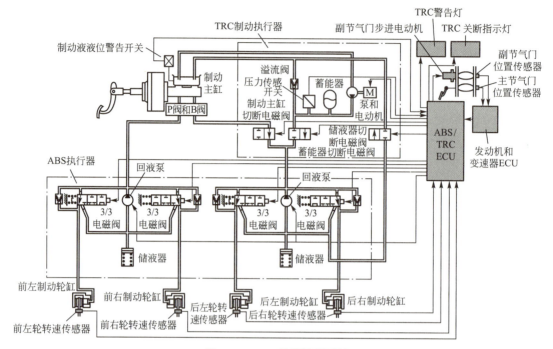

图 4.45　TRC 液压控制系统

切断电磁阀电路被关断,总泵切断电磁阀内部油路打开,蓄能器切断电磁阀、储液器切断电磁阀内部油路关闭。

如图 4.46 所示,当 TRC 在此状态下,踩下制动踏板时,总泵内产生的液压经总泵切断电磁阀和 ABS 执行器的三位三通电磁阀作用在盘式制动分泵上。当松开制动踏板时,制动液从盘式制动分泵流回总泵。

2. 在汽车加速中(TRC 启动)

若在加速中后轮空转,则 ABS/TRC ECU 控制发动机转矩和后轮的制动,以避免发生空转。左、右后轮制动器中的液压分别有三种控制模式(压力提高、压力保持和压力降低),当 TRC 工作时,TRC 制动执行器中总泵切断电磁阀、蓄能器切断电磁阀、储液室切断电磁阀电路被接通,此时总泵切断电磁阀内部油路关闭,蓄能器切断电磁阀、储液室切断电磁阀内部油路打开。

(1)"压力提高"模式。当踩下加速踏板,一个后轮开始空转时,TRC 制动执行器的所有电磁阀都由 ABS/TRC ECU 的信号接通,同时 ABS 执行器的三位三通电磁阀转接至"压力提高"模式,如图 4.47 所示。

蓄能器中的加压制动液经蓄能器切断电磁阀和 ABS 执行器的三位三通电磁阀,作用在盘式制动分泵上。当压力传感开关检测到蓄能器中压力下降时,ABS/TRC ECU 接通 TRC 泵以提高液压。

(2)"压力保持"模式。如图 4.48 所示,当后轮盘式制动分泵中的液压提高或降低到所需压力时,系统切换至"压力保持"模式,由 ABS 执行器的三位三通电磁阀完成,可以阻止蓄能器中的压力降低,保持盘式制动分泵中的液压。

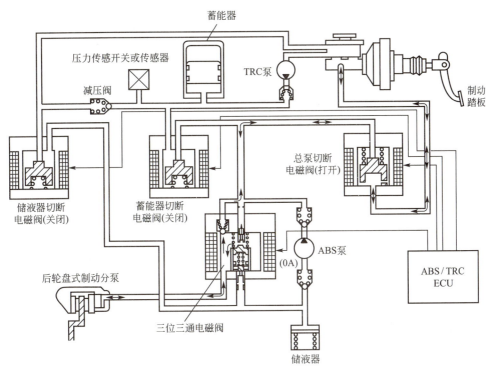

图 4.46　正常制动时液压工作流程图

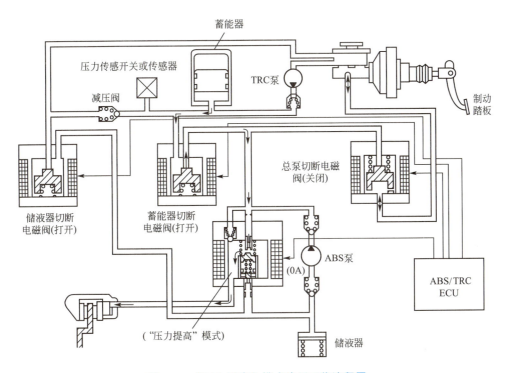

图 4.47　"压力提高"模式液压工作流程图

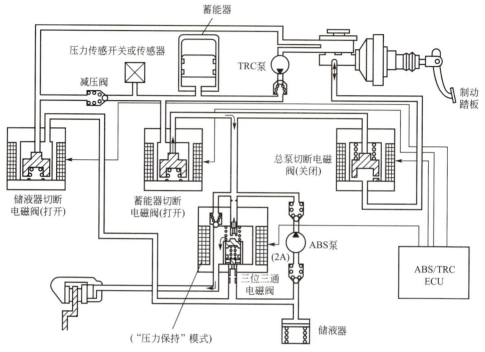

图 4.48 "压力保持"模式液压工作流程图

(3)"压力降低"模式。当需要降低后轮盘式制动分泵中的液压时,ABS/TRC ECU 将 ABS 执行器的三位三通电磁阀转换至"压力降低"模式,使盘式制动分泵中的制动液经 ABS 执行器的三位三通电磁阀和储液室切断电磁阀流回总泵,导致液压降低,如图 4.49 所示。此时 ABS 泵不工作。

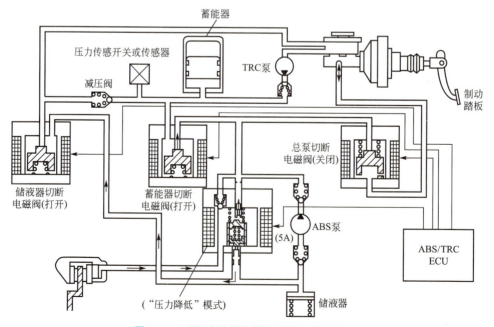

图 4.49 "压力降低"模式液压工作流程图

4.2.4　ABS/TRC ECU 的功能

雷克萨斯 LS400 的 TRC 电路图如图 4.50 所示。

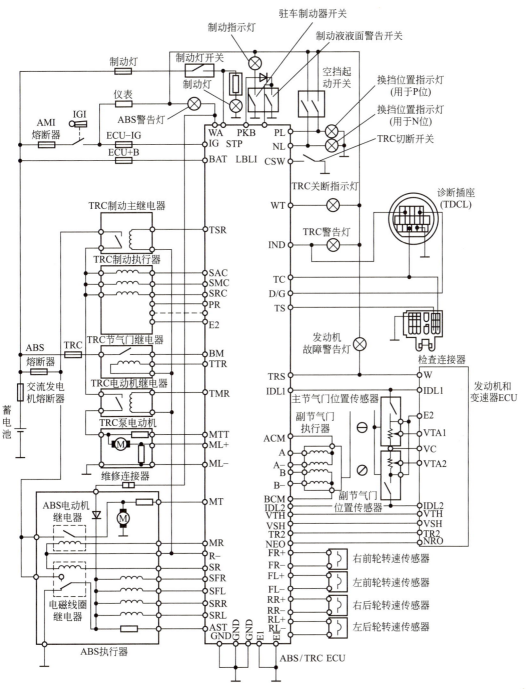

图 4.50　雷克萨斯 LS400 的 TRC 电路图

雷克萨斯 LS400 的 ABS/TRC ECU 结合了 ABS 和 TRC 的控制，主要有以下功能。

1. 车轮转速控制

ABS/TRC ECU 不断接收四个车轮转速传感器的信号,并不断计算每个车轮的转速。同时,ABS/TRC ECU 根据两个前轮的转速估计车速,设定目标控制速度。

如果在附着系数小的道路上突然踩下加速踏板,而且后轮(驱动轮)开始空转,后轮转速就会超过目标转速。ABS/TRC ECU 发出关闭副节气门信号至副节气门执行器。同时,它还发送一个信号至 TRC 制动执行器,使其输出较高压力的制动液至后轮盘式制动分泵。ABS 执行器的三位三通电磁阀转换至控制后轮制动分泵液压,从而阻止车轮空转。

在起动和突然加速中,若后轮空转,则其转速与前轮转速不匹配。ABS/TRC ECU 感知这一情况后启动 TRC。

当满足以下所有条件时,车轮转速控制系统开始工作。

(1) 主节气门不应全闭(IDL1 应断开)。

(2) 变速器操纵手柄应位于 L 位、2 位、D 位或 R 位(P 位和 N 位信号应关断)。

(3) 汽车应以大于 9km/h 的速度行驶,制动灯开关应断开(当车速低于 9km/h 时,开关可以接通)。

(4) TRC 切断开关应断开。

(5) ABS 不应工作。

(6) TRC 不应处于传感器检查模式或故障码输出模式。

2. 继电器的控制

(1) 当点火开关接通时,ABS/TRC ECU 接通 TRC 制动主继电器和 TRC 节气门继电器。如果 ABS/TRC ECU 检测到故障,则其断开这些继电器。

(2) 当以下条件满足时,ABS/TRC ECU 接通 TRC 电动机继电器。

① TRC 制动主继电器接通。

② 发动机转速超过 500r/min。

③ 变速器操纵手柄在 P 位或 N 位以外的位置。

④ IDL1 信号断开。

⑤ 压力传感开关信号接通。

3. 初始检查

(1) 副节气门执行器。当变速器操纵手柄位于 P 位或 N 位、主节气门全闭、汽车停止三个条件同时满足时,ABS/TRC ECU 使副节气门执行器先将副节气门完全关闭,再完全打开,对副节气门执行器和节气门位置传感器的电路进行检查。

副节气门执行器初始检查过程如图 4.51 所示。

(2) TRC 制动执行器电磁阀。当变速器操纵手柄位于 P 位或 N 位、汽车停止、发动机工作三个条件同时满足时,在点火开关接通后,ABS/TRC ECU 操纵 TRC 制动执行器电磁阀进行一次初始检查。

4. 故障警告和存储

如果 ABS/TRC ECU 检测到 TRC 有故障,就使组合仪表内的 TRC 警告灯点亮(图 4.52),提醒驾驶人有故障,同时 ABS/TRC ECU 存储故障码。

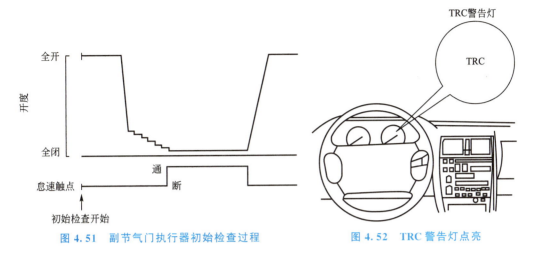

图 4.51　副节气门执行器初始检查过程　　图 4.52　TRC 警告灯点亮

当以下条件同时满足时，TRC 警告灯闪烁，并显示故障码。
(1) 点火开关接通。
(2) 诊断插座（TDCL）或检查连接器的 TC 端子（仅在有安全气囊的汽车上检查连接器才有 TC 端子）和 E1 端子连接。
(3) 汽车停止。

5. 失效保护

当 TRC 不工作，ABS/TRC ECU 检测到故障时，ECU 立即关断 TRC 节气门继电器、TRC 电动机继电器和 TRC 制动主继电器，使 TRC 不能工作。

如果在 TRC 工作中，ABS/TRC ECU 检测到故障，ECU 就停止控制，关断 TRC 电动机继电器和 TRC 制动主继电器。当 ABS/TRC ECU 使 TRC 不能工作时，发动机和制动系统的工作方式与未装备 TRC 的汽车一样。

4.3　电子制动力分配与辅助制动系统

4.3.1　电子制动力分配系统

电子制动力分配（electronic brake-force distribution，EBD）系统能够根据汽车载荷（空载、满载）、道路附着条件和制动强度等因素的变化情况，自动调节前、后轴的制动力分配比例，提高制动效能（在一定程度上可以缩短制动距离），并配合 ABS 提高制动稳定性。

EBD 系统对车轮制动力的动态调节如图 4.53 和图 4.54 所示。

汽车制动时，如果四个车轮附着地面的条件不同（如左侧车轮附着在湿滑路面，而右侧车轮附着于干燥路面），则四个车轮与地面的摩擦力不同，在制动时（四个车轮的制动力相同）就容易出现打滑、倾斜和侧翻等现象。

EBD 系统的功能就是在汽车制动的瞬间，快速计算出四个车轮由附着条件不同导致

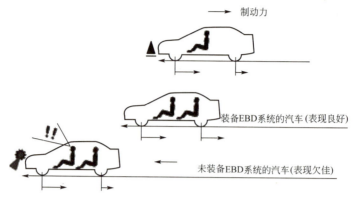

图 4.53　EBD 系统对前、后车轮制动力的动态调节

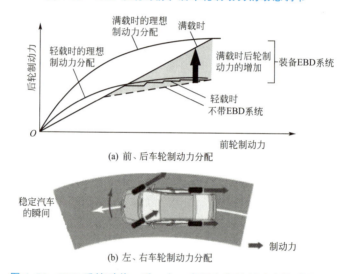

(a) 前、后车轮制动力分配

(b) 左、右车轮制动力分配

图 4.54　EBD 系统对前、后、左、右四个车轮制动力的动态调节

的摩擦力数值，然后调整制动装量，使其按照设定的程序在运动中高速调整，实现制动力与摩擦力（牵引力）匹配，以保证汽车的平稳性和安全性。

在紧急制动车轮被抱死的情况下，EBD 系统在 ABS 动作之前就已经平衡了每一个车轮的有效地面附着力（抓地力），可以防止出现甩尾和侧移现象，并缩短汽车制动距离。

EBD 实际上是 ABS 的辅助功能，它可以提高 ABS 的功效，因此在安全指标上，汽车的性能又多了 ABS+EBD。由图 4.55 可以直观地看出 ABS+EBD 的功效。

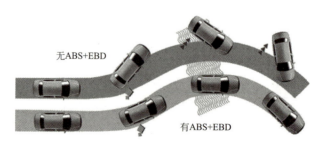

图 4.55　ABS+EBD 的功效

在德国车系（如奥迪）中，习惯以德文 EBV（electronische bremsenkraft verteiler）表述电子制动力分配系统。因此，在汽车技术资料中，经常会出现 EBD 和 EBV，两者并无差别。

4.3.2 辅助制动系统

辅助制动系统（brake assistant system，BAS 或 BA），也称电控辅助制动系统（electronic brake assist system，EBA）。

BAS 是针对在紧急情况下，驾驶人踩制动踏板时不果断或踏板力不足而设计的。BAS 可以从驾驶人踩制动踏板的速度中检测到行车状况，当驾驶人在紧急情况下迅速踩下制动踏板但踏板力不足时，BAS 会在不到 1s 的时间内使制动力增至最大值，缩短紧急情况下的制动距离，以保证安全性。

BAS 与 ABS 配合工作，可以大大提高制动效能。BAS 靠时基监控制动踏板的运动。一旦监测到踩制动踏板的速度陡增且驾驶人继续大力踩制动踏板，BAS 就会释放出储存的液压，施加最大的制动力。驾驶人一旦释放制动踏板，BAS 就转入待机模式。由于更早地施加了最大的制动力，因此可显著缩短制动距离。

【拓展视频】

简而言之，BAS 相当于驾驶教练，在万分紧急的情况下，可以帮助驾驶人迅速、果断地采取强有力的制动措施，确保行车安全。图 4.56 所示为 BAS 的功用示意图。

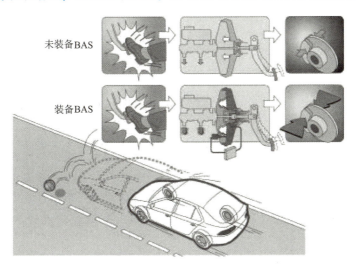

图 4.56　BAS 的功用示意图

BAS 可显著缩短紧急制动距离并有助于防止在城市交通中发生追尾事故。

4.4　汽车电子稳定程序

4.4.1 汽车电子稳定程序的作用

电子稳定程序（electronic stability program，ESP）集成了 ABS、TRC 等的功能，在各种情况下都能提高汽车行驶稳定性，属于汽车主动安全系统。

ABS 一般在汽车制动时发挥作用，TRC 只在汽车起步和加速行驶时发挥作用，而 ESP 在整个行驶过程中始终处于工作状态，不停地监控汽车的行驶状态和观察驾驶人意图，从而决定何时通过汽车控制系统主动地修正汽车的行驶方向，把汽车从危险的边缘拉回到安全的境地。ABS、TRC、ESP 功用示意图如图 4.57 所示。

图 4.57　ABS、TRC、ESP 功用示意图

ESP 能视需要自动向一个或多个车轮施加制动力，在某些情况下可以进行频率为 150Hz 的制动，以确保汽车行驶在选定车道内。

ESP 为汽车提供了在紧急情况下十分有效的安全保障，降低了汽车在各种道路状况下及转弯时侧翻的可能性，提高了汽车行驶稳定性。从这个意义上说，ESP 又被称为行驶动力控制系统。

不同汽车公司的 ESP 技术的缩写形式不同。沃尔沃公司称其为动态稳定牵引控制（dynamic stability tracing control，DSTC），宝马公司称其为动态稳定控制（dynamic stability control，DSC），丰田公司称其为车辆稳定控制（vehicle stability control，VSC），三菱公司称其为主动稳定控制（active stability control，ASC），但其工作原理和作用基本相同。

4.4.2　汽车电子稳定程序的工作原理

从汽车安全性方面考虑最重要的就是避免发生事故，也就是主动安全。汽车规避事故的功能是汽车重要且基本的性能，它可以帮助避免或自动避免事故发生。ESP 系统的作用主要是在汽车将要出现失控时，主动参与避免事故发生的控制过程，有效提高汽车稳定性。

未装备 ESP 系统的汽车在高速行驶急转弯时会出现两种危险状况：一种是不足转向（有冲出弯道的倾向），如图 4.58（a）所示；另一种是过度转向（有甩尾的倾向），如图 4.59（a）所示。两者相比，过度转向是一种危险的不稳定状况，它可导致汽车急速旋转甚至翻车。

装备 ESP 系统的汽车可以在汽车出现不足转向和过度转向的情况下，安全、高速地通过弯道，如图 4.58（b）和图 4.59（b）所示。

ESP 系统的工作原理是传感器实时检测驾驶人的行驶意图和汽车的实际行驶情况，其中转向角传感器用来收集驾驶人的转向意图；车轮转速传感器（每个车轮上装有一个）、偏转率传感器、纵向/横向加速度传感器等用来监测汽车运动状况。ECU 根据各传感器的信号计算出汽车的实际运动轨迹，如果实际运动轨迹与理论运动轨迹（驾驶人意图）有偏差，或者检测出某个车轮打滑（丧失抓地能力），ECU 会先通知副节气门控制机构（或电

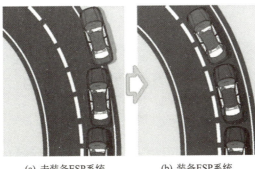

(a) 未装备ESP系统　　(b) 装备ESP系统

图 4.58　不足转向

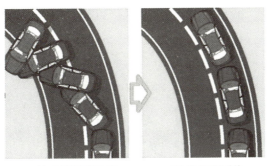

(a) 未装备ESP系统　　(b) 装备ESP系统

图 4.59　过度转向

子节气门）减小开度（收油），再通知制动系统对某个车轮进行制动来修正运动轨迹。当实际运动轨迹与理论运动轨迹一致时，ESP 系统自动解除控制。

当汽车转向不足时，ESP 系统通过发动机和变速器控制系统主动对弯道内侧的后轮实施瞬间制动，防止汽车驶出弯道；当汽车转向过度时，ESP 系统通过发动机和变速器控制系统主动对弯道外侧的前轮实施瞬间制动，防止产生过大的离心力。

如图 4.60 所示，在十字路口，装备 ESP 系统的汽车（车 A）可以高速避让由支路出现的汽车（车 B），而未装备 ESP 系统的汽车（车 C）可能因失控而滑出车道，甚至翻车。

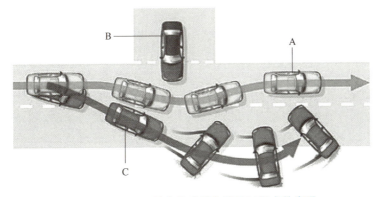

图 4.60　ESP 系统在高速紧急避让过程中的表现

ESP 系统在高速转弯、高速避让、稳定性控制等方面的突出表现，使得其装车率逐渐提高。

4.4.3 汽车电子稳定程序的组成

ESP 系统是在 ABS/TRC 的基础上发展起来的，大部分元件与 ABS/TRC 共用，也是由传感器、ECU 及执行器三部分组成的。

博世 ESP 系统的组成如图 4.61 所示。

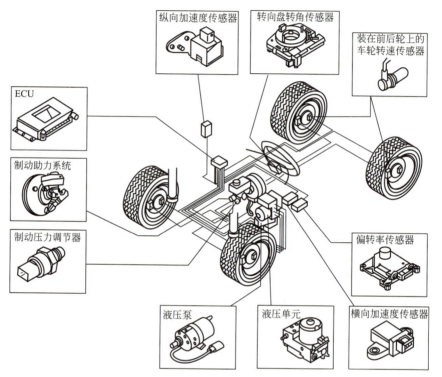

图 4.61 博世 ESP 系统的组成

（1）传感器。

ESP 系统作为保证行车安全的一个重要电控系统，其各传感器正常工作是进行有效控制的基础。博世 ESP 系统在 ABS/TRC 基础上增加了转向盘转角传感器、偏转率传感器、纵向加速度传感器及横向加速度传感器等。

转向盘转角传感器用于检测转向盘的转角信号（包括转角和转动速率），这一信号反映了驾驶人意图。

偏转率传感器（也称横摆角速度传感器）用于检测汽车翻转的信号。这种传感器像一个罗盘，时刻监测汽车的运动姿态，并记录汽车每个可能的翻转运动。

ESP 系统中的加速度传感器有沿汽车前进方向的纵向加速度传感器（用于四轮驱动汽车）和垂直于前进方向的横向加速度传感器两种，其基本原理相同，只是成 90°夹角安装。

（2）ECU。

ESP 系统一般与 ABS 共用 ECU，将 ABS/TRC ECU 的功能进行扩展后再进行 ABS/ESP 控制。ESP 系统包括输入信号放大电路、运算电路、执行器控制电路、稳压电源电路、电磁屏蔽电路等。

（3）执行器。

在 ABS/TRC 执行器的基础上，改进了通往各车轮的液压通道，增加了 ESP 警告灯和 ESP 蜂鸣器等。

1. 简述 ABS 的作用与工作原理。
2. 简述 TRC 的作用与工作原理。
3. 简述 ESP 的作用与工作原理。

第 5 章 电子控制悬架系统

 教学提示

汽车悬架的性能直接影响汽车的操纵稳定性和乘坐舒适性。采用电子控制主动悬架是汽车悬架的发展趋势。

 教学要求

本章主要介绍电子控制悬架系统在汽车上的应用概况、基本组成及控制方法。要求学生了解电子控制悬架系统的应用概况和发展趋势，熟悉电子控制悬架系统的组成和功能。

5.1 汽车悬架概述

5.1.1 汽车悬架的作用

汽车悬架（图 5.1）是指连接车架（或承载式车身）与车桥（或车轮）的一系列传力装置。

图 5.1 汽车悬架

汽车悬架的作用如下。

（1）承受载荷，即承受汽车各方向的载荷，包括垂直方向、纵向和侧向的各种力。

（2）传递动力，即将车轮与路面产生的驱动力和制动力传递给车身，使汽车正常行驶、减速或停车。

（3）缓和冲击，即缓和汽车、路面状况等引起的各种振动和冲击，以提高乘坐舒适性。

除此之外，汽车悬架对车轮的定位有较大的影响，进而影响汽车行驶性能、操纵性能及乘坐舒适性。

5.1.2 汽车悬架的分类

1. 按照结构形式分

（1）非独立悬架。

非独立悬架（dependent suspension）是指左、右两个车轮通过一根刚性车轴（车桥）连接，不能单独上下跳动。非独立悬架结构简单、成本低，但乘坐舒适性差，多用于载重汽车。

（2）独立悬架。

独立悬架（independent suspension）是指前、后、左、右四个车轮单独通过独立的悬架装置与车身相连，也就意味着各自可以独立地上下跳动，乘坐舒适性好。

现在的乘用车前悬架一般都是独立悬架，一些低端车型使用的后悬架是非独立悬架，中、高档乘用车使用的都是独立悬架。

2. 按照控制方式分

按照控制方式不同,汽车悬架通常分为传统被动式悬架(passive suspension)、半主动式悬架(semi-active suspension)和主动式悬架(active suspension)三类。其中半主动式悬架分为有级半主动式悬架(阻尼力有级可调)和无级半主动式悬架(阻尼力连续可调)。主动式悬架根据频带和能量消耗的不同,分为全主动式悬架(频带宽大于15Hz)和慢主动式(频带宽3~6Hz)悬架;而根据驱动机构和介质的不同,分为由电磁阀驱动的油气主动式悬架和由步进电动机驱动的空气主动式悬架。

无级半主动式悬架可以根据路面的行驶状态和车身的响应对悬架阻尼力进行控制,并在几毫秒内由最小变到最大,使车身上的振动响应始终被控制在某个范围内;但在转向、起动、制动等工况下不能对阻尼力实施有效的控制。

主动式悬架是一种带有动力源的悬架,在悬架系统中附加一个可控制作用力的装置。主动式悬架可根据汽车载荷、路面状况、行驶速度、起动、制动、转向等状况的变化,自动调整悬架的刚度、阻尼力及车身高度。

通常把用于提高平顺性的控制称为路面感应控制,把用于提高稳定性的控制称为车身姿势控制。另外,车身高度控制是主动式悬架的重要控制项目。

5.2 汽车电子控制悬架

传统汽车悬架(图5.2)主要由弹簧、减振器、稳定杆和弹性轮胎等组成,悬架的高度和弹性不可调整,在行车中车身高度的变化取决于弹簧的变形量,其结构简单、实用,但因其弹性和阻尼不能随外部工况变化,驾驶及乘坐舒适性较差。

图5.2 传统汽车悬架(麦弗逊式悬架)

电子控制悬架系统的优点是能使悬架随着不同的路况和行驶状态做出相应的调整,既能使汽车的乘坐舒适性达到令人满意的水平,又能使汽车的稳定性要求得到满足。

5.2.1 电子控制悬架系统的组成和控制形式

电子控制悬架系统主要由(车高、转向角、加速度、路况预测)传感器、ECU、悬架控制执行器等组成。

电子控制悬架按控制形式主要分为三种,即空气式可调悬架、液压式可调悬架和电磁式可调悬架。

1. 空气式可调悬架

空气式可调悬架（图 5.3）是指利用空气压缩机形成压缩空气，并通过压缩空气来调节汽车底盘离地间隙的一种悬架。

图 5.3　空气式可调悬架（保时捷帕拉梅拉）

一般装备空气式可调悬架的汽车在前轮和后轮的附近都设有离地距离传感器，根据离地距离传感器的输出信号，行车计算机判断出车身高度的变化，再控制空气压缩机和排气阀门，使弹簧自动压缩或伸长，从而起到减振的效果。

空气式可调悬架中空气弹簧的硬度能根据需要自动调节。当高速行驶时，空气弹簧可以自动变硬来提高车身稳定性，而长时间在低速不平的路面行驶时，行车计算机使空气弹簧变软来提高汽车的乘坐舒适性。

采用空气式可调悬架的代表车型有奥迪 A8、奔驰 S350、保时捷卡宴、保时捷帕拉梅拉等。

2. 液压式可调悬架

液压式可调悬架（图 5.4）是指根据车速和路况，通过增减液压油的方式调整汽车底盘的离地间隙来实现车身高度升降的一种悬架。

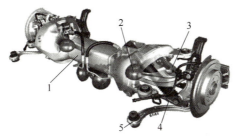

1—纵向横梁；2—球体；3—上三角叉臂；4—支杆；5—长纵臂。

图 5.4　液压式可调悬架（雪铁龙 C5）

内置式电子液压集成模块是液压式可调悬架的核心，它可根据车速、减振器伸缩频率和伸缩程度的数据信息。在汽车重心附近安装的纵向加速度传感器、横向加速度传感器和横摆陀螺仪传感器用来采集车身振动、车轮跳动、车身高度和倾斜状态等信号,并将其传送至行车计算机,行车计算机根据输入信号和预先设定的程序操纵前后四个执行液压缸工作。

通过增减液压油的方式实现车身高度的升降,也就是根据车速和路况自动调整离地间隙,从而提高汽车的平顺性和操纵稳定性。采用液压式可调悬架的代表车型有雪铁龙 C5(图 5.5)、雪铁龙 C6、宝马 7 系等。

图 5.5 雪铁龙 C5 液压式可调悬架在车上的布置

3. 电磁式可调悬架

电磁式可调悬架(图 5.6)是利用电磁反应来实现汽车车身高度升降的一种悬架。它可以针对路面情况,在 **1ms** 时间内做出反应,抑制振动,保持车身稳定,特别是在车速很高又突遇障碍时更能显出它的优势。电磁式可调悬架的反应速度比传统悬架快 **5** 倍,即使是在最颠簸的路面,也能保证汽车平稳行驶。

图 5.6 电磁式可调悬架(凯迪拉克 SLS 赛威)

电磁式可调悬架由行车计算机、车轮位移传感器、电磁液压杆和直筒减振器组成。在每个车轮和车身连接处都有一个车轮位移传感器,其与行车计算机相连,行车计算机又与电磁液压杆和直筒减振器相连。

直筒减振器区别于传统的液压减振器，没有细小的阀门结构，不通过液体的流动阻力达到减振的目的。直筒减振器中也有减振液，但它是一种被称为电磁液（magneto-rheological fluid）的特殊液体，由合成的碳氢化合物和微小的铁粒组成。

磁性金属粒子杂乱无章地分布在液体里，不起作用。如果有磁场作用，它们就会排列成一定结构，减振液变成近似塑料的状态。减振液的密度可以通过控制电流强度来精确控制，并且实时连续控制。

电磁式可调悬架的工作过程：当路面不平引起车轮跳动时，传感器迅速将信号传至控制系统，控制系统发出指令，将电信号发送到各个减振器的电磁线圈，电流运动产生磁场，在磁场的作用下，减振器中的电磁液的密度迅速发生变化（变化频率高达 1000Hz），进而控制悬架的刚度和阻尼力，达到减振的目的。

电磁式可调悬架可以快速、有效地弥补轮胎的跳动，并扩大悬架的活动范围、降低噪声，提高汽车的操纵稳定性和乘坐舒适性。采用电磁式可调悬架的代表车型有凯迪拉克 SLS 赛威、凯迪拉克 CTS、奥迪 TT 等。

5.2.2 电子控制悬架系统的功能

电子控制汽车悬架系统的控制功能通常有以下三个。

1. 车身高度调整

当汽车在不平路面行驶时，可以抬高车身，以便于通过；在良好路面高速行驶时，可以降低车身，以减小空气阻力，提高操纵稳定性。

2. 阻尼力控制

提高汽车的操纵稳定性，在急转弯、急加速和紧急制动的情况下可以抑制车身姿态的变化。

3. 弹簧刚度控制

动态改变弹簧刚度，使悬架满足汽车运动性或乘坐舒适性的要求。

采用主动式悬架后，汽车对侧倾、俯仰、横摆跳动和车身的控制都能更加迅速、精确，汽车高速行驶和转弯的稳定性提高，车身侧倾减小。制动时车身前俯小，起动和急加速可减小后仰。即使在坏路面，车身的跳动也较小，轮胎对地面的附着力提高。

5.3 奥迪机电耦合式主动悬架系统

5.3.1 性能特点

奥迪 A8 旗舰车型装备的机电耦合式主动悬架系统（图 5.7）是弹性元件的刚度、减振器的阻尼力及车身姿态完全可调控的机电混合式悬架系统，汽车的前置摄像头探测路况的变化，并指示系统提前做出反应（系统具有预瞄功能）。

每个车轮均配有 48V 伺服电动机，可以主动调节车身施加到每个车轮上的负载（增大或减小车轮上的负载），并主动调节车身高度、姿态，以适应各种驾驶工况的需要。

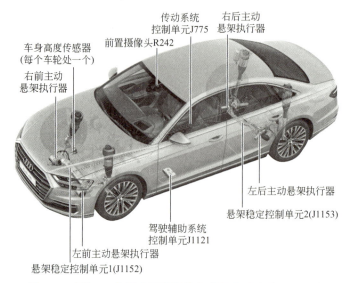

图 5.7 奥迪 A8 旗舰车型装备的机电耦合式主动悬架系统

机电耦合式主动悬架系统是在自适应悬架（adaptive air suspension，AAS）系统＋主动稳定（也称紧急路侧辅助）功能的悬架系统基础上衍生、发展起来的。

机电耦合式主动悬架系统实现了整车运动性与舒适性的完美融合，并进一步拓展了控制范围（图 5.8），通过选择不同的悬架工作模式，驾驶人既可以体验到跑车的操纵乐趣，又可以尽享高档乘用车的平稳与舒适。

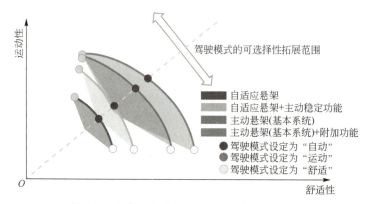

图 5.8 机电耦合式主动悬架系统的控制范围

5.3.2 结构组成

奥迪 A8 旗舰车型装备的机电耦合式主动悬架系统主要由变刚度空气弹簧、阻尼力连续可调的减振器及四个车轮单独配置的主动悬架执行器组成。此外，还有车身高度传感器、前置摄像头、悬架稳定控制单元、传动系统控制单元、驾驶辅助系统控制单元等。

1. 变刚度空气弹簧

（1）优点。

机电耦合式主动悬架系统摒弃了传统的钢质螺旋弹簧,采用变刚度空气弹簧作为弹性元件。在每个车轮处均设置了一个变刚度空气弹簧,它可以实现车身的自动调平,具有以下优点。

① 空气弹簧的静态压缩量与载荷无关,总是保持恒定,可以减小车轮拱罩内为车轮自由转动而预留的空间,有利于总体布置。

② 车身可以支承在较软(刚度较小)的空气弹簧上,汽车的乘坐舒适性显著提升。

③ 即使簧载质量变化较大(如从空载变化到满载),也可以确保空气弹簧的压缩和伸张行程不变。无论载荷多大,都可保证相应的最小离地间隙。

④ 汽车载荷增大时不需要变动车轮前束值和外倾角,也不会恶化空气阻力系数(C_d值)和汽车外观。

⑤ 由于空气弹簧内的空气压力是按簧载质量动态调整的,因此空气弹簧的刚度与簧载质量会成比例地变化,从而使车身的垂直振动频率、乘坐舒适性与簧载质量的变化无关,且基本保持恒定。

(2)结构。

在奥迪汽车上使用带有管状气囊的空气弹簧作为弹性元件,这种空气弹簧的特点是占用空间小、弹簧行程大。

如图 5.9 所示,空气弹簧主要由上端盖、管状气囊、活塞(下端盖)和张紧环组成。内、外保护层由优质弹性材料制成,可满足各种恶劣天气要求且耐机油侵蚀。内保护层的密封性非常好,用尼龙制成的织物芯层(高强度支架)可吸收空气弹簧产生的内部压力。

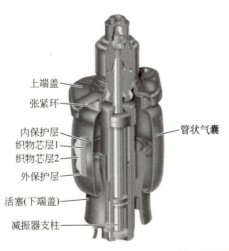

图 5.9 空气弹簧的组成(与减振器支柱同轴布置)

内、外保护层和织物芯层(高强度支架)使得管状气囊具有良好的开卷特性且反应灵敏,上述特性在 −35～90℃ 均可得到满足。

上端盖和活塞之间的管状气囊由金属张紧环夹紧,管状气囊在活塞上展开。

根据具体的车桥设计形式,空气弹簧与减振器支柱既可以同轴布置(图 5.9)又可以分开布置(图 5.10)。

通过悬架控制单元动态调节充入空气弹簧内部空气的压力(压缩空气由空气压缩机提

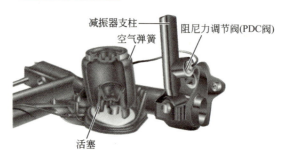

图 5.10 空气弹簧与减振器支柱分开布置

供），可以动态调节空气弹簧的刚度和承载力，从而确保汽车具有良好的乘坐舒适性。

2. 阻尼力连续可调的减振器

为使减振器的阻尼力与空气弹簧的刚度变化达到最优匹配，奥迪 A8 旗舰车型装备的机电耦合式主动悬架系统采用阻尼力连续可调（continuous damping control，CDC）的减振器，简称 CDC 减振器（图 5.11）。

CDC 减振器在传统的双向作用筒式减振器的基础上，增加了一个可以根据空气弹簧的压力（刚度）动态调节减振器阻尼力的阀（pneumatic damping control valve，PDC 阀），即阻尼力调节阀。因此，该减振器也称 PDC 减振器。

如图 5.12 所示，CDC 减振器的阻尼力变化是通过 PDC 阀实现的，该阀集成在减振器内，通过一根软管与空气弹簧相连。空气弹簧压力（该压力与簧载质量成比例）作为可调参数控制 PDC 阀上的节流阀（其阀口的横截面面积可变），以实现对减振器阻尼力的动态调节（图 5.13）。

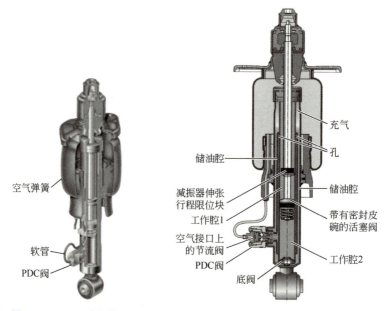

图 5.11 CDC 减振器　　　　图 5.12 CDC 减振器的结构

PDC 阀会影响活塞杆一侧工作腔（工作腔 1）的液压油流动阻力。工作腔 1 通过一个孔与 PDC 阀相连。当空气弹簧压力较小（空载或很小的部分载荷）时，PDC 阀形成的液

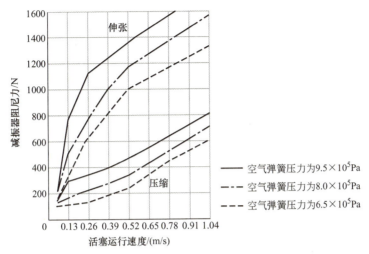

图 5.13 减振器在伸张和压缩时的阻尼力

压油流动阻力较小,部分液压油流过阻尼阀(活塞阀),故减振器的阻尼力减小。

PDC 阀的流动阻力与控制压力(空气弹簧压力)有固定的对应关系。阻尼力由相应的阻尼阀和 PDC 阀形成的流动阻力决定。

(1)空气弹簧压力较小时的伸张过程。如图 5.14 所示,在伸张过程中,减振器活塞被车身拉着向上运动。由于空气弹簧压力较小,因此 PDC 阀处于开启状态。随着活塞上行,减振器工作腔 1 内的一部分液压油通过活塞阀流入工作腔 2;另一部分液压油通过工作腔 1 内的孔流往 PDC 阀,再通过 PDC 阀流入储油腔。同时,储油腔中也有部分液压油通过底阀流入工作腔 2,但流量较小。

由于在此过程中液压油的流动阻力较小,因此减振器的阻尼力较小。

(2)空气弹簧压力较大时的伸张过程。由于空气弹簧压力较大,因此 PDC 阀处于关闭状态,如图 5.15 所示,相应地,当活塞被车身拉着向上运动时,减振器工作腔 1 内的液

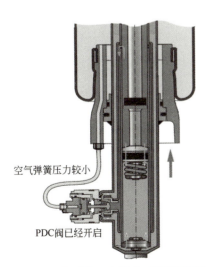

图 5.14 空气弹簧压力较小时的伸张过程

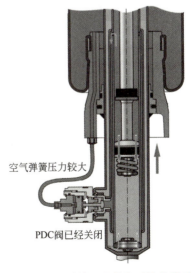

图 5.15 空气弹簧压力较大时的伸张过程

压油只能通过活塞阀流入工作腔 2，而无法通过 PDC 阀流入工作腔 2。因而，在这一过程中，减振器的阻尼力较大。

在这一过程中，随着活塞上行，工作腔 2 的内部压力降低，储油腔中也有部分液压油通过底阀流入工作腔 2，但流量较小。

由于 PDC 阀开度随着控制压力（空气弹簧压力）的变化而变化，因此减振器的阻尼力随着控制压力（空气弹簧压力）的变化而变化，这就是该减振器被称为 PDC 减振器的原因。

（3）空气弹簧压力较小时的压缩过程。在压缩过程中，减振器活塞被车身压着向下运动。由于空气弹簧压力较小，因此 PDC 阀处于开启状态。

当减振器活塞向下运动时，阻尼力主要由底阀的开启压力决定（底阀的开启压力要比活塞阀的开启压力大得多）。随着活塞下行，活塞杆压出的液压油一部分经底阀流入储油腔，另一部分经工作腔 1 内的孔流向 PDC 阀，再通过 PDC 阀流入储油腔（图 5.16）。

由于控制压力（空气弹簧压力）及液压油流过 PDC 阀的阻力较小，因此减振器的阻尼力较小。

（4）空气弹簧压力较大时的压缩过程。由于空气弹簧压力较大，因此 PDC 阀处于关闭状态。随着活塞下行，活塞杆压出的液压油只能通过底阀流入储油腔（图 5.17），而无法通过工作腔 1 内的孔流向 PDC 阀，再通过 PDC 阀流入储油腔。因而，减振器的阻尼力显著增大。

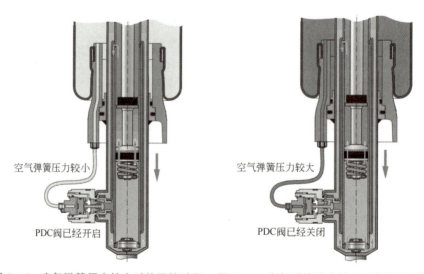

图 5.16　空气弹簧压力较小时的压缩过程　图 5.17　空气弹簧压力较大时的压缩过程

由于空气弹簧压力和减振器的阻尼力均可动态调整，因此，在对悬架系统进行匹配后，车身（簧载质量）的垂直振动频率为 1~1.5Hz，驾乘人员感觉比较舒适。

3. 主动悬架执行器

作为独立悬架，奥迪 A8 旗舰车型装备的机电耦合式主动悬架系统摒弃了传统的扭杆弹簧式防侧倾横向稳定器，而以主动悬架执行器控制车轮的跳动。

每个车轮都配置一个主动悬架执行器（图 5.18），且四个主动悬架执行器是彼此独立的。因此,四个主动悬架执行器可以分别独立地控制四个车轮的跳动。

图 5.18 主动悬架执行器

前桥的两个主动悬架执行器由悬架稳定控制单元 1(J1152)控制;后桥的两个主动悬架执行器由悬架稳定控制单元 2(J1153)控制。作为从属控制单元,悬架稳定控制单元 1(J1152)和悬架稳定控制单元 2(J1153)由传动系统控制单元 J775 控制(图 5.19)。

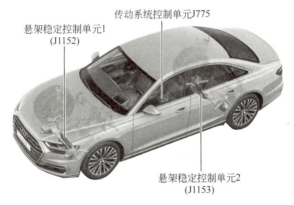

图 5.19 悬架稳定控制单元和传动系统控制单元

主动悬架执行器由 48V 伺服电动机、传动机构(同步带和谐波减速器)、扭力杆及传力杆系组成。每个车轮都有一个由 48V 电气系统提供电源的伺服电动机。驾驶辅助系统控制单元 J1121 每 5ms 向悬架稳定控制单元发送控制信号,悬架稳定控制单元根据驾驶辅助系统控制单元发出的反映路面状态的信息,控制伺服电动机正转(或反转)。然后,伺服电动机的输出力矩经过传动机构、扭力杆及传力杆系的作用,将与该侧车轮对应的车身拉低(或抬高),如图 5.20 所示。

下面以右前悬架稳定执行器为例,说明其结构组成和工作原理。

如图 5.21 所示,连杆的上端通过铰链(球头销)连接 CDC 减振器的下端,连杆的下端通过铰链连接摆臂的上端。摆臂的下端通过内花键与扭力杆的外端刚性连接,而扭力杆的内端通过外花键与扭力杆套管刚性连接。扭力杆套管的另一端通过外花键与谐波减速器动力输出端的延伸部分刚性连接。伺服电动机的动力通过同步带传递到谐波减速器,经过

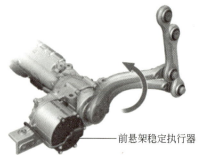

(a) 伺服电动机正转，拉低车身　　　　　(b) 伺服电动机反转，抬高车身

图 5.20　悬架稳定执行器拉低、抬高车身

谐波减速器减速增矩后，驱动扭力杆套管、扭力杆和摆臂产生扭转运动，并驱使连杆产生上升或下降运动，从而实现车身的拉低或抬高。

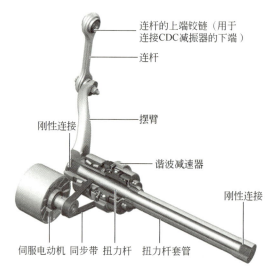

图 5.21　右前悬架稳定执行器的组成

下面以伺服电动机正转，拉低车身（图 5.22）为例，进一步说明其工作原理。

伺服电动机正转时，伺服电动机的输出力矩通过同步带驱动谐波减速器，谐波减速器驱动扭力杆套管扭转，扭力杆套管驱动由钛合金制成的扭力杆扭转，扭力杆驱动摆臂绕着扭力杆的轴线偏转（摆动），摆臂驱动连杆运动。在图 5.22 中，连杆做下拉运动，拉低车身。

主动悬架执行器的动力来自一个具有五对磁极、定子绕组采用星形联结的 48V 永磁无刷伺服电动机（图 5.23），其最大输出功率约为 2kW（仅在几毫秒内有如此大的功率需求），执行器对电动机的平均功率需求较低，一般为 10～200W，具体数值取决于驾驶人的驾驶风格和路面条件。

伺服电动机转子与谐波减速器输出端的减速比是 188.8∶1（电动机转子与谐波减速器输入端采用同步带传动，其减速比为 2.36∶1；谐波减速器输入端与输出端的减速比为 80∶1），也就是说，伺服电动机转子运转 188.8 周，谐波减速器的输出端运转一周。

A—伺服电动机；B—谐波减速器；C—扭力杆套管；D—扭力杆；E—摆臂；F—连杆。
图 5.22　伺服电动机正转，拉低车身

图 5.23　右前主动悬架执行器的伺服电动机

主动悬架执行器的谐波减速器输出端可以输出约 1100N·m 的力矩。当主动悬架执行器投入工作时，前悬架的连杆可获得最大 5kN 的作用力，后悬架的连杆可获得最大 4.5kN 的作用力。

摆臂可产生基于零位（初始位置）±42°的扭转运动，相应地，车身四角可以在 0.5s 内被抬高或拉低 85mm。

4. 悬架稳定控制单元

伺服电动机由置于前、后车桥上的悬架稳定控制单元分别控制，悬架稳定控制单元由车载电网通过 30 号接线端子提供 12V 电源，而伺服电动机通过车载电网由 40 号接线端子提供 48V 电源。

传动系统控制单元 J775（图 5.24）内含主动悬架的控制程序，是主动悬架系统的主控制单元；而置于前车桥的悬架稳定控制单元 1（J1152）和置于后车桥的悬架稳定控制单元 2（J1153）作为从属控制单元，三者之间通过 FlexRay 总线通信。

传动系统控制单元 J775 实时检测车身绕 X、Y、Z 轴的偏转运动及加速度（图 5.25）；同时，通过读取其他数据（如从气囊控制单元读取汽车的纵向加速度、从 ABS 控制单元读取车速信息等）判断汽车当前运动姿态，并对悬架稳定控制单元发出指令，实现相应的控制功能。

图 5.24　传动系统控制单元 J775

图 5.25　传动系统控制单元 J775 实时检测车身绕 X、Y、Z 轴的偏转运动及加速度

5.3.3　工作原理

奥迪 A8 旗舰车型装备的机电耦合式主动悬架系统的控制系统框图如图 5.26 所示。

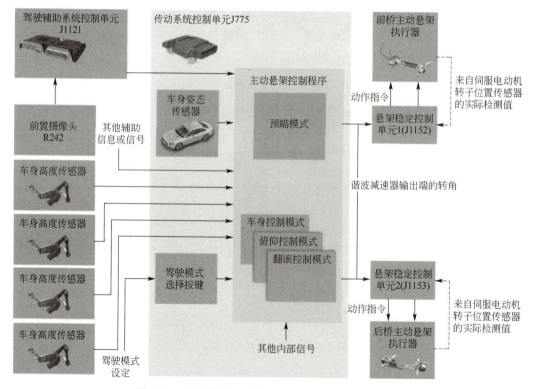

图 5.26　机电耦合式主动悬架系统的控制系统框图

车身高度由四个独立的车身高度传感器检测。车身姿态传感器集成在传动系统控制单元 J775 中，用于检测车身绕 X 轴（翻滚转矩）、Y 轴（俯仰转矩）和 Z 轴（偏摆转矩）的运动状态。

前置摄像头 R242 扫描得到的路况信息通过驾驶辅助系统控制单元 J1121 传给传动系统控制单元 J775，作为悬架控制程序，也作为输入信息。

汽车的悬架高度设置可由驾驶人手动设定，也可由系统自动设定。驾驶人可通过驾驶模式选择按键设定自己期望的悬架特性，如运动性、舒适性等。作为主动悬架系统的主控制单元，传动系统控制单元 J775 分别实时、独立地计算每个车轮对应的扭力杆所需转矩，该转矩对应谐波减速器输出端定义的偏转角度。

传动系统控制单元 J775 依据驾驶人选择的驾驶模式、汽车驾驶状态或由相关传感器确定的汽车行驶状态，计算扭力杆及连杆所需扭转力。

预期的扭力杆的扭转角度数值作为输入参数传给置于前后桥的悬架稳定控制单元 1（J1152）和悬架稳定控制单元 2（J1153）。悬架稳定控制单元 1（J1152）和悬架稳定控制单元 2（J1153）通过驱动主动悬架执行器的伺服电动机实现扭力杆的扭转。伺服电动机转子位置传感器的测量值作为伺服电动机控制的反馈信号。

在行车过程中，对于悬架系统而言，来自路面的随机输入无处不在。主动悬架系统的控制目标就是尽可能地减小车身的颠簸和振动，并在乘坐舒适性和运动性之间取得折中和平衡。

5.3.4 系统功能

奥迪 A8 旗舰车型装备的机电耦合式主动悬架系统具有多种控制模式，功能极为完善。

1. 车身控制模式

车身控制模式（body control module）可吸收路面激励、缓和车身振动，将车身的垂直振动频率控制在 1～1.5Hz。

（1）车身高度的设置。

如图 5.27 所示，在一般情况下，将车身高度分为高 2（HN2）、高 1（HN1）、正常高度（NN）和低（TN）四个级别。

在高 2（HN2）状态下，车身高度（最小离地间隙）为 208mm，该车身高度适合在凹凸不平的坏路上行驶；在高 1（HN1）状态下，车身高度（最小离地间隙）为 192mm，该车身高度为驻车高度；在正常高度（NN）状态下，车身高度（最小离地间隙）为 167mm，该车身高度适合在城市路面正常行驶；在低（TN）状态下，车身高度（最小离地间隙）为 142mm，该车身高度适合在路面条件良好的高速公路上高速行驶。

上述四种车身高度既可由驾驶人通过中控台上的操纵按键自行（手动）设置，又可由悬架控制系统自动切换。

（2）颠簸路面的舒适性控制。

下面以汽车左前轮驶过路面凸起物（如十字路口的减速带）为例，介绍悬架系统的控制过程。

如图 5.28 所示，当汽车的左前轮遭受不平路面冲击、左前部车身上移时，产生的垂直加速度由传动系统控制单元 J775 内的传感器检测。同时，左前悬架会被轻微压缩，压缩量被相应的车身高度传感器获取。传动系统控制单元 J775 综合评价多项数据信息（如车速、横向加速度等）后，发出控制指令，减小左前减振器的阻尼力。

传动系统控制单元 J775 通过悬架稳定控制单元 1（J1152）将左前主动悬架执行器扭

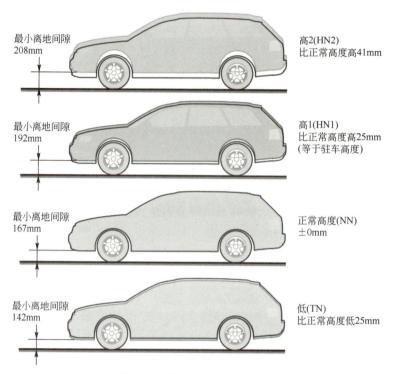

图 5.27　车身高度的四个级别

图 5.28　汽车的左前轮遭受不平路面的冲击

力杆的预紧力调整至最小值，通过上述措施充分吸收路面的冲击，从而将车身的垂直加速度限制在人体感觉舒适的范围内。

其他车轮行经路面颠簸处时，悬架系统的控制过程与上述过程类似，在此不再赘述。

2. 预瞄模式

预瞄模式（preview module）借助驾驶辅助系统的前置摄像头 R242，以 200Hz 的频率扫描前方 5～20m 路况，实时扫描、评估前方路面状况，并将数据传输给驾驶辅助系统控制单元 J1121，然后由驾驶辅助系统控制单元 J1121 传给传动系统控制单元 J775，使主动悬架系统预先掌握路面状况的变化，做到未雨绸缪。

由于主动悬架系统可以针对前方路面的随机激励（如凸起减速带或颠簸的路面）预做准备，因此可显著提高汽车的乘坐舒适性。

如图 5.29 所示，当驾驶辅助系统控制单元 J1121 识别到凸起的障碍物时迅速向传动系统控制单元 J775 通报信息，然后主动悬架系统将车身迅速提高约 40mm，为跨越障碍物预留充足的弹簧压缩空间。

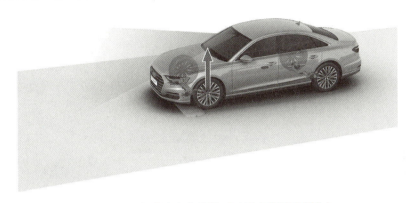

图 5.29　主动抬高左前轮（以适应路面凸起物）

当车轮"抵达"障碍物时，主动悬架执行器主动将车轮向上拉起，以使车轮能够跟随障碍物的轮廓运动，确保及时消除车轮与障碍物首次接触时产生的冲击力。当汽车驶离障碍物时，左前轮的悬架主动伸出、回弹，尽可能地适应道路的轮廓变化（图 5.30）。

图 5.30　主动压低左前轮（以适应平整路面）

3. 俯仰控制模式

俯仰控制模式（pitch module）可以抑制汽车起步或制动时的车身俯仰动作，即减小车身相对于横轴（Y 轴）的偏转角度。该模式可以在不损失汽车运动性和乘坐舒适性的前提下，显著提升汽车的起动能力并保持更短的制动距离。

汽车在急速起动过程中，车身前部有升高的趋势，车身后部有降低的趋势，从而导致车身不平稳、乘坐舒适性变差。装备主动悬架系统的汽车在急速起动时，前悬架主动适度减小车身高度，后悬架主动适度增大车身高度（图5.31），以抵消车身可能出现的姿态变化，进一步提升乘坐舒适性。

图5.31　汽车在急速起步过程中的俯仰补偿

汽车在紧急制动过程中，车身前部有降低的趋势，车身后部有升高的趋势，从而导致车身不平稳、乘坐舒适性变差。装备主动悬架系统的汽车在紧急制动时，前悬架主动适度增大车身高度，后悬架主动适度减小车身高度（图5.32），以抵消车身可能出现的姿态变化，进一步提升乘坐舒适性。

图5.32　汽车在紧急制动过程中的俯仰补偿

4. 翻滚控制模式

翻滚控制模式（roll module）可以减小汽车在急转弯时产生的绕纵轴（X轴）的翻滚角度，有效抑制车身侧倾（也称侧倾控制功能），同时可以确保汽车的操纵性和稳定性良好。

在驾驶模式中，只有选择"舒适＋"模式才可激活翻滚控制模式。如图5.33所示，汽车在转弯时，主动悬架系统控制车身向相反方向倾斜，即向弯道内侧倾斜约3°。翻滚控制模式为弯道外侧的车身提供了更有效的支撑，减小了作用在驾乘人员身上的侧向力，极大提高了乘坐舒适性。

图5.33　翻滚控制模式

在图 5.33 中，白色虚线构成的车身轮廓表示汽车转弯时离心力导致的车身倾斜趋势；灰色虚线构成的车身轮廓表示汽车转弯时主动悬架系统通过抬高外侧车身高度导致的车身倾斜趋势。两种倾斜趋势彼此抵消，确保在紧急转弯过程中车身依然保持平稳。

5. 碰撞模式

碰撞模式（crash module）是指在行车过程中，如果驾驶辅助系统检测到即将发生侧面碰撞，则该侧车身会被迅速抬高，使碰撞物体（如从侧面撞过来的其他汽车）不会撞击本车比较薄弱的车门区域，而撞击结构强度更高（更耐撞）的车侧底梁（门槛梁），以降低撞击造成的损失。

如果其他汽车在侧面以超过 25km/h 速度接近并即将与本车发生侧面撞击，置于车身侧面的测距雷达或摄像头（在奥迪 A8 旗舰车型驾驶辅助系统的 24 个外置传感器中，有 6 个传感器服务于这项功能，车身两侧各 2 个，车尾两侧各 1 个）可提前识别侧面碰撞危险，随之在 0.5s 内将这一侧车身紧急提高约 80mm，将碰撞引向结构强度更高的门槛梁区域（而非强度较低的车门区域），以降低侧面撞击对车内乘员的伤害。

图 5.34 所示为无侧面碰撞车身抬高功能时的碰撞形态，图 5.35 所示为有侧面碰撞车身抬高功能时的碰撞形态。两者对比，有侧面碰撞车身抬高功能的主动悬架系统的保护作用一目了然。

图 5.34　无侧面碰撞车身抬高功能时的碰撞形态

图 5.35　有侧面碰撞车身抬高功能时的碰撞形态

6. 抬高车身、便于上车模式

抬高车身、便于上车模式（elevated entry module）是指当车门被打开时，主动悬架系统自动将车身抬高，以方便驾乘人员上车。

在驻车状态（车身高度较低）下，当车门被驾乘人员打开时，主动悬架系统自动将车身抬高约 40cm，以方便驾乘人员上车，如图 5.36 所示。

图 5.36　抬高车身、便于驾乘人员上车

1. 按照控制方式的不同，汽车悬架系统通常分为哪几类？
2. 电子控制悬架的控制形式主要有哪三种？
3. 电子控制悬架系统的控制功能通常有哪三项？
4. 简述奥迪 A8 旗舰车型装备的机电耦合式主动悬架系统的组成与工作原理。

【拓展视频】　【拓展视频】

第6章 电子控制转向系统

教学提示

　　操作轻便、路感清晰的电子控制动力转向系统极大地提高了汽车的操纵性能。电子控制四轮转向系统在提高汽车的弯道通过性能方面优势明显，应用广泛。

教学要求

　　本章主要介绍电子控制动力转向系统和电子控制四轮转向系统。要求学生了解电子控制动力转向系统在汽车上的应用概况，熟悉电子控制动力转向系统和电子控制四轮转向系统的基本组成。

6.1 汽车转向系统概述

6.1.1 转向系统的作用与相关要求

图 6.1 汽车转向系统

用来改变或保持汽车行驶或倒退方向的一系列装置称为汽车转向系统,如图 6.1 所示。

汽车转向系统的功能是按照驾驶人的意图控制汽车的行驶方向。由于汽车转向系统对汽车的行驶安全至关重要,因此汽车转向系统的零件都被称为保安件。

为确保行车安全,对转向系统有如下要求。

(1) 转向系统应工作可靠、操纵轻便。

(2) 对轻微的路面冲击,转向系统应有自动回正能力。

(3) 转向机构应能减小地面传到转向盘的冲击,并保持适当的路感。

(4) 当汽车发生碰撞时,转向装置应能减轻或避免对驾驶人的伤害。

6.1.2 转向系统的分类

汽车转向系统按转向能源的不同可分为机械转向系统(mechanical steering system)和动力转向系统(power steering system)两类。

机械转向系统是依靠驾驶人操纵转向盘的转向力实现车轮转向的;动力转向系统是在驾驶人的控制下,借助汽车发动机产生的液体压力或电动机驱动力实现车轮转向的。

传统的动力转向系统具有转向操纵灵活、轻便等优点;但也有汽车高速行驶时转动转向盘的力显得太小,转向盘"发飘",不利于高速行车等缺点。

随着电子控制技术在汽车动力转向系统中的应用,出现了电子控制动力转向(electronic control power steering,EPS)系统。EPS 系统可以在低速时减小转向力,以提高系统的操纵轻便性;在高速时适当增大转向力,以提高操纵稳定性。

电子控制四轮转向系统在提高汽车转向操纵稳定性的同时,显著减小了转弯半径,提高了汽车的弯道通过性。

6.2 汽车电子控制动力转向系统

6.2.1 传统的动力转向系统

1. 传统的动力转向系统的组成

为使汽车操纵轻便及行驶安全,乘用车、载重汽车、客车大多采用液压助力转向器,构成液压式动力转向系统（hydraulic power steering system），如图 6.2 所示。

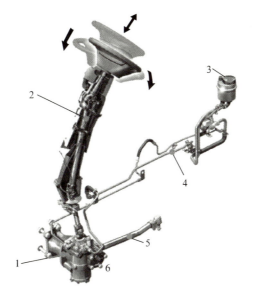

【拓展图文】

1—液压助力转向泵；2—转向柱及转向管；3—液压油储存罐；4—液压油传输管线；
5—转向拉杆；6—液压助力转向器。

图 6.2 液压式动力转向系统结构

动力转向器由机械转向器和液压助力转向器组成；发动机动力驱动液压助力转向泵，借助液力通过转向加力装置，增大驾驶人操纵前轮转向的力，使操纵轻便、灵敏且安全可靠。

液压式动力转向系统的油路如图 6.3 所示。转向控制阀在转向时改变油路，从而增大转向力，如图 6.4 所示。

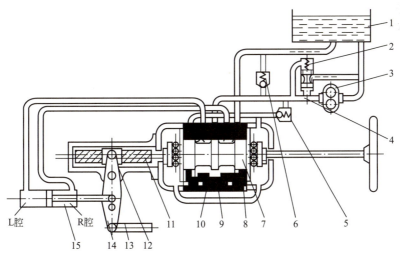

1—油箱；2—溢流阀；3—齿轮油泵；4—进油道量孔；5—单向阀；6—安全阀；
7—滑阀；8—反作用阀；9—阀体；10—回位弹簧；11—转向螺杆；
12—转向螺母；13—纵拉杆；14—转向垂臂；15—动力缸。

图 6.3 液压式动力转向系统的油路

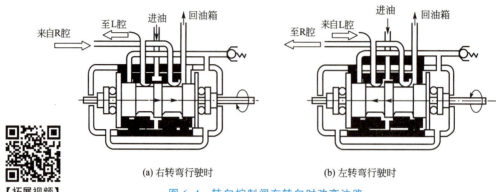

图 6.4 转向控制阀在转向时改变油路

2. 传统的动力转向系统的不足

传统的动力转向系统设定的固定动力放大倍率具有以下缺点：如果设计固定动力放大倍率的动力转向系统是为了减小汽车在停车或低速行驶时的转向力，则当汽车高速行驶时，这一固定动力放大倍率的动力转向系统会使转动转向盘的力显得太小，不利于对高速行驶的汽车进行方向控制；反之，如果设计固定动力放大倍率的动力转向系统是为了增大汽车在高速行驶时的转向力，则当汽车停驶或低速行驶时，转动转向盘显得非常吃力。

6.2.2 电子控制动力转向系统

1. EPS 系统的组成

在汽车动力转向系统中应用电子控制技术，提高了汽车的驾驶性能。当汽车低速行驶时，EPS 系统可使汽车转向轻便、灵活；当汽车在中、高速转向时，EPS 系统能保证提供最优的动力放大倍率和稳定的转向手感，从而提高汽车高速行驶的操纵稳定性。

典型的 EPS 系统如图 6.5 所示。

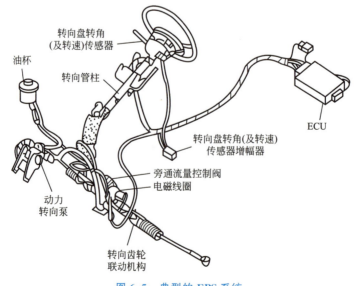

图 6.5 典型的 EPS 系统

2. EPS 系统的分类

根据动力源的不同，EPS 系统可分为液压式 EPS 系统和电动式 EPS 系统。

液压式 EPS 系统在液压式动力转向系统的基础上增设控制液体流量的电磁阀、车速传感器和 ECU 等，ECU 根据检测到的车速信号控制电磁阀，使转向动力放大倍率实现连续可调，从而满足汽车在中、低速时的转向助力要求。

电动式 EPS 系统以直流电动机为动力源，ECU 根据转向参数和车速等信号控制电动机转矩的大小和方向。电动机的转矩由电磁离合器通过减速机构减速增矩后，加在汽车的转向机构上，使之得到一个与工况适应的转向力。

3. EPS 系统的特点

为满足现代汽车对转向系统的要求，EPS 系统具有以下特点。

（1）良好的随动性：转向盘与转向轮之间具有准确的一一对应关系，同时能保证转向轮维持在任意转角位置。

（2）有高度的转向灵敏度：转向轮对转向盘的响应灵敏。

（3）良好的稳定性：具有很好的直线行驶稳定性和转向自动回正能力。

（4）助力效果能随车速和转向阻力的变化作相应的调整：低速时，有较大的助力效果，以克服路面的转向阻力；中、高速时，有适当的路感，以避免因转向过轻（转向盘"发飘"）而发生事故。

6.3 液压式电子控制动力转向系统

液压式 EPS 系统是在液压式动力转向系统的基础上增设电子控制装置而成的。根据控制方式的不同，液压式 EPS 系统可分为流量控制式、反力控制式和阀灵敏度控制式三种。

下面以丰田汽车流量控制式动力转向系统为例，说明液压式 EPS 系统的工作过程。

6.3.1 流量控制式动力转向系统的组成

如图 6.6 所示，丰田流量控制式动力转向系统主要由车速传感器、电磁阀、动力转向控制阀、动力转向泵和 ECU 等组成。

6.3.2 流量控制式动力转向系统的工作过程

电磁阀安装在通向转向动力缸活塞两侧油室的油道之间，当电磁阀的阀针完全开启时，两油道被电磁阀接通一个旁路，使转向动力缸活塞两侧压力差减小，液压助力减小；相反，则助力增大。

电磁阀的结构如图 6.7 所示。

流量控制式动力转向系统根据车速传感器的信号，控制电磁阀阀针的开启程度，从而控制转向动力缸活塞两侧油室的旁路液压油流量。

流量控制式动力转向系统的工作原理：车速越高，流过电磁阀电磁线圈的平均电流越大，电磁阀阀针的开启程度越大，旁路液压油流量越大，液压助力作用越小，使转动转向

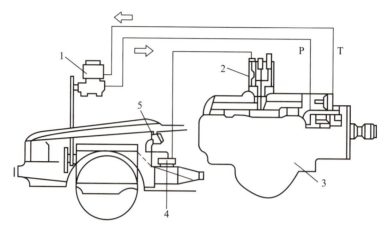

1—动力转向泵;2—电磁阀;3—动力转向控制阀;4—ECU;
5—车速传感器;P—压力油管;T—回油管。

图 6.6　丰田流量控制式动力转向系统

盘的力随之增大;相反,车速越低,液压助力作用越大,转向越轻便。

电磁阀的驱动信号如图 6.8 所示。驱动电磁阀电磁线圈的脉冲电流信号频率基本不变,但随着车速升高,脉冲电流信号的占空比逐渐增大,流过电磁线圈的平均电流随车速的升高而增大。

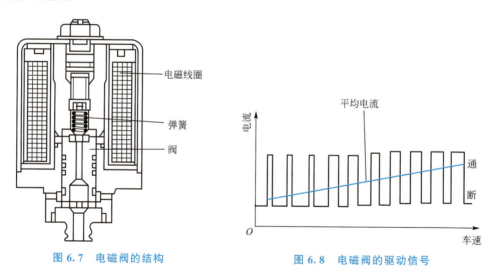

图 6.7　电磁阀的结构　　　　图 6.8　电磁阀的驱动信号

6.3.3　流量控制式动力转向系统的工作电路

丰田流量控制式动力转向系统电路如图 6.9 所示。ECU 是 EPS 系统的核心控制部件。它根据车速传感器提供的车速信号,通过改变旁通电磁阀驱动信号占空比的方式调节转向力。

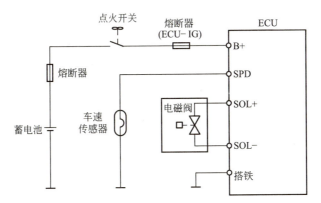

图 6.9　丰田流量控制式动力转向系统电路

6.4　电动式电子控制动力转向系统

6.4.1　电动式电子控制动力转向系统概述

电动式 EPS 系统用电动机代替了液压缸，电动机由汽车系统电源（蓄电池和发电机）供电。

当驾驶人转动转向盘时，电动式 EPS 系统中的传感器检测系统运动情况，使电动机产生足够的动力带动转向轮适当偏转。电动式 EPS 系统用电子开关代替了液压式 EPS 系统中的液压分配阀。

1. 电动式 EPS 系统的组成

电动式 EPS 系统的基本组成如图 6.10 所示，主要包括车速传感器、转矩传感器、转向角传感器、ECU、电动机及减速机构等（图中未全画出）。

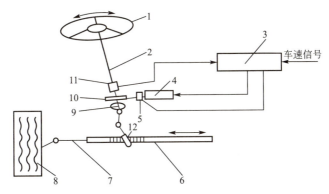

1—转向盘；2—输入轴（转向轴）；3—ECU；4—电动机；5—电磁离合器；
6—转向齿条；7—横拉杆；8—转向轮；9—输出轴；
10—扭力杆；11—转矩传感器；12—转向齿轮。

图 6.10　电动式 EPS 系统的基本组成

随着技术的进步和成本的降低，目前，电动式 EPS 系统广泛应用于微型汽车和轻型货车，并不断向乘用车领域延伸。

2. 电动式 EPS 系统的工作原理

电动式 EPS 系统的工作原理是 ECU 根据汽车行驶速度信号、转矩及转向角信号，控制电动机及减速机构产生助力转矩，使汽车行驶在低、中和高速下都能获得最佳转向效果。

电动机连同离合器和减速齿轮通过一个橡胶底座安装在左车架上。电动机的输出转矩由减速齿轮增大，并通过万向节、转向器中的助力小齿轮送至齿条，最终送至转向轮。

当操纵转向盘时，装在转向轴上的转矩传感器不断地测出转向轴上的转矩信号，该信号与车速信号等同时输入 ECU。ECU 根据这些输入信号确定助力转矩的大小和方向，即选定电动机的电流和转向，调整转向辅助动力的大小。

电磁离合器通过减速机构减速增矩后，将电动机转矩加在汽车的转向机构上，使之得到一个与汽车工况相适应的转向力。

3. 电动式 EPS 系统的优点

电动式 EPS 系统有以下液压式 EPS 系统不具备的优点。

（1）将电动机、离合器、减速装置、转向杆等部件装配成一个整体，既无液压管路又无控制阀，故结构紧凑、质量减轻。

（2）没有液压式 EPS 系统必需的常态运转的转向泵，电动机只有在需要转向时才接通电源，故动力消耗和燃油消耗均可降到最低。

（3）省去了液压系统，故不需要给转向泵补充油，也不必担心漏油。

（4）可以比较容易地按照汽车性能的需要设置、修改转向助力特性。

电动式 EPS 系统还设有安全保护装置，由一个在主电源电路中能切断电动机电源的继电器和一个安装在电动机与减速齿轮之间并能把它们断开的电磁离合器组成。如果系统发生故障，安全保护装置就会开始工作，恢复到无助力的常规转向模式，确保行车安全。

6.4.2　三菱汽车电动式电子控制动力转向系统

三菱米尼卡（Minica）汽车电动式 EPS 系统的组成如图 6.11 所示，主要有 ECU、直流电动机和离合器、车速传感器、转矩传感器和转向机总成（图中未画出）等。

三菱汽车电动式 EPS 系统工作时，ECU 根据车速传感器等的信号控制转向盘上的转向力，驱动转向齿轮箱内的电动机实现助力控制。当车速高于设定速度时，系统变成普通的转向系统。

当系统出现故障时，自我修正功能发挥作用，断开电动机的输出电流，变成普通的转向系统，同时组合仪表内的警告灯点亮，通知驾驶人转向系统出现故障。

1. 三菱汽车电动式 EPS 系统的组成

三菱米尼卡汽车电动式 EPS 系统的组成部件及其功用如下。

（1）电动机和离合器。

ECU 根据车速控制电动机的电流，汽车在停驶和极低速状态下电动机电流最大，助力作用大。电动机产生的助力经离合器、传动齿轮减速后，起到助力作用。

电动机是以行星齿轮机构传递动力的，电动机的行星齿轮机构如图 6.12 所示。行星齿轮机构可以分为输入轴和行星小齿轮两部分，它们通过一个恒星齿轮啮合。

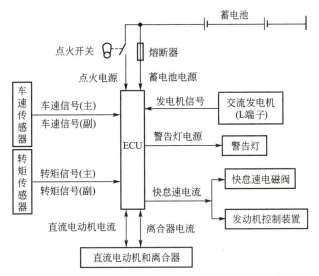

图 6.11　三菱米尼卡汽车电动式 EPS 系统的组成

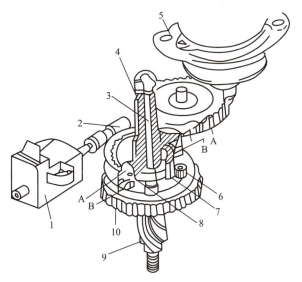

1—转矩传感器；2—卷轴；3—转矩杆；4—输入轴；5—直流电动机和离合器；
6，8—行星小齿轮；7—恒星齿轮；9—齿轮齿条转向机构的齿轮；
10—从动齿轮；A—主动齿轮；B—内齿圈。

图 6.12　电动机的行星齿轮机构

行星齿轮机构的动力传动路线：转向器转矩杆 3→输入轴 4→行星齿轮机构的内齿圈 B→行星小齿轮 6→行星小齿轮 6 的轴→从动齿轮 10（恒星齿轮运动受约束）。驾驶人作用在转向盘上的转矩由行星齿轮机构的内齿圈输入，从行星小齿轮轴输出。此种传动的传动比 $i>1$，即做减速增矩转动，i 为驾驶人作用在转向盘上的转矩经行星齿轮机构后增大的倍数。

电动机电动助力的转矩由电动机轴上的驱动齿轮传给主动齿轮 A，再由主动齿轮 A 传给从动齿轮 10，使从动齿轮 10 的转矩增大。

驾驶人作用在转向盘上的转矩经行星齿轮机构扩大后作用在从动齿轮 10 上，而电动机助力转矩也作用在从动齿轮 10 上，最后共同作用在齿轮齿条转向机构的齿轮 9 上。齿轮 9 使齿条往复运动，使左、右转向轮克服地面转向阻力矩而偏转，实现汽车转向。

（2）转矩传感器。

转矩传感器的功能是将转动转向盘时的转矩和角度变为转向信号，输送给 ECU。由于采用行星齿轮机构，转矩传感器的检测精度提高，因此一般设定转矩杆的扭转角度为 4°。

（3）车速传感器。

车速传感器的结构如图 6.13 所示。车速传感器是一种电磁式传感器，安装在变速器上。该传感器的作用是根据车速的变化，把主、副系统的脉冲信号输送给 ECU。车速传感器每转动一周产生八个脉冲信号，由于有主、副两个系统，因此信号的可靠性更高。

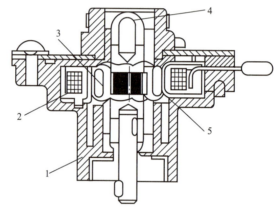

1—壳体；2—定子线圈；3—磁极；4—下侧定子；5—定子。

图 6.13 车速传感器的结构

（4）汽车交流发电机 L 端子。

利用交流发电机的 L 端子电压，可以判断出发电机是否运转，故把交流发电机的 L 端子看成向 ECU 输送信号的一个传感器。

直流电动机的最大电流约为 30A，发动机不工作时，转向系统由蓄电池供电；发动机工作时，转向系统由发电机供电。

（5）ECU。

ECU 由一个 8 位单片机 MC6805 及外围电路组成。电动式 EPS 系统的工作过程如图 6.14 所示。

2. 三菱汽车电动式 EPS 系统的工作原理

（1）点火开关接通时，电源电压加到电动式 EPS 系统的控制部件上，电动式 EPS 系统开始工作。

（2）起动发动机时，交流发电机的 L 端子的电压加到 ECU 上，当 ECU 检测到发动机处于工作状态时，电动式 EPS 系统转为工作状态。

图 6.14　电动式 EPS 系统的工作过程

（3）ECU 输出电磁离合器信号后，通过电动机输出轴和行星齿轮机构，使行星齿轮轴处于可以助力的状态，并根据转矩信号向电动机输出电流。

行车时，按不同车速下的转矩控制电动机电流，并完成电控动力转向与普通转向的转换。六种车速下电动机的电流状态如图 6.15 所示。

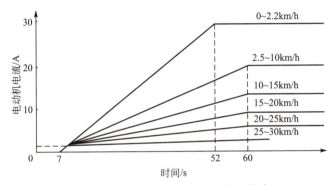

图 6.15　六种车速下电动机的电流状态

当车速高于 30km/h 时，ECU 不输出离合器电流及电动机电流，离合器被分离，电控动力转向变为普通转向；当车速低于 27km/h 时，ECU 又输出离合器电流和电动机电流，由普通转向变为电控动力转向。

6.5　电子控制四轮转向系统

6.5.1　电子控制四轮转向系统概述

绝大多数汽车以两个前轮为转向车轮，这样的转向系统称为两轮转向（two-wheel steering，2WS）系统。

为了使汽车具有更好的弯道通过性和操纵稳定性，在其后桥上也安装转向系统，前、后、左、右四个车轮均为转向车轮，这样的转向系统称为四轮转向（four-wheel steering 或 all-wheel steering，4WS）系统。

汽车采用 4WS 系统的目的是在低速行驶时，依靠逆向转向（前、后车轮的偏转方向相反）获得较小的转向半径，提高汽车的操纵性；在中、高速行驶时，依靠同向转向（前、后车轮的偏转方向相同）减小汽车的横摆运动，使汽车可以高速变换行进路线，提高转向时的操纵稳定性。

4WS 系统的一般布置形式如图 6.16 所示。

装备2WS系统和4WS系统的汽车低速转向时的行驶轨迹如图6.17所示，中、高速转向时的操纵性如图6.18所示。

【拓展视频】

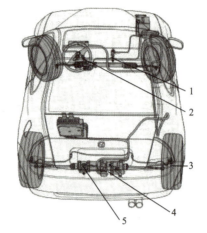

1—车速传感器；2—转向盘转向角传感器；3—车轮转速传感器；
4—后轮转向执行机构；5—后轮转向角传感器。

图6.16　4WS系统的一般布置形式

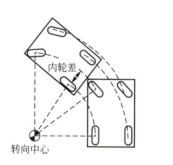 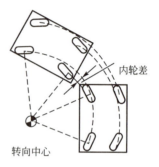

(a) 装备2WS系统　　　　　　　　(b) 装备4WS系统

图6.17　汽车低速转向时的行驶轨迹

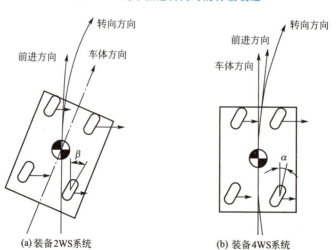

(a) 装备2WS系统　　　　　　　　(b) 装备4WS系统

图6.18　汽车中、高速转向时的操纵性

装备4WS系统的汽车不同车速下后前轮转向比率及车轮偏转状态如图6.19所示。

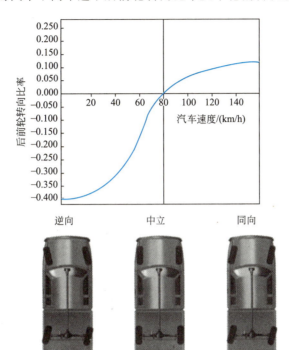

图6.19 装备4WS系统的汽车不同车速下后前轮转向比率及车轮偏转状态

根据控制方式的不同,4WS系统可分为转向角比例控制式4WS系统与横摆角速度比例控制式4WS系统两种。

6.5.2 转向角比例控制式四轮转向系统

转向角比例控制是指使后轮的偏转方向在低速区与前轮的偏转方向相反,在高速区与前轮的偏转方向相同,并同时根据转向盘转向角和车速情况控制后轮与前轮的偏转角度比例。

转向角比例控制式4WS系统的构成如图6.20所示。

前、后转向机构通过连接轴相连。转动转向盘转向时,齿条式转向器的齿条在推动前转向横拉杆左右移动使前轮偏转转向的同时,带动输出小齿轮转动,通过连接轴传递到后转向控制机构,带动后轮偏转。

为兼顾不同驾驶人的驾驶习惯,4WS系统均设有2WS/4WS工作模式选择开关。当在狭窄空间内驾驶汽车,特别是倒车时(此时变速器处于倒挡状态),为避免发生危险(如自车与其他汽车或障碍物发生刮碰),建议驾驶人选择2WS工作模式,以确保行车安全。为此,在2WS工作模式选择开关上,特意标注了REVS(变速器倒挡Reverse的略写)字样,以资提醒。

1. 系统组成部件

(1)转向枢轴。

后转向齿轮箱中的转向枢轴实际上是一个大轴承,如图6.21所示。

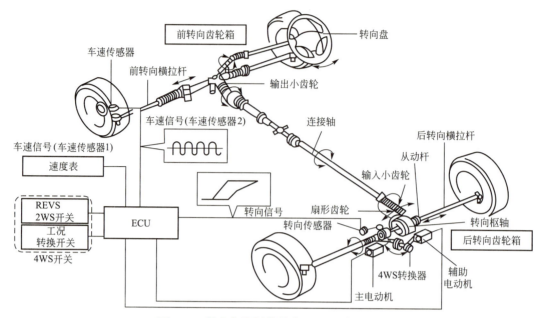

图 6.20　转向角比例控制式 4WS 系统的构成

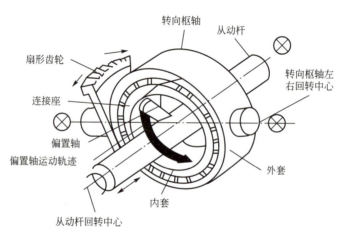

图 6.21　偏置轴与转向枢轴的构造

转向枢轴外套与扇形齿轮集成一体，可绕转向枢轴左右回转中心左右偏转；内套与一个突出在从动杆上的偏置轴相连。从动杆可在 4WS 转换器电动机的驱动下，以其回转中心为轴正、反向运动，还可使偏置轴在转向枢轴内上、下旋转约 55°。

与连接轴相连的输入小齿轮向左或向右转动时，旋转力传到扇形齿轮上，扇形齿轮带动转向枢轴、偏置轴使从动杆左右摆动。从动杆的左右摆动又使后转向横拉杆移动，从而带动后转向节臂转动，使后轮转向。

从动杆可在电动机及传动装置的操纵下自转，使从动杆上的偏置轴相对于转向枢轴摆转轴线的角度发生变化，后轮的转向角比例和转动方向也随即发生相应变化。偏置轴与转向枢轴的工作原理如图 6.22 所示。

当偏置轴的前端与转向枢轴左右旋转中心一致时，即使转向枢轴左右偏转，从动杆也完全不动，此时后轮处于中间状态（中立状态），如图 6.22（a）所示。当偏置轴的前端处于转向枢轴左右旋转中心的上方时，从动杆被带动向左移动，后轮相对于前轮反向运动，如图 6.22（b）所示；当偏置轴的前端处于转向枢轴左右旋转中心的下方时，从动杆被带动向右移动，后轮相对于前轮同向运动，如图 6.22（c）所示。

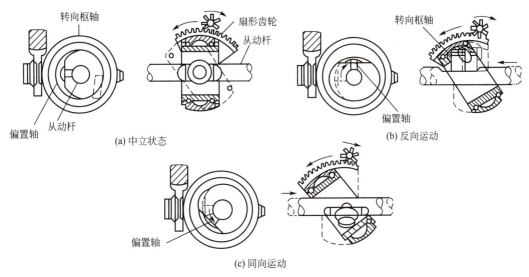

图 6.22　偏置轴与转向枢轴的工作原理

（2）4WS 转换器。

4WS 转换器的作用是驱动从动杆转动，实现 2WS 向 4WS 方式的转换和后轮的转向角比例和转动方向控制。4WS 转换器与后轮转向传感器的工作原理及电压特性如图 6.23 所示。

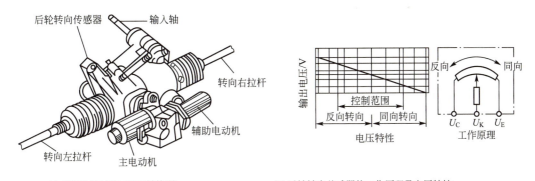

图 6.23　4WS 转换器与后轮转向传感器的工作原理及电压特性

4WS 转换器由主电动机、辅助电动机、行星齿轮减速机构和蜗轮蜗杆机构组成，主电动机和辅助电动机的工作受 ECU 控制。

正常情况下，作为备用的辅助电动机不工作，由主电动机带动转换器输出轴转动；当主电动机不能工作时，辅助电动机带动转换器输出轴转动。

为检测转换器的工作状态，在从动杆蜗轮的侧面设有滑动电阻式转向角比例检测传感器，随时向 ECU 反馈转向角比例控制状态，以便 ECU 随时进行控制和修正。

(3) 转向角比例控制系统。

转向角比例控制系统主要由 ECU、车速传感器、4WS 转换开关、转向角比例传感器和 4WS 转换器等组成，其中 ECU 是控制中心。

图 6.24 所示为转向角比例控制式 4WS 系统的工作原理。

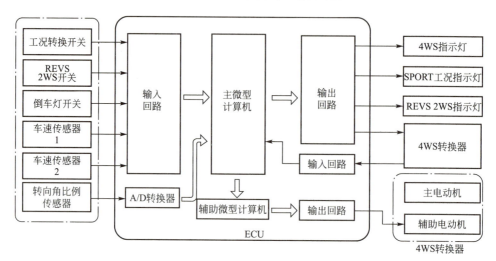

图 6.24　转向角比例控制式 4WS 系统的工作原理

2. 系统的主要控制功能

(1) 转向控制方式的选择。

当通过 2WS 开关选择 2WS 方式时，ECU 控制 4WS 转换器使后轮在任何车速下的转向角都为零，这是为习惯于前轮转向的驾驶人设置的；在 4WS 方式下，驾驶人可根据驾驶习惯和行驶情况通过 4WS 转换开关进行 NORM 工况与 SPORT 工况的转换，对后轮转向角比例控制特性进行选择。

(2) 转向角比例控制。

当选定 4WS 方式时，ECU 根据车速信号和转向角比例传感器信号，计算车速与转向角的实际值，控制 4WS 转换器电动机调节后轮的转向角比例。

(3) 安全保障功能。

当转向控制系统发生故障时，4WS 指示灯点亮，并在 ECU 中存储故障码，同时后备系统实施以下控制。

① 当 4WS 转换器主电动机发生故障时，ECU 驱动辅助电动机工作，使后轮以 NORM 模式与前轮做同向转向运动，并根据车速进行转向角比例控制。

② 当车速传感器发生故障时，ECU 以两个车速传感器中输出车速信号高的为依据，控制 4WS 转换器主电动机仅进行同向转向的转向角比例控制。

③ 当转向角比例传感器发生故障时，ECU 驱动 4WS 转换器辅助电动机使后轮处于与前轮同向转向最大值，并终止转向角比例控制。如果辅助电动机发生故障，则通过驱动主电动机完成这一控制。

④ 当 ECU 出现异常时，4WS 转换器辅助电动机驱动后轮至与前轮同向转向最大值位置，以避免后轮处于反向运动状态，并终止转向角比例控制。当后轮处于与前轮同向转向

状态时，后轮的最大转向角很小，并且有利于确保高速转向时的方向稳定性。

6.5.3 横摆角速度比例控制式四轮转向系统

横摆角速度比例控制是一种能根据检测出的车身横摆角速度控制后轮转向量的控制方法。它与转向角比例控制相比有两方面优点：一是它可以使汽车的车身方向从转向初期开始就与其行进方向保持高度一致；二是它可以通过检测车身横摆角速度感知车身的自转运动，因此，即使有外力（如横向风等）引起车身自转，它也能马上感知，并可迅速通过对后轮的转向控制来抑制自转运动。

1. 系统组成

横摆角速度比例控制式 4WS 系统的组成如图 6.25 所示。

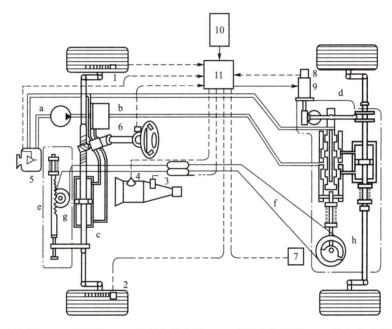

a—液压泵；b—分流器；c—前动力转向器；d—后转向助力器；e—带轮传动组件；
f—转向角传动拉索；g—前带轮；h—后带轮；1，2—车轮转速传感器；3—车速传感器；
4—挡位开关；5—油面高度传感器；6—转向盘转向角传感器；7—横摆角速度传感器；
8—电动机转向角传感器；9—转向电动机；10—ABS ECU；11—4WS ECU。

图 6.25 横摆角速度比例控制式 4WS 系统的组成

后轮转向机构通过转换控制阀油路实现后轮转向。后轮转向角由两部分合成：一部分是大转向角控制产生的后轮转向角（最大角度为 5°），另一部分是小转向角控制产生的后轮转向角（最大角度为 1°）。大转向角控制与前轮转向联动，通过传动拉索完成机械转向；小转向角控制与前轮转向无关，通过脉动电动机完成电控转向。

（1）前轮转向机构。

前轮转向机构如图 6.26 所示。转向盘 1 的转动可传到齿轮齿条副 2 上，随着齿条端部 4 的移动又使控制齿条 5 左右移动，并带动小齿轮转动。由于前带轮 6 与小齿轮集成一体，因此前带轮随着小齿轮正反向转动。前带轮的转动又通过转向角传动拉索 7 传递到后轮转向机构中的后带轮上。控制齿条存在一个不敏感行程，转向盘左右约250°以内的转向角正好处于此范围内。在此范围内将不会产生与前轮联动的后轮转向，由于高速行驶时转向盘不可能产生这样大的转向角，因此当汽车高速行驶时，后轮仅由脉动电动机控制转向。

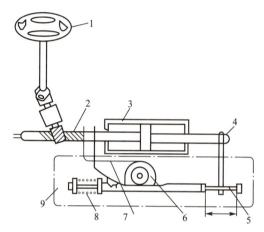

1—转向盘；2—齿轮齿条副；3—液压缸；4—齿条端部；5—控制齿条；
6—前带轮；7—转向角传动拉索；8—弹簧；9—带轮传动组件。

图 6.26　前轮转向机构

（2）后轮转向机构。

后轮转向机构如图 6.27 所示。在机械转向时，转向角传动拉索的行程变化传递到后带轮1。由于控制凸轮16与后带轮集成一体，因此此时控制凸轮随后带轮转动，拉动凸轮推杆2沿凸轮轮缘运动，使阀套筒15左右移动。

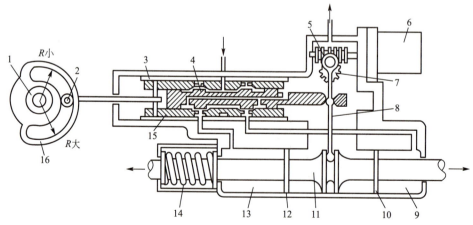

1—后带轮；2—凸轮推杆；3—衬套；4—滑阀；5—主动齿轮；6—脉动电动机；7—从动齿轮；
8—阀控制杆；9—液压缸右室；10，12—功率活塞；11—液压缸轴；
13—液压缸左室；14—弹簧；15—阀套筒；16—控制凸轮。

图 6.27　后轮转向机构

当转向盘向左转动时，后带轮1向右转动，此时控制凸轮轮缘向半径减小的方向转动,将凸轮推杆 2 拉出,使阀套筒 15 向左移动。

当转向盘向右转动时,与上述相反,控制凸轮轮缘向半径增大的方向转动,把凸轮推杆 2 推向里面,使阀套筒 15 向右移动。

液压泵的压力油油路根据阀套筒 15 与滑阀 4 的相对位置切换。当转向盘向左转动时,阀套筒 15 向左移动,把液压泵的压力油输进液压缸右室 9,驱动功率活塞 10 向左移动。此时,与功率活塞集成一体的液压缸轴 11 被推向左方,带动后轮向右转向。

当转向盘向右转动时,与上述相反,功率活塞 10 向右移动,带动后轮向左转向。由此可见,在机械转向时,后轮都是反向转向。

在电动转向时,阀套筒 15 固定不动。此时,脉动电动机 6 通过阀控制杆 8 的左右摆动控制滑阀 4 左右移动,使功率活塞 10 左右运动,其动作原理与上述机械转向时相同。

由于脉动电动机是根据 ECU 的指令进行正、反向转动的,因此它完成的后轮转向与前轮转向无关。

2. 控制原理

(1) 后轮转向角控制。

转向盘转向角与后轮转向角的关系如图 6.28 所示。图中的后轮转向角特性是由机械转向与电动转向特性合成后得到的。

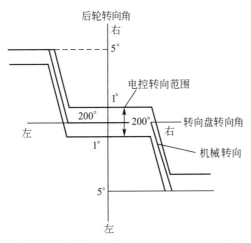

图 6.28 转向盘转向角与后轮转向角的关系

从图 6.28 可以看出,转向盘转向角在左、右约 250°以上的反向领域内表现为汽车在低速时的大转向角与停车时的转向切换操作,而在中、高速时的转向就变成了仅在电动转向范围内的后轮转向。

ECU 能随时读取车速传感器的信号,计算出与汽车状态相适应的后轮目标转向角,然后驱动脉动电动机,完成后轮转向操作。

① 大转向角控制(机械式转向)。大转向角控制原理如图 6.29 所示。当前轮转向角处于不敏感范围内时,阀套筒 7 与滑阀 2 的相对位置处于中间状态。

因此,液压泵的油液流回储油器。此时,液压缸左、右室仅存较低油压,液压缸轴 5 在回位弹簧的作用下处于中间位置。

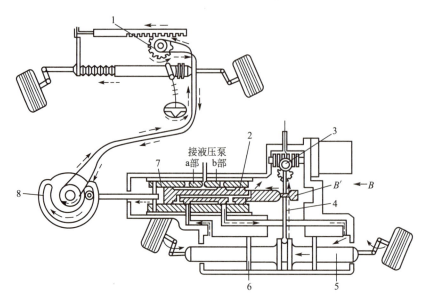

1—前带轮；2—滑阀；3—支点 A；4—阀控制杆；5—液压缸轴；
6—功率活塞；7—阀套筒；8—控制凸轮。

图 6.29　大转向角控制原理

当前轮向左转向时，阀套筒 7 向左移动，它与滑阀 2 之间产生相对位移，a 部与 b 部的阻尼作用减小，压力油进入液压缸右室，把功率活塞 6、液压缸轴 5 推向左侧，使后轮向右转向。因液压缸轴 5 向左移动，脉动电动机还没有启动，故此时阀控制杆以支点 A 为中心向左转动，带动滑阀移动到 B' 点。此时，已减小的 a 部与 b 部的阻尼作用增大，液压缸右室的压力下降。其结果是液压缸轴 5 移动到目标位置后，a 部与 b 部产生较大的阻尼作用，正好达到与由车轮产生的外力平衡的位置，从而使后轮不产生过大转向。

当来自车轮的外力发生变化时，液压缸轴 5 也会产生微量的轴向移动，从而使阀控制杆 4 相对滑阀 2 产生相应的微量移动，直至 a 部和 b 部产生的阻尼力与来自车轮的外力相平衡，并使液压缸轴 5 保持在这一平衡位置——使后轮不致产生过大的转向。

② 小转向角控制（电控转向）。小转向角控制原理如图 6.30 所示。脉动电动机的旋转由蜗轮传送给从动齿轮 4，使阀控制杆 5 摆动。当脉动电动机驱动从动齿轮左转时，阀控制杆上端支点 A 以从动齿轮的中心点 O 为转动中心向 A' 点摆动。

在脉动电动机启动的瞬间，液压缸轴还没有移动，阀控制杆 5 以 C 点为中心向左摆动，使阀控制杆上的 B 点移动到 B' 点，带动滑阀 2 向左移动。因转向角传动拉索没有动作，故阀套筒 1 固定不动，滑阀 2 的移动使滑阀、阀套筒之间产生相对位移，a 部与 b 部的阻尼作用减小，液压泵的压力油作用到液压缸左室，使液压缸轴向右移动。

在液压缸轴向右移动的过程中，阀控制杆以支点 A' 为中心转动，带动滑阀向右移动到 B'' 点，a 部和 b 部的阻尼作用增大，油压降低，从而达到与大转向角控制转向时相同的力的平衡。

(2) 使汽车滑移角为零的控制。

使汽车滑移角为零的控制是抑制 4WS 汽车在转向初期过渡阶段出现的车身向转向内侧转动滞后的一种控制方法。这种控制方法可在转向开始的瞬间控制后轮反向转动，使车

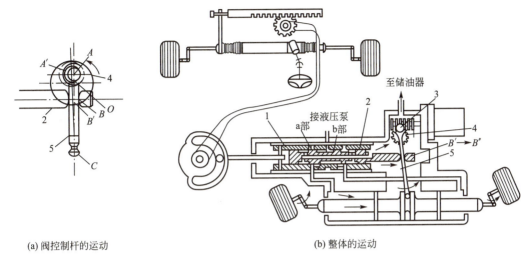

(a) 阀控制杆的运动　　　　　　　　(b) 整体的运动

1—阀套筒；2—滑阀；3—支点 A；4—从动齿轮；5—阀控制杆。

图 6.30　小转向角控制原理

身产生自转运动，抑制公转运动，防止车身向转向外侧转动。

此时，横摆角速度传感器检测出自转运动角速度的增大，并反馈给控制系统，控制后轮产生一个同方向转动，实现自转运动与公转运动的平衡，保证从转向初期到转向结束汽车滑移角始终为零。

(3) 受到横向风作用时的控制。

在突然受到横向风作用，汽车将要偏向时，横摆角速度传感器立即感知到这一偏转倾向并发送信息给 ECU，ECU 操纵后轮向消除将要发生的横摆运动的方向转动。

后轮的转动在车身上产生力矩，其减弱了由横向风产生的自转运动，使车身的偏差最小。

(4) ABS 作用的控制。

在一般情况下，由于比较重视中、低速域的转向响应性，因此其横摆角速度的增益比高速域的横摆角速度增益低。但在 ABS 作用时，更要重视制动时汽车的稳定性。所以，会把 ABS 开始起作用时的横摆角速度增益一直保持到制动结束。

6.5.4　本田序曲汽车的电子控制四轮转向系统

1. 系统组成

本田序曲汽车上采用的电子控制 4WS 系统如图 6.31 所示。四轮转向 ECU 对输入的传感器信息进行分析和处理，计算出所需后轮转向角，并操纵后轮转向执行器电动机，使后轮实现正确转向。

在此转向系统中，前轮转向器和后轮转向执行器之间没有任何机械连接装置，四轮转向 ECU 利用转向盘转向角传感器、车速传感器和前轮转向角传感器等的信息控制后轮转向角。

当车速低于 29km/h 转向时，后轮反向偏转，在车速为零时的最大转向角为 6°；当车速为 29km/h 时，后轮转向角接近零；当车速大于 29km/h 时，在转向盘 200°转角以内

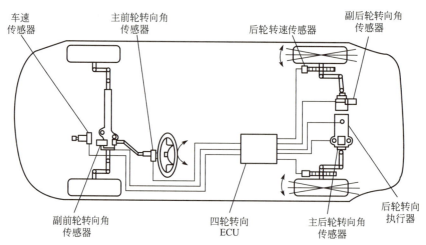

图 6.31 本田序曲汽车电子控制 4WS 系统

后轮转向角与前轮转向角一致，转向盘转向角大于 200°时后轮开始反向偏转。

当车速提高到 29km/h，并转动转向盘 100°时，后轮同向偏转约 1°；转向盘转动 500°时，后轮反向偏转约 1°。

（1）后轮转向执行器。

后轮转向执行器由驱动循环球螺杆机构的电动机、后轮转向角传感器、回位弹簧等组成。

后轮转向执行器在结构上作为后轮转向横拉杆的一部分，两端拉杆与后轮转向节臂相连。电动机受 ECU 控制转动时，可通过循环球螺杆产生轴向推力，克服回位弹簧的弹力带动后轮转向。

后轮转向执行器内的回位弹簧在关闭点火开关或 4WS 系统失效时，将后轮推回直线行驶位置。主后轮转向角传感器和副后轮转向角传感器安装在执行器的上部。

图 6.32 所示为本田序曲汽车后轮转向执行器的构造。

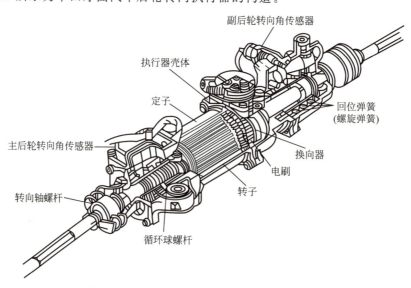

图 6.32 本田序曲汽车后轮转向执行器的构造

(2) 后轮转向角传感器。

后轮转向角传感器有两个。主后轮转向角传感器为霍尔式传感器，通过检测循环球螺杆上的电磁转子的转动情况感知后轮偏转角度；副后轮转向角传感器的伸缩杆顶在后转向横拉杆的锥形轴表面，通过感知锥形轴的移动测得后轮偏转角度。

(3) 前轮转向角传感器。

前轮转向角传感器也有两个。主前轮转向角传感器即转向盘转向角传感器，为霍尔式传感器，装在组合开关下方的转向柱上；副前轮转向角传感器安装在齿条式转向器上，其结构及工作原理与副后轮转向角传感器相同。

(4) 车速传感器。

与 ABS 共用的两个电磁式后轮车速传感器向 ECU 提供交变电压信号，供 ECU 判定车速。为了防止其他电线的干扰，有的传感器带有附加的屏蔽罩，屏蔽罩损坏时将严重影响 ECU 的工作。同时，严禁将电子传感器的导线位置移动到其他电源电路附近。

2. 系统的失效保护功能

如果 ECU 检测到系统出现故障，则其将使系统转换到失效保护状态。在这种状态下，ECU 存储故障码，并接通 4WS 指示灯，发出警告。同时，ECU 切断后轮转向执行器电源，使后轮保持在直线行驶位置，系统转为 2WS 特性。

为防止后轮转向执行器断电时回正过快而造成方向不稳，ECU 在使系统进入保护状态的同时施加阻尼力矩，使回位弹簧缓慢地将后转向横拉杆推回中央位置。

复习思考题

1. 简述 EPS 系统的组成和类型。
2. 简述电子控制 4WS 系统的功能和转向原理。
3. 在不同车速下，装备 4WS 系统的汽车的前后轮分别处于什么偏转状态？

第 7 章 汽车巡航控制系统

教学提示

巡航控制系统提高了汽车的驾驶舒适性、燃油经济性和发动机的排放性能。采用自适应控制技术是巡航控制系统的发展趋势。

教学要求

本章主要介绍汽车巡航控制系统。要求学生了解自适应巡航控制系统在汽车上的应用概况，熟悉汽车巡航控制系统的基本组成和工作原理。

7.1 巡航控制系统概述

巡航（cruise）是航空领域的技术术语。在航空界，一般把适合持续进行的、接近定常飞行的飞行状态称为巡航。在巡航状态下的参数称为巡航参数，如巡航高度、巡航推力、巡航速度等。飞行器以巡航状态飞行时，其燃油消耗量最低、经济性最好。

汽车巡航控制系统（cruise control system，CCS）又称恒速行驶系统或巡行控制系统，是由飞机巡航控制系统引申而来的。

汽车CCS能自动调节节气门开度，使汽车按设定的速度行驶。汽车CCS能根据行车阻力的变化自动增减节气门开度，而驾驶人无须频繁踩加速踏板，即可保证汽车以设定车速行驶，从而大大减轻驾驶人的劳动强度。由于加速踏板人为变动较少，因此提高了汽车的燃油经济性和发动机的排放性能。

汽车CCS控制原理如图7.1所示。驾驶人操纵控制开关，CCS ECU接收驾驶人控制开关信息和各种传感器信号，通过比较电路，其输出信号经过补偿电路、执行器、发动机和变速器后可以变换驱动力。

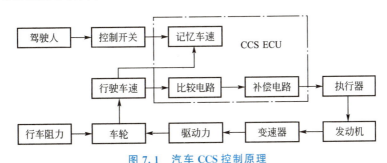

图7.1 汽车CCS控制原理

CCS ECU由专用的单片机和专用的IC模块等构成，单片机处理车速运算、记忆、比较、补偿、保持和故障诊断等信号，专用的IC模块具有处理计算机的再启动、输入、输出与电源通断和自诊断等功能。

7.2 巡航控制系统的组成与工作原理

汽车CCS由信号输入装置、CCS ECU和执行器等组成，如图7.2所示。传感器和操作开关将信号送入CCS ECU，CCS ECU由此计算节气门的开度并控制执行器工作，自动调节节气门开度。

7.2.1 操作开关

操作开关用于设置或重置巡航车速、取消巡航控制等，包括主开关、控制开关和退出巡航开关等。

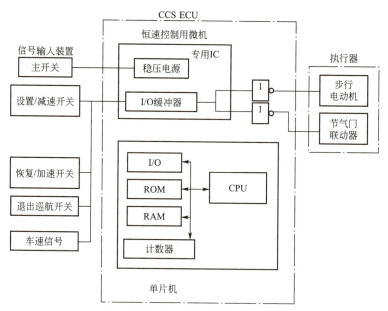

图 7.2 汽车 CCS 的组成

1. 主开关

主开关是汽车 CCS 的电源开关，采用按键方式，每次将其推入，系统电源接通或关闭，如图 7.3 所示。主开关接通时，如关闭点火开关，则主开关也关闭，即使点火开关再次接通，主开关也保持关闭。

图 7.3 主开关

2. 控制开关

手柄式控制开关有五种控制功能，即 SET（设置）、COAST（减速）、RES（恢复）、ACC（加速）和 CANCEL（取消）。其中，SET 和 COAST 共用一个开关，RES 和 ACC 共用另一个开关。如图 7.3 所示，当沿箭头方向操作开关时，开关接通；当松开时，开关断开。

3. 退出巡航开关

退出巡航开关包括取消开关、制动灯开关、驻车制动开关、离合器开关和空挡起动开关。当其中任一开关接通时，巡航控制被自动取消。当 CCS 取消瞬间的车速不低于 40km/h 时，将此车速存储于 CCS ECU 中。当控制开关置于 RES 时，最后存储的车速自动恢复。

（1）制动灯开关。

制动灯开关由两个机械联动的开关组成（制动灯开关Ⓐ为常开，制动灯开关Ⓑ为常闭），其电路如图7.4所示。当驾驶人踩下制动踏板时，两个制动灯开关同时工作（机械联动）。制动灯开关Ⓐ闭合，来自蓄电池的电流流经制动灯开关Ⓐ，点亮制动灯。与此同时，制动灯开关Ⓑ断开，CCS执行器因失电而退出工作。

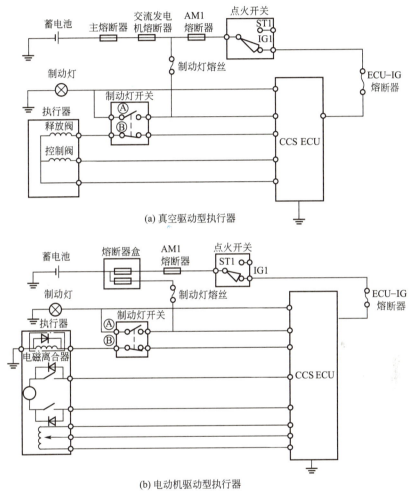

图 7.4　制动灯开关电路

（2）驻车制动开关。

当拉起驻车制动操纵杆时，驻车制动开关接通，将取消信号传至CCS ECU，同时驻车制动指示灯亮。

（3）离合器开关。

当踩下离合器踏板（手动变速器）时，离合器开关接通，将取消信号传至CCS ECU。

（4）空挡起动开关。

当自动变速器操纵手柄置于P位或N位时，空挡起动开关接通，将取消信号传至CCS ECU。

7.2.2 传感器

1. 车速传感器

车速传感器向 CCS ECU 提供一个与汽车实际车速成比例的交变振荡脉冲信号。CCS 与发动机电控系统共用车速传感器。

2. 节气门位置传感器

节气门位置传感器向 CCS ECU 提供一个与节气门位置成正比的电信号。CCS 与发动机电控系统共用节气门位置传感器。

3. 节气门控制摇臂传感器

节气门控制摇臂传感器向 CCS ECU 提供节气门摇臂位置信号，采用较多的是滑线电位器，当节气门控制摇臂转动时，电位器随之转动，并输出一个与控制摇臂位置成比例且连续变化的电信号。

7.2.3 巡航控制单元

CCS ECU 由处理器芯片、A/D 转换器、D/A 转换器、IC 电路及输出重置驱动电路和保护电路等组成，ECU 接收车速传感器和各种开关的信号，并按照存储的程序处理，当车速偏离设定的巡航车速时，ECU 对执行器发出控制信号，控制执行器工作，使实际车速与设定车速一致。

CCS ECU 控制框图如图 7.5 所示。

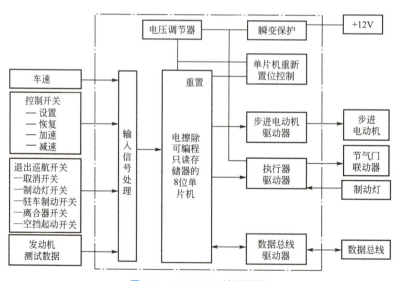

图 7.5 CCS ECU 控制框图

汽车以巡航车速行驶时，一般当车速低于 40km/h 时 CCS ECU 取消巡航控制，使汽车制动、转弯时巡航控制不起作用。当车速超过设定车速 6～8km/h 时，ECU 取消巡航控制；当汽车的减速度大于 2m/s² 且汽车的制动灯开关动作时，CCS ECU 也自动取消巡航控制，以确保行车安全。CCS ECU 具有以下控制功能。

1. 匀速控制

CCS ECU 将实际车速与设定车速进行比较，若实际车速高于设定车速，则控制执行器将节气门开度适当减小；若实际车速低于设定车速，则控制执行器将节气门开度适当加大。

2. 设定

当主开关接通，汽车在巡航控制车速范围（40~200km/h）内行驶时，若控制开关置于 SET/COAST 并释放，CCS ECU 存储此时车速，并使汽车保持该速度行驶。

3. 加速

当汽车以巡航控制模式行驶时，若控制开关置于 RES/ACC，则 ECU 控制执行器将节气门开度适当加大，使汽车加速。ECU 存储释放 RES/ACC 时的车速，并保持此车速行驶。

4. 减速

当汽车以巡航控制模式行驶时，若控制开关置于 SET/COAST 并保持不动，则 ECU 控制执行器将节气门开度减小，使汽车减速。ECU 存储释放 SET/COAST 时的车速，并保持此车速行驶。

5. 恢复

只要车速没有降至 40km/h 以下，用任一个取消开关以手动的方法将巡航控制模式取消后，接通 RES/ACC 开关，就可恢复设定车速。车速一旦低于 40km/h，设定车速就不能恢复，因为存储器中的车速已被清除。

6. 车速下限控制

车速下限是巡航控制所能设定的最低车速，约为 40km/h，巡航控制车速不能低于该速度。当汽车以巡航控制模式行驶时，若车速降至 40km/h 以下，则巡航控制自动取消，设置在存储器内的车速也被清除。

7. 车速上限控制

车速上限是巡航控制所能设定的最高车速，约为 200km/h。将控制开关置于 ACC，也不能使车速超过 200km/h。

8. 取消

操纵 CANCEL 开关，取消巡航控制功能，退出巡航开关工作。

当汽车以巡航控制模式行驶，伺服电动机始终朝节气门打开方向转动时，存储器中设置的车速被清除，安全电磁阀离合器断电，巡航控制模式取消，主开关同时关闭。

在巡航控制行驶期间，若 CCS 电源中断超过 5ms，则巡航控制自动取消，但存储器中设定的速度未取消，可由 SET 或 RES 开关恢复巡航控制功能。

9. 自动变速控制

汽车以 O/D 挡上坡行驶，车速降至 O/D 挡切断速度（设定车速减去 4km/h）时，CCS ECU 自动取消 O/D 挡并增加驱动力，防止车速进一步降低。当车速升至 O/D 挡恢复速度（设定车速减去 2km/h）时，约 6s 后 CCS ECU 恢复 O/D 挡。

10. 迅速降速和迅速升速控制

当实际车速与设定车速相差不足 5km/h 时，每次迅速（0.6s 内）将控制开关置于 SET/COAST，都可将设定车速降低约 1.65km/h；每次迅速（0.6s 内）将控制开关置于 RES/ACC，都可将设定车速升高约 1.65km/h。

11. 故障自诊断

CCS 发生故障时，CCS ECU 确认故障并使组合仪表上的 CRUISE 指示灯闪烁，以提示驾驶人；同时，CCS ECU 存储相应的故障码，故障码可通过 CRUISE 指示灯读取。

7.2.4 执行器

执行器将 CCS ECU 输出的电流或电压信号转变为机械运动，进而控制节气门的开度，最终达到控制车速的目的。执行器有两种：一种是真空驱动型执行器，由负压操纵节气门；另一种是电动机驱动型执行器，由电动机操纵节气门。

1. 真空驱动型执行器

真空驱动型执行器施加负压的方法有两种：一种是仅从发动机进气歧管施加负压；另一种是当进气歧管负压太低时，用真空泵提高负压，如图 7.6 所示。

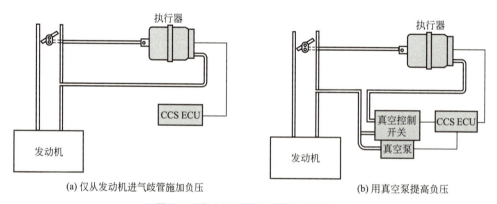

(a) 仅从发动机进气歧管施加负压　　(b) 用真空泵提高负压

图 7.6　真空驱动型执行器控制方法

真空驱动型执行器主要由控制阀、释放阀、真空控制开关和真空泵组成。

（1）控制阀。

控制阀用于将大气压状态下的空气或真空吸入执行器，如图 7.7 所示。当控制阀电磁线圈通电时，大气压状态下的空气通道关闭，进气歧管的真空通道打开，在执行器内部产生负压，由于吸力大于回位弹簧弹力，膜片向左移动，因此节气门开度加大，车速升高；当控制阀电磁线圈不通电时，大气压状态下的空气充满控制阀，回位弹簧将膜片推回，节气门开度减小，车速降低。CCS ECU 通过控制控制阀电磁线圈的电流通断间隔，改变节气门开度，从而实现对车速的控制。

（2）释放阀。

释放阀用于取消巡航控制时，使大气状态下的空气进入执行器，以在较短的时间内关闭节气门。

如图 7.8 所示，CCS 工作时，释放阀电磁线圈有电流通过，大气压状态下的空气通道

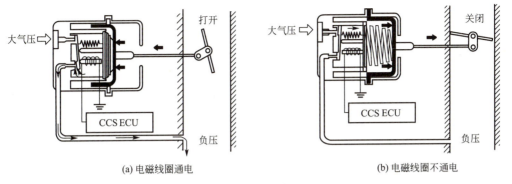

图 7.7 控制阀

关闭;取消巡航控制时,释放阀电磁线圈停止供电,回位弹簧将膜片推回,节气门关闭,此时控制阀停止供电,空气经过控制阀进入执行器。

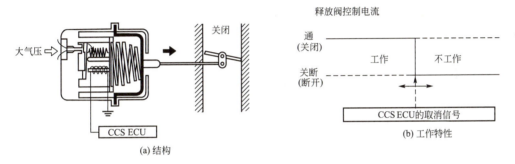

图 7.8 释放阀

如果控制阀安装在真空引入位置,当发生故障时,释放阀相当于一个安全阀。控制阀将释放阀的大气引入执行器,使节气门关闭,降低车速,以确保行车安全。

(3) 真空控制开关。

真空控制开关(图 7.9)用于检测进气室负压,当压力低于 22.7kPa(或更低)时,真空控制开关接通并将信号送至 CCS ECU。

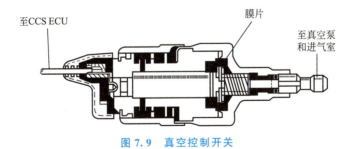

图 7.9 真空控制开关

(4) 真空泵。

真空泵由电动机、连杆、单向阀和膜片组成,如图 7.10 所示。

由于进气室负压的作用,单向阀Ⓐ通常保持打开,向执行器提供负压;当进气室负压低时,CCS ECU 发出信号接通真空泵,负压由单向阀Ⓑ提供给执行器。单向阀Ⓒ作为阻尼阀,其作用是使节气门开度变化平缓,以防止发动机转速波动过大。

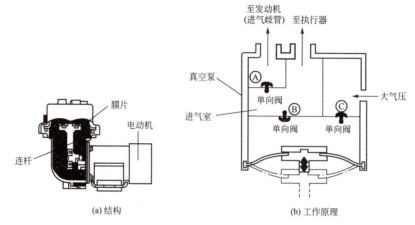

图 7.10 真空泵

2. 电动机驱动型执行器

电动机驱动型执行器由电动机、电磁离合器和电位器组成,如图 7.11 所示。执行器与节气门的关系如图 7.12 所示。

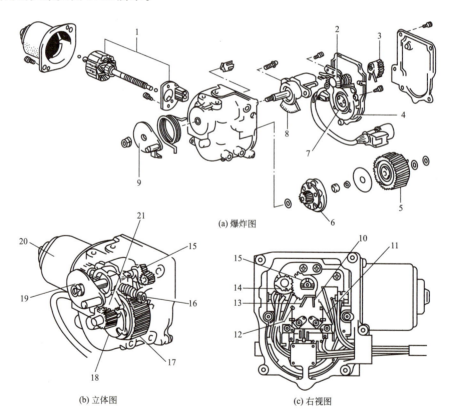

1—电动机转子及控制电路板;2,14—电位器;3,15—电位器主动齿轮;4—电位器电路板;5,17—电磁离合器;6,18—离合器片;7—滑力环;8,21—主减速器;9,19—控制臂;10—杆 B;11,12—限位开关;13—杆 A;16—蜗杆;20—电动机总成

图 7.11 电动机驱动型执行器的组成

汽车巡航控制系统 第7章

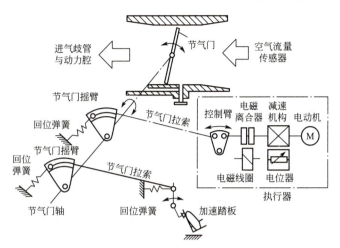

图 7.12 执行器与节气门的关系

CCS ECU 控制电动机顺时针或逆时针转动，从而改变节气门开度。节气门完全打开或关闭后，若电动机继续转动则会损坏。因此，为电动机安装两个限位开关，用于控制电动机的运转。

电磁离合器用于控制电动机和节气门拉索，其结构与工作电路如图 7.13 所示。当

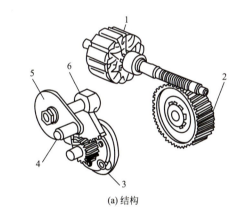

(a) 结构

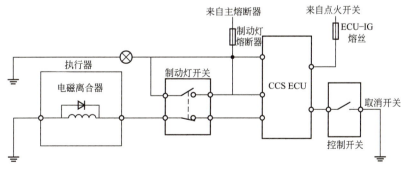

(b) 工作电路

1—驱动电动机；2—电磁离合器；3—离合器；4—至节气门拉索；
5—控制臂；6—主减速器。

图 7.13 电磁离合器的结构及工作电路

CCS ECU 给执行器发出控制信号时，电磁离合器接合，电动机通过节气门拉索转动节气门。按任一取消开关，CCS ECU 控制电磁离合器分离，取消巡航控制。

电位器的结构及工作电路如图 7.14 所示。当设定巡航车速时，电位器将节气门开度转换为电信号并送入 CCS ECU，CCS ECU 根据此数据控制节气门开度，使实际车速与设定车速相符。

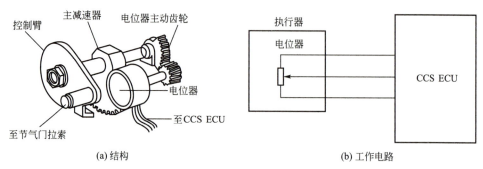

图 7.14　电位器的结构及工作电路

7.3　巡航控制系统的使用

7.3.1　汽车巡航控制系统的使用方法

通常巡航控制手柄有四挡开关，手柄端部按钮为 CCS 的主开关，按下该按钮时，组合仪表上的 CRUISE 指示灯亮，表示 CCS 进入运行状态；若再按一下，则按钮弹起，CRUISE 指示灯灭，表示 CCS 关闭。向下扳动手柄为巡航车速设定开关，向上推动为巡航车速取消开关，朝转向盘方向扳起为恢复。

1. 设定巡航速度

按下巡航控制主开关，踩下加速踏板，汽车加速；当车速达到设定值时，将巡航控制手柄置于 SET/COAST 并释放，即进入自动行驶状态，驾驶人可松开加速踏板，CCS 会根据汽车行驶时的阻力变化自动调节节气门开度，使车速保持在设定的范围内。只需踩下加速踏板便可加速。超车完毕后释放加速踏板，汽车恢复设定的巡航速度行驶。

2. 取消设定巡航速度

（1）将 CCS 控制开关置于 CANCEL 并释放。
（2）踩下制动踏板，使汽车减速。
（3）装备手动变速器的汽车，踩下离合器踏板即可；装备自动变速器的汽车，将操纵手柄置于空挡。
（4）当车速低于 40km/h 时，设定的巡航速度自动取消；汽车减速后，车速比设定车速低时，CCS 自动停止工作。

3. 加速设定

将 CCS 的控制开关置于 RES/ACC 并保持不动，此时车速逐渐提高，当车速达到要重新设定的巡航速度时释放开关。该方法与踩下加速踏板加速相比，历时较长。

4. 减速设定

将 CCS 的控制开关置于 SET/COAST 并保持不动，此时车速将逐渐降低，当车速降至所要求设定速度时释放开关。该方法与踩制动踏板减速相比，减速度小。

5. 恢复巡航设定车速

将 CCS 的控制开关置于 RES/ACC，汽车可恢复到原设定的速度行驶。当车速降至 40km/h 以下或低于设定速度 16km/h 以上时，CCS 自动停止工作。

7.3.2 汽车巡航控制系统的使用注意事项

（1）为使汽车获得最佳控制，当遇到交通阻塞或在雨、冰、雪等湿滑路面上行驶或遇上大风天气时，不使用 CCS。

（2）为避免 CCS 误工作，在不使用 CCS 时，务必使 CCS 的控制开关处于关闭状态。

（3）汽车行驶在陡坡时，使用 CCS 会引起发动机转速变化过大，因此最好不使用。下坡驾驶时，应避免加速行驶。若汽车的实际车速比设定车速高出太多，则可忽略巡航控制，然后将变速器换入低挡，利用发动机制动控制车速。

（4）汽车巡航行驶时，对装备手动变速器的汽车应在踩下离合器踏板时将变速器操纵手柄置于空挡，否则发动机转速急剧升高。

（5）使用 CCS 要注意观察组合仪表上的 CRUISE 指示灯是否闪亮，若闪亮，则表明 CCS 处于故障状态。此时，应停止使用 CCS，待排除故障后使用。

（6）ECU 是 CCS 的中枢，对电磁环境、湿度及机械振动等有较高的要求。CCS 对以上各方面均进行了全面防护，有较强的适应能力。使用时应注意以下几点。

① 保持汽车发电机及其电压调节器处于良好的技术状态。
② 必须保证汽车的蓄电池与发电机、车身连接良好。
③ 保持 ECU 电源插接件接线正确、连接可靠。
④ 注意 ECU 防潮、防振、防磁、防污染。

7.4 自适应巡航控制系统

CCS 提高了汽车的驾乘舒适性，使长距离驾驶汽车变成一种享受，但容易因为驾驶人的悠闲、舒适及注意力分散而引发交通事故。早期的 CCS 在需要频繁制动的城市道路上并不实用，而自适应巡航控制（adaptive cruise control，ACC）系统能很好地适应路况较复杂的城市路况。

为了使汽车自动预防交通碰撞事故，为汽车安装了各种主动安全装置，如测距雷达和后视镜盲点探测器等，这些装置在必要时可以通过声光的形式提醒驾驶人，并通过车载系统自动对车速和车辆间距等行车数据进行调整，从而有效地避免交通事故发生。

ACC 系统是基于巡航控制技术发展而来的一种智能化的车速自动控制系统。由于可以视交通情况自动采取适宜措施（加速、减速、制动），因此 ACC 系统能很好地适应路况复杂的城市道路。

雷克萨斯、英菲尼迪、奥迪、宝马、奔驰、沃尔沃等车都配备了 ACC 系统。

7.4.1 自适应巡航控制系统的组成

如图 7.15 所示，ACC 系统主要由车距传感器（雷达）、车轮转速传感器、转向盘转向角传感器及 ACC ECU 等组成。

图 7.15 ACC 系统的组成

车距传感器一般安装在散热器格栅内或前保险杠的内侧，如图 7.16 所示，它可以探测到汽车前方约 200m 的距离。车距传感器（雷达）与 ACC ECU 安装在同一壳体内，如图 7.17 所示，若传感器或 ECU 任一部件发生故障，则必须更换整个总成。

车距传感器(雷达)

图 7.16 宝马汽车车距传感器

图 7.17 车距传感器与 ACC ECU

在前、后车轮上装有车轮转速传感器（与 ABS 共用），可以检测汽车的行驶速度；转向盘转向角传感器用来判断汽车的行驶方向；ACC ECU 采集并计算各个传感器的信号，以实时地与发动机 ECU 和 ABS ECU 交换数据。

7.4.2 自适应巡航控制系统的工作原理

【拓展视频】

ACC 系统是一种智能化的自动控制系统，它是在前面介绍的巡航控制技术的基础上发展而来的。

在汽车行驶过程中，安装在汽车前部的车距传感器（雷达）持续扫描汽车前方道路，如图 7.18 所示，同时车轮转速传感器采集车速信号。

当与前车的距离过小时，ACC ECU 可以通过与 ABS ECU、发动机 ECU 交换数据，协调动作，使车轮适当制动（图 7.19），并使发动机的输出功率下降，以使汽车与前车始终保持安全距离。

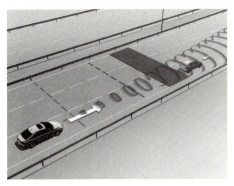

图 7.18 车距传感器持续扫描汽车前方道路

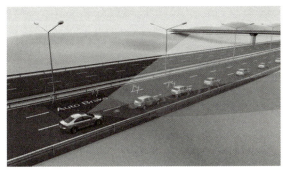

图 7.19 ACC 系统视交通情况自动采取强度适宜的制动措施

ACC 系统在控制汽车制动时，通常会将制动减速度限制在不影响舒适性的范围，当需要更大减速度时，ACC ECU 会发出声光信号，通知驾驶人主动采取制动操作。当与前车的距离增大到安全距离时，ACC ECU 控制汽车按照设定的车速行驶。

虽然 ACC 系统可以自动控制车速，但在任何时候驾驶人都可以主动进行加速或制动。驾驶人在巡航控制状态下进行制动后，ACC ECU 会终止巡航控制；驾驶人在巡航控制状态下进行加速，再停止加速后，ACC ECU 会按照原来设定的车速进行巡航控制。

7.4.3 自适应巡航控制系统的扩展功能

采用软件升级和增加少量电子装置等方法，无须为 ACC 系统增加更多装置即可实现汽车的智能驾驶等扩展功能。

通过车距传感器的反馈信号，ACC ECU 可以根据靠近汽车物体的移动速度判断道路情况，并控制汽车的行驶状态；通过反馈式加速踏板（图 7.20）检测驾驶人施加在踏板上的力，ACC ECU 可以决定是否执行巡航控制，以减轻驾驶人的劳动强度。

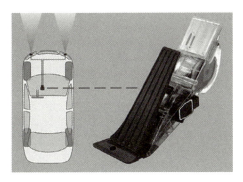

图 7.20 反馈式加速踏板

ACC 系统一般只有在车速高于 25km/h 时才起作用，而当车速降低到 25km/h 以下时需要驾驶人人工控制。通过系统软件的升级，ACC 系统可以实现"停车/起步"功能，以应对在城市中行驶时频繁停车和起动的情况。ACC 系统的这种扩展功能可以使汽车在非常低的车速下与前车保持设定的距离。前车起动后，ACC 系统会提醒驾驶人，驾驶人通过踩加速踏板或按下按钮发出信号，汽车就可以起动。

ACC 系统使汽车编队行驶更加轻松。ACC ECU 可以设定自动跟踪的汽车。当本车跟随前车行驶时，ACC ECU 可以将车速调整为与前车相同，同时保持稳定的车距，并且可以通过转向盘附近的控制杆（图 7.21）上的设置按钮选择车距。

图 7.21 位于转向柱左侧的 ACC 控制杆

1. 简述汽车 CCS 的控制原理。
2. 常见的汽车 CCS 执行器有哪两种？
3. 简述汽车 ACC 系统的基本组成和功能。

第 8 章
汽车安全气囊系统

教学提示

作为重要的被动安全措施,安全气囊在保护汽车驾乘人员、减轻交通事故伤害程度方面发挥着不可替代的作用。多功能、智能化是汽车安全气囊系统的发展趋势。

教学要求

本章主要介绍汽车安全气囊系统。要求学生了解安全气囊系统的作用和种类,熟悉汽车安全气囊系统的组成和工作原理。

8.1 安全气囊系统概述

8.1.1 安全气囊的作用

为了在汽车发生碰撞事故时最大限度地保护驾乘人员，尽量减小撞车对驾乘人员的伤害程度，为汽车装备了辅助约束系统（supplemental restraint system，SRS），也称辅助乘员保护系统。

作为汽车重要的被动安全措施，辅助约束系统的安全气囊（airbag safety）与座椅安全带（seat belt）配合使用，可以为驾乘人员提供有效的防撞保护。由于安全气囊是辅助约束系统的核心部件，因此国内习惯将辅助约束系统称为安全气囊系统。

安全气囊（图8.1）是一种汽车遭到冲撞而急剧减速时能很快膨胀的缓冲垫。当汽车发生碰撞时，迅速在驾乘人员和汽车内部结构之间打开一个充满气体的袋子，使驾乘人员撞在气袋上，避免或减缓碰撞，从而达到保护驾乘人员的目的，如图8.2所示。

由于驾乘人员和安全气囊相碰时容易因振荡造成驾乘人员伤害，因此在安全气囊的背面有两个直径约为25mm的圆孔，当驾乘人员和安全气囊相碰时，圆孔放气可减轻振荡，放气过程也是释放能量的过程，故可以很快地吸收驾乘人员的动能，有助于保护驾乘人员。

图8.1 安全气囊

图8.2 安全气囊对驾乘人员的保护作用

8.1.2 安全气囊的种类

1. 按照气囊的数量划分

按照气囊的数量，可以将安全气囊系统分为单气囊系统（只装在驾驶人侧）、双气囊系统（驾驶人侧和前排乘员侧各有一个安全气囊）和多气囊系统（前排安全气囊、后排安全气囊、侧面安全气囊）。

2. 按照气囊的大小划分

按气囊的大小，可以将安全气囊分为保护全身的安全气囊、保护上身的大型气囊和主要保护面部的小型护面气囊。

3. 按充气装置点火系统划分

按充气装置点火系统，可以将安全气囊分为电子式安全气囊和机械式安全气囊两种。

4. 按保护对象划分

按保护对象，可以将安全气囊分为驾驶人防撞安全气囊、前排乘员防撞安全气囊、后排乘员防撞安全气囊、侧面防撞安全气囊、安全气帘。

（1）驾驶人防撞安全气囊。

驾驶人防撞安全气囊（driver airbag）安装在转向盘上，分美式和欧式两种。

美式气囊是考虑驾驶人没有佩戴座椅安全带而设计的，其体积较大，约为60L。

欧式气囊是假定驾驶人佩戴座椅安全带而设计的，其体积较小，约为40L。日本的安全气囊属于此类。近年来，由于安全气囊的生产成本下降，因此很多汽车安全气囊的规格有所提升，驾驶人防撞安全气囊采用60L气囊。

（2）前排乘员防撞安全气囊。

由于前排乘员在车内位置不固定且前方空间较大，因此为保护其在车辆碰撞时免受伤害而设计的前排乘员防撞安全气囊（passenger airbag）也较大。美式的体积约为160L，欧式的体积约75L（后者考虑了乘员受座椅安全带的约束）。

（3）后排乘员防撞安全气囊。

后排乘员防撞安全气囊（rear side airbag）安装在前排座椅上，防止后排乘员在车辆碰撞时受到伤害。

（4）侧面防撞安全气囊。

侧面防撞安全气囊（side impact airbag）安装在车门上，防止驾乘人员的肩、臂、腰、髋受侧面撞击。

（5）安全气帘。

安全气帘（inflatable curtain）安装在汽车车顶与车门的交接处，用于在汽车遭受横向撞击或翻车时保护驾乘人员的头部、肩部。

此外，还有保护驾乘人员膝盖的膝部安全气囊（knee airbag）（图8.3），以及保护车外行人的行人安全气囊（pedestrian airbag）（图8.4）。

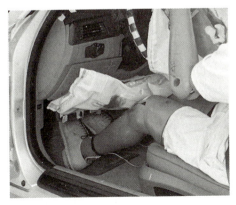

图8.3 膝部安全气囊

图8.4 福特汽车的行人安全气囊

图 8.5 所示为奔驰乘用车安全气囊的布置示意图。

图 8.5　奔驰乘用车安全气囊的布置示意图

8.2　安全气囊系统的结构组成与工作原理

8.2.1　安全气囊系统的组成、工作原理与工作过程

1. 安全气囊系统的组成、工作原理

机械式安全气囊系统主要由传感器、安全气囊组件、充气装置、点燃器（安装在充气装置内部中央位置）等组成。安全气囊由传感器直接引爆点火，如图 8.6 所示。机械式安全气囊系统的优点是结构简单、成本低；缺点是可靠性差、容易误动作。

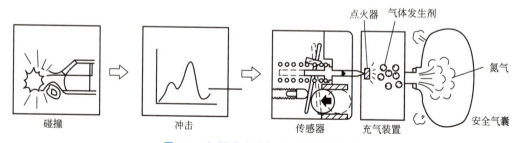

图 8.6　机械式安全气囊系统工作原理

下面重点介绍电子式安全气囊系统的组成与工作原理。

电子式安全气囊系统主要由传感器、安全气囊组件、充气装置、点火器、ECU 等组成，如图 8.7 所示（图中未全部示出）。

电子式安全气囊系统所用的碰撞传感器按安装位置分为车前传感器（前部碰撞传感器）和车内传感器（包括中央传感器与安全传感器）两种。前部碰撞传感器用来检测汽车低速时正面受到的冲击信息，中央传感器用来检测汽车发生高速碰撞的信息，安全传感器用来防止系统在非碰撞状况引起安全气囊误动作。位于车前两侧的前部碰撞传感器可保证在正面 30°范围内有效工作。当汽车发生碰撞时，传感器识别碰撞程度，对于中等程度以上的碰撞，传感器向 ECU 发出信号，ECU 判别后发出点火信号，使点火器工作，充气装

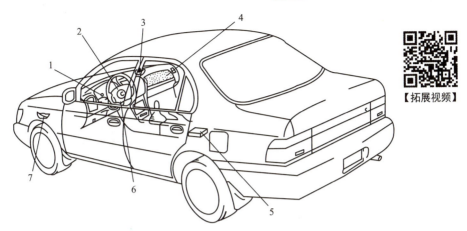

1—气囊警告灯；2—螺旋电缆（装于转向盘内）；3—前部碰撞传感器（右）；4—前排乘员安全气囊总成；
5—中央气囊传感器总成及ECU；6—转向盘（内装驾驶人安全气囊）；7—前部碰撞传感器（左）。

图 8.7　电子式安全气囊系统的组成

置在极短时间内产生大量气体，通过滤清器充入卷收在一起的气囊，使其膨胀，如图 8.8 所示。

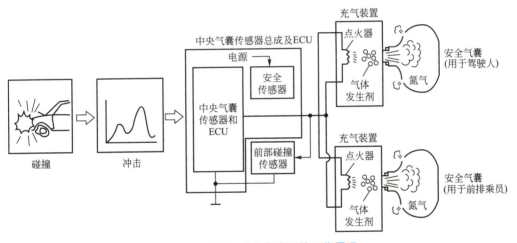

图 8.8　电子式安全气囊系统工作原理

安全气囊的前部碰撞有效范围及动作（点火、起爆、膨开）的判断条件如图 8.9 所示。

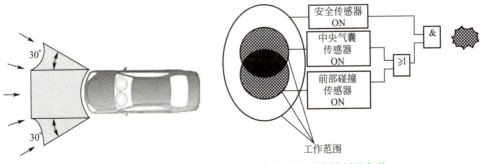

图 8.9　安全气囊的前部碰撞有效范围及动作的判断条件

2. 安全气囊系统的工作过程

安全气囊由点火起爆到完全膨开需要一定时间、经历一个过程（图 8.10），其充气速度和膨胀强度是可以控制的，而且需要与汽车的碰撞强度适应，否则将很难对驾乘人员起到良好的保护作用。

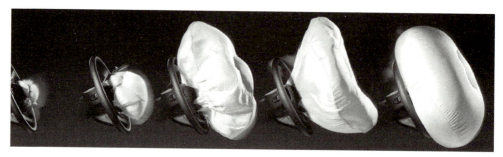

图 8.10　安全气囊的膨胀过程

安全气囊系统的整个工作过程大约需要 110ms，可分为四个阶段，如图 8.11 所示。

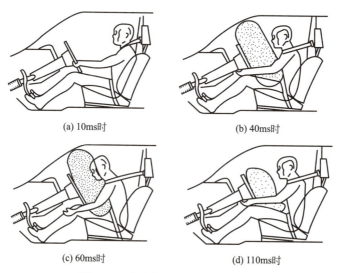

(a) 10ms时　　　(b) 40ms时

(c) 60ms时　　　(d) 110ms时

图 8.11　安全气囊系统的动作时序

第一阶段：汽车发生碰撞，达到安全气囊系统引爆极限，传感器从检测到碰撞到接通电流需 10ms，点火器点燃气体发生剂，而此时驾驶人仍然处于直坐状态。

第二阶段：气体发生剂产生的气体在 30ms 内将安全气囊完全胀开，撞车（50km/h 的速度）40ms 后，驾驶人身体开始向前移动。因为座椅安全带斜系在驾驶人身上，随着驾驶人的前移，座椅安全带被拉长，撞车时产生的部分冲击能量由座椅安全带吸收。

第三阶段：汽车撞车 60ms 之后，驾驶人的头部及身体上部压向安全气囊，安全气囊背面的泄气孔允许气体在压力作用下匀速逸出。

第四阶段：汽车撞车 110ms 之后，驾驶人向后移回座椅上，大部分气体从安全气囊中逸出，前方恢复清晰的视野。

8.2.2 安全气囊系统的主要部件

1. 传感器

传感器用于检测、判断汽车发生事故后的撞击信号，以及时启动安全气囊，并提供足够的电能或机械能给点火器点燃气体发生剂。

传感器按功能分为碰撞传感器和安全传感器两种。安全传感器也称触发传感器，其比碰撞传感器所需的惯性力或减速度小，起保险作用，防止因碰撞传感器短路而造成误爆开。

传感器按结构分为机械式、机电式和电子式三种。

（1）机械式传感器。

机械式传感器的结构如图8.12所示。当传感器中感应块的减速度达到某一特定值时，感应块将其机械能直接传给点火器，使安全气囊膨开。这种传感器用于机械式安全气囊系统。

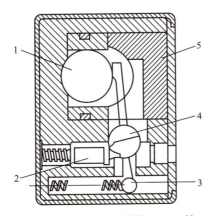

1—感应块；2—撞针；3—偏置弹簧；4—D轴；5—顶盖。

图8.12 机械式传感器的结构

（2）机电式传感器。

机电式传感器主要有滚球式、偏心式、水银开关式等。

① 滚球式传感器（图8.13）。平时小钢球被磁场力约束，当汽车发生碰撞时，小钢球

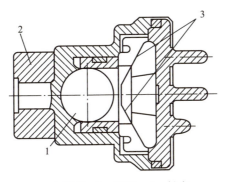

1—小钢球；2—磁铁；3—触点。

图8.13 滚球式传感器的结构

在圆柱形钢套内向前运动,一旦接触到前面的触点,触发电路就接通。这种传感器应用广泛,可以检测各种撞击信号。

② 偏心式传感器。偏心式传感器为具有偏心转动质量的机电式加速度传感器,由外壳、偏心转子、偏心重块、旋转触点与固定触点、螺旋弹簧等构成,如图 8.14 所示。

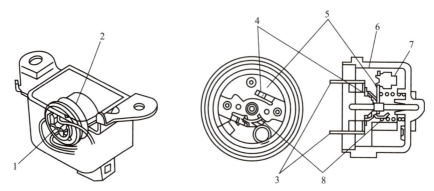

1—自检电阻;2—传感器;3—固定触点;4—旋转触点;5—偏心转子;
6—外壳;7—偏心重块;8—螺旋弹簧。

图 8.14 偏心式传感器的结构

偏心式传感器的外侧装有一个电阻,起自检作用,检测传感器总成与其之间的线路是否开路或短路。

当汽车正常行驶时,偏心转子和偏心重块被螺旋弹簧拉回,处于平衡状态,此时转子上安装的旋转触点不与固定触点接触。当汽车受到正面碰撞且碰撞强度达到设定值时,偏心重块受惯性的作用与偏心转子和旋转触点一起转动,旋转触点与固定触点接触,如图 8.15 所示,从而向 ECU 发出闭合电路信号。

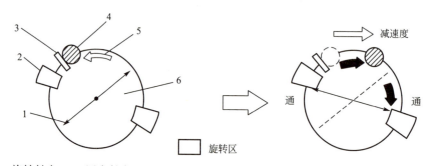

1—旋转触点;2—固定触点;3—止动器;4—偏心重块;5—螺旋弹簧力;6—偏心转子。

图 8.15 偏心式传感器的工作过程

③ 水银开关式传感器。水银开关式传感器是一种常见的安全传感器,其结构如图 8.16 所示。当汽车发生碰撞时,水银产生惯性力并抛向电极 2 和电极 3,接通两极,并接通点火器。

(3) 电子式传感器(中央气囊传感器)。

作为中央气囊传感器的电子式传感器本质上是一种配有电子电路的、对减速度极敏感的传感器。电子式传感器对汽车正向减速度进行连续测量,并将测量结果输送给 ECU,ECU 内有一套复杂的碰撞信号处理程序,能够确定是否需要膨开安全气囊。若需要膨开安全气

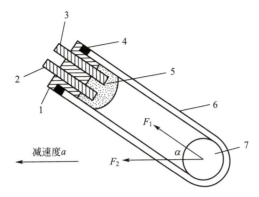

1—盖；2，3—电极；4—O形圈；5—水银撞上后位置；6—外壳；
7—水银；F_1—水银运动分力；F_2—撞击力。

图8.16 水银开关式传感器的结构

囊，则ECU接通点火电路，安全传感器同时闭合，点火器开始工作，安全气囊膨开。

电子式传感器通常是半导体压力传感器，其结构如图8.17所示。车速越大，碰撞后产生减速度的力越大，输出的电压越大。由于半导体压力传感器输出特性受温度影响较大，因此应用晶体管的基极与发射极间的电压的温度变化消除传感器输出特性的变化，故要求半导体压力传感器有稳定的电源。

使用水银开关式传感器以外的安全传感器时，在安全气囊作用并充气之后，中央气囊传感器总成不可重复使用。因为在安全气囊动作时会有大电流流过传感器触点，触点表面产生烧蚀而使电阻过大，造成安全气囊可靠性降低。

2. 安全气囊组件

安全气囊组件主要由安全气囊、衬垫、饰盖和底板组成。驾驶人侧安全气囊组件（图8.18）位于转向盘中心处，前排乘员侧安全气囊组件（图8.19）位于仪表板右侧杂物箱的上方。

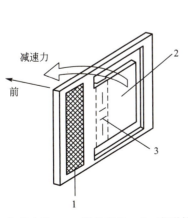

1—集成电路；2—惯性质量；3—变形针。

图8.17 电子式传感器的结构

图8.18 驾驶人侧安全气囊组件

【拓展图文】

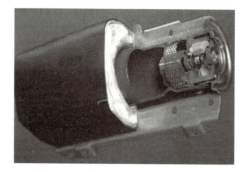

图 8.19　前排乘员侧安全气囊组件

(1) 安全气囊。

安全气囊按位置分为驾驶人安全气囊、乘员安全气囊、侧面安全气囊等；有用来保护上身的大型安全气囊，也有用来主要保护面部的小型安全气囊。驾驶人安全气囊（图 8.20）多采用尼龙布涂氯丁橡胶或有机硅制造，橡胶涂层起密封和阻燃作用，安全气囊背面有两个泄气孔。乘员安全气囊没有涂层，靠尼龙布本身的间隙泄气。

图 8.20　驾驶人安全气囊组件展开图

(2) 衬垫。

衬垫是安全气囊组件中的一个重要的组成部分，由聚氨酯制成，因为在制造过程中使用了很薄的水基发泡剂，所以质量特别轻。平时它作为转向盘的上表面，把安全气囊与外界隔离开，既能起到维护作用，又能起到修饰作用。安全气囊膨开时，衬垫在安全气囊爆发力的作用下快速、及时裂开，对安全气囊展开过程毫无阻碍。

(3) 饰盖和底板。

饰盖是安全气囊组件的盖板，上面模制有裂缝（类似于邮票边缘的联排小孔），以便安全气囊能冲破饰盖膨开。安全气囊和充气装置装在底板上，底板装在转向盘或车身上，安全气囊膨开时，底板承受气囊的反力。

3. 充气装置

充气装置用于在点火器引爆点火剂时产生气体向安全气囊充气，使安全气囊膨开。充气装置由专用螺栓和专用螺母固定在安全气囊底板上，装配时只能使用专用工具。

充气装置由上盖、下盖、气体发生剂（片状叠氮化钠）和金属滤网等组成，如图 8.21 所示。上盖上有若干个充气孔，充气孔有长方孔和圆孔两种。

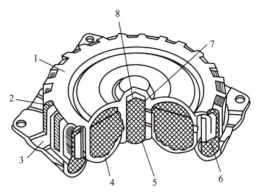

1—上盖；2—充气孔；3—下盖；4—气体发生剂；5—点火器药筒；
6—金属滤网；7—电热丝；8—引爆炸药。

图 8.21　充气装置的组成

下盖上有安装孔，以将充气装置安装到安全气囊底板上。上盖与下盖用冷压工艺压装成一体，壳体内装气体发生剂、金属滤网和点火器。金属滤网安放在充气装置的内表面，用以过滤气体发生剂和点火剂燃烧后的渣粒。

大多数充气装置都利用热效反应产生氮气而充入安全气囊。在点火器引爆点火剂的瞬间，点火剂产生大量热量，气体发生剂（叠氮化钠）受热分解，释放氮气，氮气从充气孔充入安全气囊。

4．点火器

点火器（俗称雷管）外包覆铝箔，其结构如图 8.22 所示。

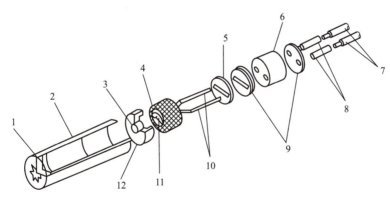

1—引爆炸药；2—药筒；3—引药；4—电热丝；5—陶瓷片；6—永久磁铁；7—引出导线；
8—绝缘套管；9—绝缘垫片；10—电极；11—电热头；12—药托。

图 8.22　点火器的结构

点火剂包括引爆炸药和引药。引出导线与安全气囊插接器插头连接，插接器中设有短路片（铜质弹簧片）。当拔下插接器插头或插头与插接器未完全接合时，短路片将两根引线短接，防止静电或误导电将电热丝电路接通而造成安全气囊误膨开。

当 ECU 发出点火指令时，电热丝电路接通，电热丝迅速红热而引爆引药，引爆炸药瞬间产生热量，药筒内温度和压力急剧升高并冲破药筒，使气体发生剂受热分解，释放氮气充入安全气囊。

5. 安全气囊警告灯

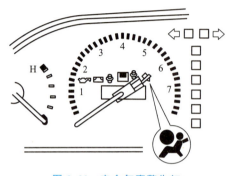

图 8.23　安全气囊警告灯

安全气囊警告灯位于仪表板上，如图 8.23 所示。接通点火开关时，诊断单元对系统进行自检，若安全气囊警告灯点亮 6s 后熄灭，表示系统正常；若 6s 后安全气囊警告灯依然闪烁或长亮不熄，表示系统出现故障，应进行检修。

若 ECU 出现异常，则不能控制安全气囊警告灯，警告灯便在其他电路的控制下显示异常。若 ECU 无点火电压，则警告灯常亮；若 ECU 无内部工作电压，则警告灯常亮；若 ECU 不工作，则警告灯在看门狗电路的控制下，以 3Hz 的频率闪烁；若 ECU 未接通，则警告灯经线束插接器的短路片接通。

6. ECU

ECU 主要由逻辑模块、信号处理电路、备用电源电路、保护电路和稳压电路等组成，安全传感器一般与 ECU 一起制作在安全气囊控制组件中。林肯乘用车安全气囊控制组件的内部结构如图 8.24 所示。

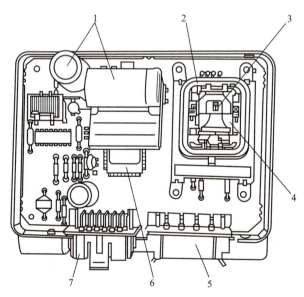

1—能量储存装置（电容）；2—安全传感器总成；3—传感器触点；
4—传感器平衡块；5—4 端子插接器；6—逻辑模块；7—ECU 插接器。

图 8.24　林肯乘用车安全气囊控制组件的内部结构

(1) 逻辑模块。

逻辑模块主要用于监测汽车纵向减速度或惯性力是否达到设定值,控制安全气囊组件中的点火器引爆点火剂。在汽车行驶过程中,ECU 不断接收前碰撞传感器和防护碰撞传感器传来的车速变化信号,经过数学计算和逻辑判断后,确定是否发生碰撞。当判断结果为发生碰撞时,立即运行控制点火的软件程序,并向点火电路发出点火指令引爆点火剂。

除此之外,ECU 还要不断对控制组件中关键部件的电路进行诊断测试,并通过安全气囊警告灯和存储在存储器中的故障码来显示测试结果。安全气囊警告灯可直接向驾驶人提供安全气囊系统的状态信息。存储器中的状态信息和故障码,可用专用仪器或通过特定方式从串行通信接口调出,以供维修时参考。

(2) 信号处理电路。

信号处理电路主要由放大器和滤波器组成,用于对传感器检测的信号进行整形、放大和滤波,以便 ECU 接收、识别和处理。

(3) 备用电源电路。

安全气囊系统有两个电源:一个是汽车电源,另一个是备用电源。备用电源又称后备电源或紧急备用电源。备用电源电路由电源控制电路和两个电容器组成。备用电源用于汽车电源与安全气囊系统逻辑模块之间的电路切断后,在一定时间内维持对安全气囊系统供电,保持安全气囊系统的正常功能。

(4) 保护电路和稳压电路。

在汽车电气系统中,许多电气部件有电感线圈,电气开关多,电气负载变化频繁。当线圈电流接通或切断、开关接通或断开、负载电流突然变化时,都会产生瞬时脉冲电压(过电压)。若过电压加到安全气囊电路上,则系统中的电子元件可能因电压过高而损坏。为了防止安全气囊元件遭受损害,ECU 中必须设置保护电路。为了保证汽车电源电压变化时安全气囊系统能够正常工作,还必须设置稳压电路。

7. 安全气囊系统保险机构与线束

为了便于区别电气系统线束插接器,安全气囊的插接器与汽车其他电气系统的插接器有所不同。过去曾采用深蓝色插接器,目前生产的汽车已经全部采用黄色插接器。

安全气囊的插接器采用导电性能和耐久性能良好的镀金端子,并设有防止安全气囊误爆机构、电路连接诊断机构、插接器双重锁定机构、端子双重锁定机构等,用以保证安全气囊系统可靠工作。

丰田乘用车安全气囊插接器如图 8.25 所示,插接器采用的保险机构见表 8-1。

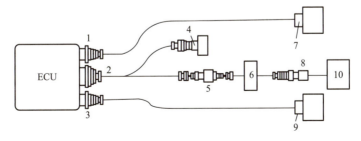

1,2,3—ECU 插接器;4—安全气囊电源插接器;5—中间线束插接器;6—螺旋线束;
7—右碰撞传感器插接器;8—安全气囊组件插接器;9—左碰撞传感器插接器;10—点火器。

图 8.25 丰田乘用车安全气囊插接器

表 8-1 丰田乘用车安全气囊插接器采用的保险机构

序号	名称	插接器代号
1	防止安全气囊误爆机构	2、5、8
2	电路连接诊断机构	1、3、7、9
3	插接器双重锁定机构	5、8
4	端子双重锁定机构	1、2、3、4、5、7、8、9

(1) 防止安全气囊误爆机构。

安全气囊系统从 ECU 至点火器之间的插接器 2、5、8 均采用了防止安全气囊误爆的短路片机构,主要用于拔下插接器时,短路片自动将靠近点火器一侧插头或插接器两个引线端子短接,如图 8.26 所示,防止静电或误通电将电热丝电路接通而造成安全气囊误膨开。

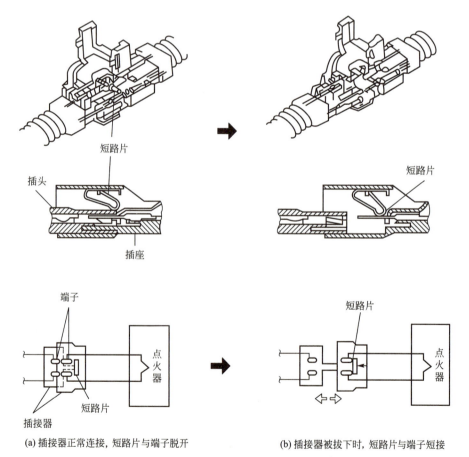

(a) 插接器正常连接,短路片与端子脱开　　(b) 插接器被拔下时,短路片与端子短接

图 8.26 防止安全气囊误爆机构的结构与原理

(2) 电路连接诊断机构。

电路连接诊断机构用于监测插接器的插头与插接器是否连接可靠。与 ECU 连接的插接器采用了电路连接诊断机构,如图 8.27 所示。

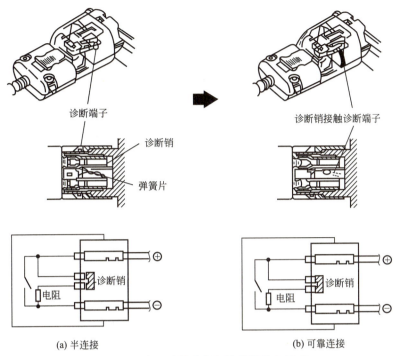

(a) 半连接　　　　　　　　　　　　(b) 可靠连接

图 8.27　电路连接诊断机构的结构与原理

插接器插头上有一个诊断销,插接器上有两个诊断端子,端子上有弹簧片。其中一个诊断端子与碰撞传感器触点的一端相连,另一个诊断端子经过一个电阻与碰撞传感器触点的一端相连。

碰撞传感器触点为常开触点,当传感器插头与插接器半连接(未可靠连接)时,诊断端子与诊断销尚未接触,如图 8.27(a)所示,此时电阻尚未与传感器触点构成并联电路,插接器引线"+"与"-"之间的电阻为∞。因为"+""-"引线与 ECU 插接器 1 或 3(图 8.25)的插头连接,所以当 ECU 监测到碰撞传感器的电阻为∞时,诊断为插接器连接不可靠,自诊断电路控制安全气囊警告灯闪亮报警,同时将故障编成代码存储在存储器中。

当传感器插头与插接器可靠连接时,诊断端子与诊断销可靠接触,如图 8.27(b)所示,此时电阻与碰撞传感器触点并联。因为传感器触点为常开触点,所以当 ECU 检测到的阻值为该并联电阻的阻值时,即诊断为插接器连接可靠。

(3) 插接器双重锁定机构。

安全气囊系统在线束的重要连接部位的插接器采用了双重锁定机构,用于锁定插接器插头与插接器,防止插接器脱开,如图 8.28 所示。插接器插头上有主锁和两个凸台;插接器上有锁柄能够转动的副锁。

(4) 端子双重锁定机构。

安全气囊系统的每一个插接器都设有端子双重锁定机构,用于防止引线端子滑动。双重锁定机构主要由插接器壳体上的锁柄与分隔片组成,如图 8.29 所示。锁柄为一次锁定机构,可防止端子沿引线轴线方向滑动;分隔片为二次锁定机构,可防止端子沿引线径向移动。

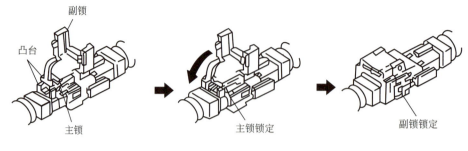

图 8.28　插接器双重锁定机构

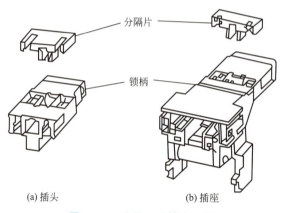

图 8.29　端子双重锁定机构

（5）安全气囊系统线束。

安全气囊系统的所有线束都套装在黄色波纹管内，以便区别并引起安装人员、维修人员的重视。为了保证转向盘具有足够的转动角且不致损伤驾驶人侧安全气囊组件的连接线束，在转向盘与转向柱管之间采用螺旋线束，先将线束安装在螺旋弹簧内，再将螺旋弹簧安装到弹簧壳体内，如图 8.30 所示。

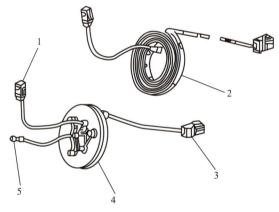

1，3—线束插头或插接器；2—螺旋弹簧；4—螺旋弹簧壳体；5—搭铁插头。

图 8.30　螺旋弹簧与螺旋线束

通常，电喇叭线束也安装在螺旋弹簧内。在不同汽车公司的电路图中，螺旋线束的名称不同，有的称为螺旋弹簧，有的称为游丝，有的称为游丝弹簧。在安装螺旋弹簧时，应注意其安装位置和方向，否则将导致转向盘转动角不足或转向沉重。

8.3 智能安全气囊系统

8.3.1 智能安全气囊系统概述

近年来，安全气囊技术发展很快，很多汽车都装备了智能安全气囊系统。

智能安全气囊系统在普通安全气囊系统的基础上增加传感器，以探测出座椅上的人员是儿童还是成年人，是否系好安全带及乘员所处的位置、高度，采集的这些信息由电子计算机软件分析并处理，进而控制安全气囊的起爆和膨胀，使其发挥最佳作用，避免安全气囊出现不必要的起爆，从而极大地提高了安全保护作用。

智能安全气囊系统比普通安全气囊系统多了两个核心元件，即传感器及与之配套的计算机软件。

目前使用的传感器主要有以下几种。

（1）重量传感器，根据座椅上的重量感知是否有人并判断是大人还是小孩。

（2）电子区域传感器，能在驾驶室中产生一个低能量的电子区域，测量通过该区域的电流，以测定驾乘人员的存在和位置。

（3）红外线传感器，根据热量探测驾乘人员，以区别于其他无生命的物品。

（4）光学传感器，如同一台照相机注视着座椅，并与存储的空座椅的图像进行比较，以判别驾乘人员的存在和位置。

（5）超声波传感器，先发射超声波，再分析遇到物体后的反射波，由此探明驾乘人员的存在和位置。

设计开发智能安全气囊系统除设计先进传感器外，还要编制计算机软件。一般来说，计算机软件要能根据驾乘人员的身材、体重、是否系好安全带、人在座椅上的位置、汽车碰撞时的车速及撞击程度等，在一刹那做出反应，调整安全气囊的起爆和膨胀时机、速度和强度，使安全气囊为驾乘人员提供最合理和最有效的保护，特别是减少对儿童等的伤害。

下面以宝马汽车的被动安全系统——高级安全电子系统为例，介绍智能安全气囊系统的组成和工作原理。

8.3.2 智能安全气囊系统的特点与组成

1. 宝马高级安全电子系统的特点

宝马公司将智能安全气囊系统称为高级安全电子系统。

高级安全电子系统由一个主控制单元（安全和网关模块）和多个卫星式控制单元组成。这些卫星式控制单元及其传感器散布于汽车的各个重要位置，并与安全和网关模块交换信息。

高级安全电子系统具有以下优点：快速获取并传输数据（10Mbit/s）；准确识别碰撞；安全气囊控制系统联网；选择性触发；精确控制智能安全气囊；触发安全性高；抗电磁干扰能力强；需要时可断开安全蓄电池接线柱，进行蓄电池线路诊断。

通过分布于汽车重要位置的多个加速传感器，比多重乘员保护系统更准确地识别碰撞情况。由车内加速传感器探测到的汽车减速信息被传送至安全和网关模块。安全和网关模块与所有卫星式控制单元交换减速数据，描绘出准确的碰撞情况，然后根据碰撞情况及时地、有选择地触发执行器（安全气囊）。发生碰撞时，仅触发必要的执行器（安全气囊），以便对车内驾乘人员提供最佳保护，并降低维修费用。

2. 宝马高级安全电子系统的组成

高级安全电子系统由各种传感器、控制单元、执行器、总线系统组成，如图8.31所示。

8.3.3 智能安全气囊系统的工作原理

1. 触发规则

针对E60车型专门开发的高级安全电子系统是在E65/66的智能型全面安全系统基础上演变而来的，它们的触发逻辑相同，只是各种碰撞严重程度和触发阈值有所不同。

（1）碰撞严重程度。

通过大量的在极端条件下的碰撞和行驶试验，确定所有可能的事故类型的触发阈值。触发阈值主要取决于碰撞严重程度，碰撞严重程度分为四级，即CS0（不必触发乘员保护系统）、CS1（轻度碰撞）、CS2（中度碰撞）、CS3（重度碰撞）。

（2）触发阈值。

触发阈值取决于碰撞严重程度及对其他因素的考虑，如撞击方向、碰撞接触面积和车内驾乘人员是否系好安全带，由此得出控制各个乘员保护系统的不同阈值。由于触发阈值的不同，因此前部安全气囊第2级的引爆根据碰撞的严重程度变化。

如果安全带锁扣识别错误，系统就会由此推断出驾乘人员未系安全带。此时触发阈值降低，尽管是识别错误，还是会试图激活安全带拉紧装置。

如果座椅占用识别出现错误，系统就确认座椅被占用（座椅上有人），此时乘员保护系统会被激活（相应的安全气囊会引爆）。

2. 碰撞时的触发

（1）正面碰撞。

对于正面碰撞，可按照碰撞的严重程度将其分为轻度碰撞（CS1）、中度碰撞（CS2）和严重碰撞（CS3）三级。

① 碰撞严重程度CS1。碰撞严重程度CS1（轻度碰撞）会触发安全带拉紧装置。在识别到车内驾乘人员系好安全带时，不会触发驾驶人安全气囊、前排乘员安全气囊。如果车内驾乘人员没有系好安全带，则会触发驾驶人安全气囊、前排乘员安全气囊。

② 碰撞严重程度CS2。从碰撞严重程度CS2（中度碰撞）起，驾驶人安全气囊、前排乘员安全气囊和安全带拉紧装置都会被触发。

安全蓄电池接线柱开始工作，关闭电动燃油泵，如车内装有具备报警功能的电话，还将进行紧急呼叫。

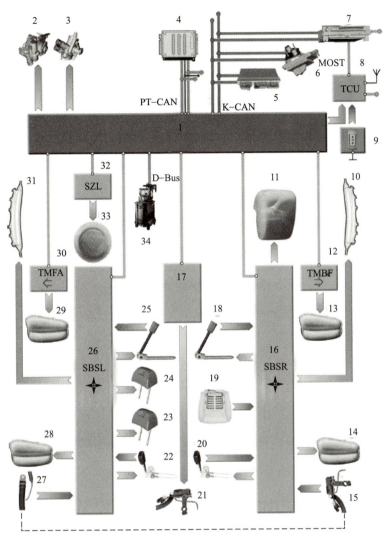

1—安全和网关模块；2—伺服转向助力系统阀；3—ECO 阀［宝马汽车的液压助力转向系统中用于自动调节助力油液流量的电子控制阀（electronic control orifice，ECO 阀）。只有装备了主动前轮转向（active front steering，AFS）系统的宝马汽车，才装备 ECO 阀］；4—数字式发动机控制单元；5—车身标准模块；6—灯光模块；7—多音频系统控制器；8—电子信息系统控制单元；9—紧急呼叫按钮；10—右侧头部安全气囊；11—前排乘员前部安全气囊；12—前排乘员侧车门模块；13—前排乘员侧面安全气囊；14—后排座椅右侧侧面安全气囊；15—行李箱内监控屏蔽接头；16—右侧 B 柱卫星式控制单元；17—汽车中央卫星式控制单元；18—前排乘员安全带锁扣开关及拉紧装置；19—座位占用识别装置；20—后排座椅右侧安全带锁扣开关及拉紧装置；21—安全蓄电池接线柱；22—后排座椅左侧安全带锁扣开关及拉紧装置；23—主动式前排乘员头枕；24—主动式驾驶人头枕；25—驾驶人安全带锁扣开关及拉紧装置；26—左侧 B 柱卫星式控制单元；27—发动机室内监控屏蔽接头；28—后排座椅左侧侧面安全气囊；29—驾驶人侧面安全气囊；30—驾驶人侧车门模块；31—左侧头部安全气囊；32—转向柱开关中心；33—驾驶人前部安全气囊；34—诊断接口。

图 8.31　高级安全电子系统总线系统组成

③ 碰撞严重程度 CS3。碰撞严重程度 CS3（严重碰撞）会触发驾驶人安全气囊、前排乘员安全气囊和安全带拉紧装置，但时间延迟不同。

汽车发生正面碰撞时安全气囊的触发过程如图 8.32 所示。通过安全带锁扣开关和座椅占用识别装置可以确定前排乘员座椅是否被占用。

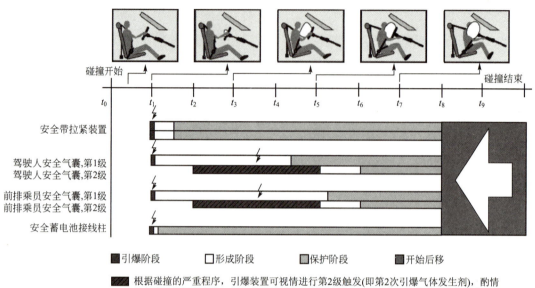

图 8.32 汽车发生正面碰撞时安全气囊的触发过程

在 t_0 时刻，汽车发生碰撞，安全带的机械锁止装置阻止安全带伸长，传感器采集汽车减速数据。

在 t_1 时刻，卫星式控制单元触发执行器（引爆阶段），燃爆式执行器被引爆。驾驶人、前排乘员的安全带拉紧装置及驾驶人安全气囊、前排乘员安全气囊第 1 级被引爆。

碰撞严重程度达到 CS2 级时，同时触发安全蓄电池接线柱，以避免发动机舱中蓄电池导线短路。

然后为开始形成阶段，即安全气囊充气。安全带拉紧装置中的活塞被拉紧管中的气体推动，活塞上固定的拉索将安全带锁向下拉并将安全带的松弛部分拉住。

在 t_2 时刻，拉紧安全带的过程结束，安全带开始提供保护，此时两个安全气囊还在充气。

在 t_4 时刻，安全气囊已经开始对驾乘人员提供保护。根据碰撞严重程度，从 t_2 时刻起可能两个安全气囊已经开始第 2 级引爆。由于各级别引爆时间错开，因此安全气囊对车内驾乘人员来说攻击性更小。

在 t_5 时刻，安全气囊继续吹胀，以期为驾乘人员提供可靠保护。在 t_6 时刻，安全气囊已经完全胀开，可以为乘员提供可靠保护。在 t_7 时刻，尽管安全气囊已经开始泄气，但泄气量较小，安全气囊仍可为驾乘人员提供持续可靠的保护。

从 t_8 时刻起，车内驾乘人员开始后移，不再有前冲运动，而是跌回座椅。

(2) 侧面碰撞。

发生侧面碰撞时,按碰撞严重程度分为轻度碰撞和中度碰撞。

从碰撞严重程度 CS1(轻度碰撞)起,受撞击侧的头部保护系统 AITS Ⅱ 和侧面安全气囊被触发。从碰撞严重程度 CS2(中度碰撞)起,侧面安全气囊被触发的同时,安全蓄电池接线柱被激活,电动燃油泵关闭。如果车内装有具备报警功能的电话,还将进行紧急呼救。

(3) 尾部碰撞。

从碰撞严重程度 CS1(轻度碰撞)起,主动式头枕和安全带拉紧装置都会被触发。如碰撞严重程度为 CS2(中度碰撞),则还将激活安全蓄电池接线柱,电动燃油泵关闭。如果车内装有具备报警功能的电话,还将进行紧急呼救。

3. 紧急呼叫(欧规车)

如果装有车载电话,高级安全电子系统可向客户提供两种紧急呼叫功能,即手动紧急呼叫和自动紧急呼叫。如果车内装有导航系统,则发出紧急呼叫的同时会发出汽车所在位置的数据。

(1) 手动紧急呼叫(不带导航)。

紧急呼叫按钮位于车顶托架内前部车内照明灯上,如图 8.33 所示。紧急呼叫按钮由一个盖板保护,打开盖板并按动紧急呼叫按钮即可触发手动紧急呼叫功能,拨出所在国家的紧急呼叫号码(德国 112,美国 911,中国 119)。

1—左侧免提话筒;2—活动天窗按钮;3—紧急呼叫按钮;4—右侧免提话筒。

图 8.33 紧急呼叫按钮

(2) 手动紧急呼叫(带导航)。

通过操作紧急呼叫按钮,拨打已存储的网络服务商紧急呼叫号码,同时一条短信息将汽车所在位置的数据发给网络服务商。网络服务商会尝试与车内人员建立电话联系,以便获得事故的更多信息(事故严重程度、伤者人数),从而指导救援工作。

如果 60s 内未能与网络服务商建立联系,则拨打所在国家的紧急呼叫号码。

(3) 自动紧急呼叫(不带导航)。

发生碰撞时,安全和网关模块会根据相应的碰撞严重程度向车载电话发送本车发生碰撞的电码(电子信息),车载电话会立即进行紧急呼叫并拨打所在国家的紧急呼叫号码。

(4) 自动紧急呼叫(带导航)。

发生碰撞时,车载电话接收到碰撞电码后会拨打已存储的网络服务商紧急呼叫电话,同时一条短信将汽车所在位置的数据发给网络服务商。网络服务商会尝试与车内人员建立电话联系,以便获得事故的更多信息(事故严重程度、伤者人数),从而指导救援工作。

如果 60s 内未能与网络服务商建立联系,则拨打所在国家的紧急呼叫号码。

8.4 座椅安全带

8.4.1 安全带的作用

汽车安全带是一种安全保护装置,能在汽车发生碰撞或者急转弯时约束驾乘人员的身体,使其尽可能保持在座椅原来位置上而不移动和转动,避免驾乘人员与车内坚硬部件发生碰撞而造成伤害。安全带与安全气囊一样都是汽车上的安全装置,共同构成乘员约束系统,但是安全带历史悠久,应用更普遍。

汽车碰撞时,车与车(或固定物体)的碰撞称为一次碰撞,驾乘人员撞在车内结构物上称为二次碰撞。驾乘人员的伤害程度取决于二次碰撞的程度,车速越高,二次碰撞的减速度越大,伤害越严重。

实践证明,使用安全带对减轻交通事故中的人身伤害有积极的作用,特别是在高速公路上常见的多车追尾事故中,安全带的作用尤为明显。

8.4.2 安全带的种类

安全带按安装方式分为四种,如图 8.34 所示。

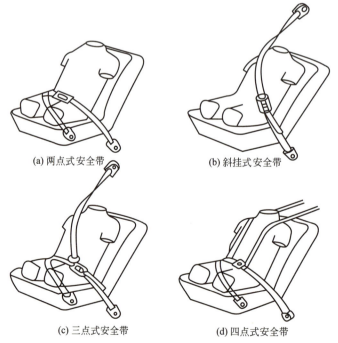

(a) 两点式安全带　　　　(b) 斜挂式安全带

(c) 三点式安全带　　　　(d) 四点式安全带

图 8.34　安全带的种类

1. 两点式安全带

两点式安全带又称腰带式安全带,是安全带的基本型。飞机乘员一般使用的就是这种安全带,软带从腰的两侧挂在腹部。两点式安全带的优点是使用方便,容易逃出车外;缺点是腹部负荷很大,发生碰撞时,上身容易前倾,前排乘员头部会碰到仪表板或风窗玻璃。后排乘员一般可以使用两点式安全带。

2. 斜挂式安全带

斜挂式安全带又称安全肩带,软带经乘员胸前斜挂在肩部,可防止上半身转动。使用斜挂式安全带,发生碰撞时,乘员受力不均匀,下半身容易向前挤出;若安装不当,身体会从带中脱出或头部被撞。这种安全带欧洲采用较多,日本、加拿大、澳大利亚等国在标准中排除了这种安全带。国际标准中虽然通过了这种安全带,但是不推荐使用。由于膝部保护装置与斜挂式安全带并用可以消除了上述缺点,因此美国认可使用斜挂式安全带。

3. 三点式安全带

三点式安全带有两种,一种是两点式和斜挂式复合而成的,称为连续三点式安全带;另一种是将防止上半身前倾的肩带连在两点式安全带上任意点而成的,称为分离三点式安全带。三点式安全带兼具两点式安全带和斜挂式安全带的优点且消除了其缺点,对驾乘人员的保护效果良好,实用性高,是应用广泛的一种安全带。

4. 四点式安全带

四点式安全带又称马甲式安全带,是在两点式安全带上连两条肩带而成的。其保护效果最好,也是最完善的一种安全带;但使用不便,一般用于特殊用途车或赛车。

8.4.3　安全带的结构

安全带的基本结构一般包括软带、带扣、长度调整机构、卷收装置和固定部分。

软带是安全带的本体,一般由尼龙织物、聚酯、维尼纶等合成纤维原丝编织成宽约50mm、厚约1.5mm的带子。要求软带具有足够的强度、延伸性和能量吸收性能,以便在发生碰撞时起到缓冲作用,可用作腰带和肩带。各国对软带的性能和试验要求都有标准规定。企业生产的软带必须经过强度、伸长率、收缩率、耐磨、耐寒、耐热、耐水和耐光照等考核试验,符合规定后才能使用。

带扣用以扣合或脱开安全带,分为有舌带扣和无舌带扣两类。其中有舌带扣又分为包围型按钮式和开放型按钮式两种。

长度调整机构是为了适应驾乘人员的体形调整软带长度的机构。

卷收装置是在不用安全带时自动收卷软带的装置,以防止损伤带扣和软带;在使用安全带时还具有调整软带长度的功能。卷收装置按卷带方式可分为无锁紧式卷收装置(不能在软带拉出的位置自动锁紧软带)、自动锁紧式卷收装置(可在软带拉出的任何位置自动锁紧软带)、手动无锁紧式卷收装置(能用手拉出软带,但不能锁紧的卷收装置)和紧急锁紧式卷收装置(可自由拉出或收回软带,但当拉出软带的速度超过某限值时立即锁住)四种。

安全带的固定部分主要由安全带插口、紧固底座和连接装置组成。安全带插口用于接纳并锁紧带扣，紧固底座通过地脚螺栓固装在车身地板上，连接装置用于连接安全带插口和紧固底座。连接装置（多为钢丝绳）具有一定的弹性，以适应驾乘人员身体姿态的变化。

8.4.4 预紧式安全带

1. 功能与特点

预紧式安全带（pretensioner seat belt，图 8.35）的特点是，在汽车发生碰撞事故的一瞬间（0.1s 左右），驾乘人员尚未向前移动拉紧软带，立即将驾乘人员紧紧地绑在座椅上，然后锁止软带以防止驾乘人员身体前倾，有效保护驾乘人员的安全。

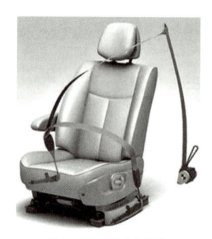

图 8.35 预紧式安全带

预紧式安全带对驾乘人员的约束过程如图 8.36 所示。

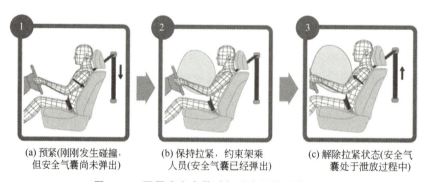

(a) 预紧(刚刚发生碰撞，但安全气囊尚未弹出)　(b) 保持拉紧，约束驾乘人员(安全气囊已经弹出)　(c) 解除拉紧状态(安全气囊处于泄放过程中)

图 8.36 预紧式安全带对驾乘人员的约束过程

预紧式安全带中起主要作用的卷收装置与普通安全带不同，除有普通卷收装置的收放软带功能外，还具有当车速发生急剧变化时在 0.1s 左右增大对驾乘人员的约束力的功能，因此它还有控制装置和预拉紧装置。

2. 安全带卷收装置

安全带卷收装置按控制方式分为电子式和机械式两种，两者的基本构造和工作原理相同，只是气体发生器的点火方式不同。

安全带卷收装置由收紧机构、收缩机构和 ELR（emergency locking retractor，带紧急锁止功能的卷收器）组成，如图 8.37 所示，其中收缩机构和 ELR 属于不带收紧器的普通座椅安全带的组成部分。

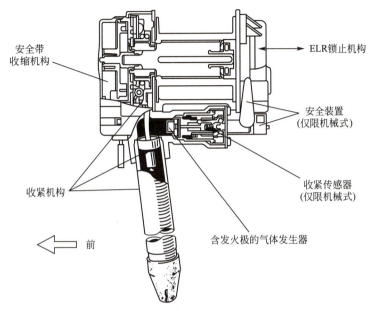

图 8.37　座椅安全带卷收装置结构

电子式安全带卷收装置由中央气囊传感器总成及 ECU 控制。机械式安全带卷收装置带有自己的收紧传感器，收紧传感器检测减速惯性力，并据此点燃气体发生器；此外，卷收装置还有一个安全装置来锁定收紧传感器。

（1）收紧机构。

收紧机构（图 8.38）由气体发生器、缸筒、活塞及与活塞连在一起的拉索组成。为不影响安全带的正常工作，拉索绕在一个鼓轮上，而不与轴的外表面接触。

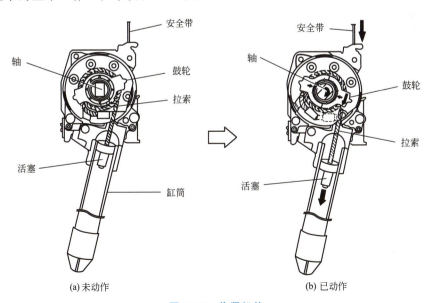

图 8.38　收紧机构

当卷收装置动作时,气体发生器释放的大量气体迫使活塞向下运动。由于拉索与活塞连在一起,因此活塞带动拉索,使鼓轮夹紧轴,这样轴向收紧安全带的方向转动,使安全带收紧一定的长度,实现安全带预紧。

(2) 气体发生器(电子式)。

气体发生器(图 8.39)由点火器(发热丝和点火药粉)及装在金属容器内的气体发生剂(无烟火药)组成。当中央气囊传感器接通时,电流流到点火器的发热丝而点燃点火药粉,火焰随即在极短的时间内传到气体发生剂,产生高压气体。

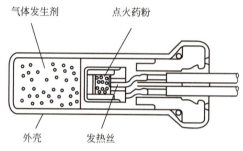

图 8.39 气体发生器

由于微弱的电流可能点燃点火器,因此维修时绝不可使用万用表测量其电阻。

复习思考题

1. 安全气囊组件由哪几部分组成?各有什么功能?
2. 智能安全气囊系统有什么特点?
3. 简述宝马汽车高级安全电子系统的工作原理。
4. 简述预紧式安全带对驾乘人员的约束过程。

第 9 章 汽车电子防盗系统

汽车防盗技术随着盗窃技术的发展而发展。只有走技术防范和法律打击结合的道路，才能有效地遏制汽车盗窃犯罪行为。

本章主要介绍汽车电子防盗系统。要求学生了解汽车防盗技术的发展情况，熟悉汽车防盗系统的分类和工作原理。

9.1 汽车防盗系统概述

9.1.1 汽车防盗系统的分类

汽车防盗系统按结构可分机械式、电子式和网络式三大类。

1. 机械式防盗系统

机械式防盗系统采用机械方式来达到防盗目的,常见的结构形式有转向盘锁和变速手柄锁。机械式防盗系统靠坚固的金属结构锁住汽车的操纵部位,使用起来不隐蔽,占用驾驶室空间,每次开、停车都要用钥匙开启。

(1) 转向盘锁。转向盘锁一般分为两种:一种是将转向盘与制动踏板连接在一起,使转向盘不能作大角度转向及制动汽车;另一种是在转向盘上加一根长铁棒,从而使转向盘不能正常使用。

(2) 变速手柄锁。在换挡杆附近安装变速手柄锁,使变速器不能换挡。在停车后,把换挡杆推回空挡或倒挡,加上变速手柄锁可使汽车不能换挡。

转向盘锁和变速手柄锁等机械式防盗系统主要靠锁定制动踏板、加速踏板或转向盘、换挡杆来达到防盗目的,只防盗不报警。

2. 电子式防盗系统

电子式防盗系统是使用广泛的防盗措施,有插片式、按键式和遥控式等形式。电子式防盗系统主要靠锁定点火系统或起动系统来达到防盗目的,同时具有防盗和声音报警功能。

电子防盗系统有四种功能:①服务功能,包括遥控车门、遥控起动、寻车和阻吓等;②警惕提示功能,触发报警记录(提示汽车曾被人打开过车门);③报警提示功能,当有人触动汽车时发出警报;④防盗功能,当防盗器处于警戒状态时,切断汽车上的起动电路。

3. 网络式防盗系统

网络式防盗系统分为GPS汽车防盗系统和车载无线电台式防盗系统(利用车载电台通过中央控制中心定位监控系统)两大类。

GPS汽车防盗系统主要靠锁定点火系统或起动系统来达到防盗目的,同时通过GPS(或其他网络系统)将报警信息和报警汽车所在位置无声地传送到报警中心。

车载无线电台式防盗系统与GPS汽车防盗系统类似,主要是在车内暗置无线电台,与中央控制中心保持联络。该系统也是靠锁定点火系统或起动系统来达到汽车防盗目的的。还可在车内暗置报警触发开关,一旦汽车被劫持,驾驶人可通过该触发开关,悄然无声地发出报警信息。车载无线电台式防盗系统需要实时与中央控制中心(如110指挥中心)保持联络,成本较高,多用于特殊车辆(如运钞车、囚车、校车等)的防盗和防劫持,一般民用车辆极少采用。

网络式防盗系统从技术上来讲是可靠的,但效果不尽如人意。原因是这些系统要构成网络，消除盲区（少数接收不到信号的地区），需要有非常完善的配套设施。

9.1.2 汽车防盗系统的工作原理

1. 点火控制防盗系统

点火控制防盗系统主要采用控制点火装置的模块，对点火系统进行控制。车主离开汽车并启动防盗系统后，如有人非法进入汽车，并试图用非法配制的点火钥匙起动汽车，点火电路受控制模块防盗装置的作用，拒绝提供发动机运转所需的点火功能，同时可防止点火开关的线路短路，并通过音响报警装置向车主通报。

还有一种防盗系统，用特殊材料制成盒状，其内部安装汽车点火器，并设置一个错误点火线路模块和开关电路，在开关钥匙上置入密码芯片，一旦密码交流认证不符就会进入错误模式，使发动机无法起动。这种盒状防盗系统锁止后，除使用密码开关钥匙外无法打开，而且有很强的防撬、防钻、防砸功能，在发动机起动后可取下开关钥匙。一旦汽车被抢，劫匪在抢劫汽车后不能熄火，熄火后就无法再次起动。

2. 油路防盗系统

油路防盗系统的基本原理与点火控制防盗系统的原理相似，在汽车油路中安装一套装置来控制供油系统。只要油路防盗系统进入工作状态，有人想要偷车，发动机供油系统就会拒绝提供燃油，起到防盗作用。

3. 其他防盗系统

某公司开发的防盗系统既有机械式又有电子式，还有防砸功能。其车门钥匙锁芯可以无阻力旋转，当盗贼用一字螺钉旋具（俗称平口螺丝刀）或其他坚硬物撬锁时，该锁芯可随撬动物体的旋转方向转动，而无法撬开。

电子静止状态控制，一旦车主打开防盗系统离开汽车，如有人想移动该车，汽车就拒绝进入行驶状态。前、后风窗玻璃和车窗玻璃都由特种玻璃制成，即使用铁锤或铁棒击打，玻璃也不会出现缝隙和漏洞，令盗贼的手无法伸进车内将车门打开。

还有一种利用电波控制的防盗系统。它是在汽车上安装一个类似于寻呼机的装置来对发动机点火系统进行控制的，只要车主发现汽车被盗或汽车被劫后通知总控发射台，发射台就发出控制电波信号，使该车发动机无法运转。

9.2 典型汽车防盗系统

狭义的汽车防盗是指防止非法利用汽车自身的动力将汽车盗走。简言之，就是防止非法起动汽车发动机。因此，汽车防盗系统又称汽车防盗止动系统或防盗止动器。

下面以大众汽车公司的汽车防盗系统为例，介绍典型汽车防盗系统的结构组成和工作原理。

9.2.1 大众车系防盗系统的发展历程

汽车防盗系统的基本工作原理是每次用钥匙起动发动机时，防盗系统都与汽车钥匙进行互相认证，只有完成认证，确认彼此均为合法后，汽车才能正常起动。防盗系统与汽车钥匙之间的互相认证是通过"对口令"的方式实现的。"对口令"之后，如果确认彼此均合法，则发动机正常起动；如果确认为非法，则汽车点火系统拒绝点火、喷油系统拒绝喷油，发动机无法起动。

大众、奥迪车系采用的防盗系统都是由西门子公司开发的，目前已经发展到第 5 代。

第 1 代防盗系统采用固定编码作为口令，应用于 1993 年之前生产的汽车上；第 2 代防盗系统采用固定编码＋可变编码作为口令，应用于 2007 年之前生产的捷达（JETTA）、2001 年前后生产的部分宝来（BORA）及高尔夫（GOLF 2.0）等汽车上；第 3 代防盗系统依然采用固定编码＋可变编码作为口令，但发动机控制单元开始参与防盗编码的计算，应用于 2007 年之后生产的捷达（JETTA）、宝来（BORA）、速腾（SAGITAR）、高尔夫（GOLF 2.0 除外）等汽车上；第 4 代防盗系统集成了舒适系统中央控制单元和中央数据库，需进行在线匹配，主要应用于迈腾（MAGOTAN）、辉腾（PHAETON）、途锐（TOUAREG）等汽车上；第 5 代防盗系统在结构组成和售后服务方面与第 4 代无明显区别，但具有"一键恢复"功能，使防盗系统的设置和匹配工作更加方便、快捷，主要应用于途锐 NF（TOUAREG NF）等汽车上。

鉴于目前市场上采用第 3 代和第 4 代防盗系统的汽车保有量很大，并且已有很多高档汽车采用第 5 代防盗系统，故分别对第 3 代、第 4 代和第 5 代防盗系统进行介绍。

9.2.2　大众车系第 3 代防盗系统

1. 系统组成

大众车系第 3 代防盗系统主要由点火钥匙（图 9.1，它带有防盗码发射/应答器，用于在"对口令"过程中发送防盗编码）、点火开关上的读写线圈（图 9.2）、集成在组合仪表板内部的防盗系统控制单元（图 9.3）、发动机控制单元（图 9.4）及仪表板上的故障警告灯等组成。

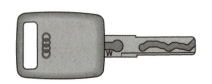

图 9.1　带有防盗编码发射/应答器的点火钥匙

图 9.2　点火开关上的读写线圈

图 9.3　内含防盗系统控制单元的组合仪表板及故障警告灯

图 9.4　发动机控制单元

2. 工作原理

在每次使用钥匙起动发动机时，点火钥匙、点火开关上的读写线圈、防盗系统控制单元及发动机控制单元之间都要互相认证，以确认彼此的合法性。

防盗系统的通信过程示意图如图 9.5 所示，具体的认证过程如图 9.6 所示。

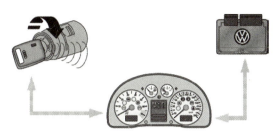

图 9.5　防盗系统的通信过程示意图

第 3 代防盗系统特点：发动机控制单元是防盗系统的一部分，不接受没有个人识别代码的自适应；自适应后的点火钥匙（应答器）被锁止，不能用于其他汽车；第 3 代防盗系统支持第 2 代防盗系统功能；由 CAN 总线传输数据。

9.2.3　大众车系第 4 代防盗系统

1. 系统组成

如图 9.7 所示，大众车系第 4 代防盗系统在第 3 代防盗系统的基础上，增加了进入和起动授权控制单元（点火开关）E415、舒适系统中央控制单元 J393、转向柱锁止控制单元 J764。另外，第 4 代防盗系统在进行防盗匹配时，需要与大众汽车公司的汽车信息查询和中央识别工具数据库进行在线认证，防盗能力得以大幅提高。

2. 工作原理

大众车系第 4 代防盗系统的工作原理与第 3 代防盗系统基本相同，但其认证过程更复杂、防盗能力更强、安全性更高。

在大众车系第 4 代防盗系统中，进入和起动授权控制单元（点火开关）E415 集成了钥匙读写线圈，更换该件后无须对防盗系统进行匹配。防盗系统控制单元集成在舒适系统中央控制单元 J393 中，若更换该件，则进行在线匹配后防盗系统才能正常工作。

转向柱锁止控制单元 J764 负责对转向柱进行锁止或解锁，但转向柱的锁止或解锁必须得到位于舒适系统中央控制单元 J393 中防盗控制单元的认可后方可进行。如果转向柱锁止控制单元 J764 损坏，必须同时更换转向柱锁止控制单元 J764 和舒适系统中央控制单元 J393，并且进行在线匹配后，防盗系统才能正常工作。

发动机控制单元 J623 为大众车系第 4 代防盗系统的组成部分，若更换该件，则进行在线匹配后防盗系统才能正常工作。

第 4 代防盗系统的重要组成部分是位于大众汽车公司总部的中央数据库——汽车信息查询和中央识别工具数据库（德文 fahrzeug auskunft und zentrales identifikations tool，FAZIT，图 9.8）。在中央数据库内存储所有与汽车防盗系统有关的数据，如果不是处于在线联网状态，那么相关的控制单元无法与中央数据库进行匹配（自适应），偷车贼也就无法起动发动机，无法将汽车盗走。

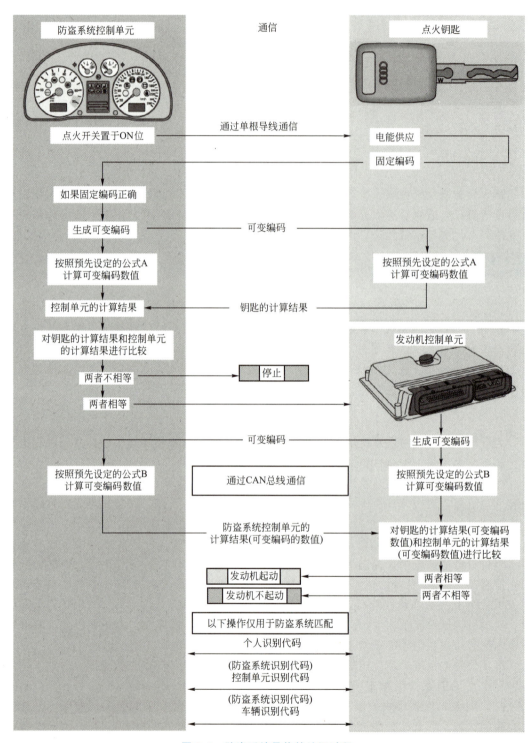

图 9.6 防盗系统具体的认证过程

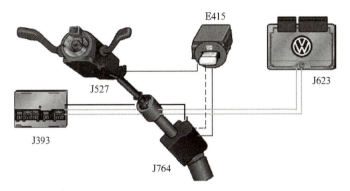

E415—进入和起动授权控制单元（点火开关）；J527—转向柱电子装置控制单元；
J393—舒适系统中央控制单元；J764—转向柱锁止控制单元；J623—发动机控制单元。

图 9.7　大众车系第 4 代防盗系统（迈腾汽车）

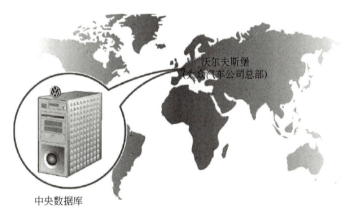

图 9.8　位于大众汽车公司总部的中央数据库

9.2.4　大众车系第 5 代防盗系统

1. 系统组成

奥迪 A5 Coupe、奥迪 A4L、奥迪 Q5 等汽车均采用了第 5 代防盗系统（图 9.9）。作为第 4 代防盗系统的升级版本，第 5 代防盗系统的结构更复杂、认证过程更烦琐、防盗能力更强、安全性更高。

舒适系统中央控制单元 J393 是第 5 代防盗系统的主设备，且集成了智能进入和起动控制单元 J518 的功能。在第 5 代防盗系统中，自动变速器控制单元 J217、发动机控制单元 J623、钥匙、舒适系统中央控制单元 J393、转向柱锁止控制单元 J764 和中央数据库均参与车辆的防盗、认证工作，而进入和起动授权控制单元（点火开关）E415、数据总线诊断接口 J533、专用诊断仪 VAS 5053 及数据总线（驱动 CAN 总线、舒适 CAN 总线、LIN总线等）仅负责传输防盗、认证信息。

装备第 5 代防盗系统的汽车，在防盗系统执行任何操作（如更换防盗系统组件）之前都必须通过专用诊断仪与中央数据库建立在线连接。

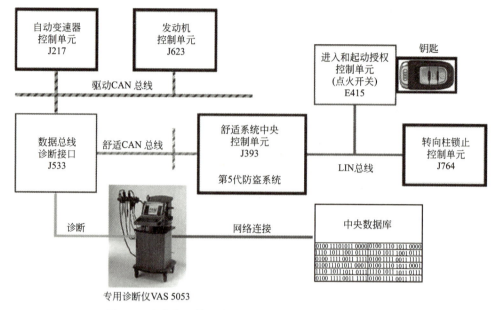

图 9.9　大众车系第 5 代防盗系统（奥迪 A5 Coupe 汽车）

2. 工作原理

下面以奥迪 A5 Coupe 汽车为例，说明第 5 代防盗系统的工作原理。当驾驶人将汽车钥匙插入点火开关 E415，试图起动发动机时，发动机起动之前，防盗系统将发出若干次查询、认证信号，并做出相应的反应。

（1）在识别到点火开关 E415 内的 S 触点之后，汽车钥匙将与舒适系统中央控制单元 J393 交换防盗器数据，进行查询、认证工作。舒适系统中央控制单元 J393 评估、认证该钥匙是否为被授权的合法钥匙。若确认该钥匙为合法钥匙，则进行下一步。

（2）舒适系统中央控制单元 J393 与转向柱锁止控制单元 J764 交换防盗数据，以查询、认证转向柱锁止控制单元 J764 是否已经在该车上匹配过（认证该车装备的转向柱锁止控制单元 J764 是否合法）。若确认该车装备的转向柱锁止控制单元 J764 的身份合法，则舒适系统中央控制单元 J393 授权转向柱锁止控制单元 J764 解锁汽车转向柱。

（3）舒适系统中央控制单元 J393 接通接线端子 15，接线端子 15 得电。

（4）接线端子 15 得电后，舒适系统中央控制单元 J393 继续与发动机控制单元 J623、自动变速器控制单元 J217 交换防盗器数据，进行查询、认证工作。若确认该车装备的发动机控制单元 J623、自动变速器控制单元 J217 的身份均为合法，则防盗系统允许发动机正常起动。

作为第 4 代防盗系统的升级版本，第 5 代防盗系统在售后服务方面与第 4 代防盗系统没有明显的区别。防盗系统使用专用诊断仪执行各种操作（如调试更换防盗系统组件等）。第 5 代防盗系统中的许多操作步骤高度简化，并倾向于自动化，使得售后服务工作更简单、快捷。

复习思考题

1. 简述大众车系第 3 代防盗系统的工作原理。
2. 简述大众车系第 4 代防盗系统的工作原理。
3. 简述大众车系第 5 代防盗系统的工作原理。

第10章 车载网络技术

教学提示

构建车载网络系统并对汽车实施网络化控制的技术体系称为车载网络技术。车载网络技术是汽车电子控制技术与现场总线技术、计算机网络技术结合的产物。

教学要求

本章主要介绍车载网络技术及其应用。要求学生了解车载网络技术的作用与分类,掌握车载网络技术在汽车上的应用情况。

为实现汽车内部各个电子控制系统之间的数据共享和快速传输，在显著降低线束用量的同时，有效提高汽车电子控制系统的安全性和可靠性，现代汽车普遍采用以控制器局域网为代表的汽车网络系统——车载网络系统。

车载网络技术的推广使用，进一步优化了汽车的控制系统，极大地提升了汽车的整体控制水平，并为汽车向以 Telematics 技术为代表的信息化时代迈进创造了条件。

10.1 车载网络技术的作用与分类

10.1.1 车载网络技术的作用

1. 信息传输的瓶颈问题

在汽车技术发展处于子系统层次的汽车单片机（汽车电脑）控制时代，特别是早期生产的汽车，车上只有一个电子控制单元，其信息传输量较少，电子控制系统的传感器、电子控制单元和执行器之间的连接电线（线束）还不太多，尚可接受。

随着汽车技术的进步和消费者需求的进一步提高，汽车上的电子控制系统越来越多，其内部的线束也变得越来越复杂（图 10.1）。

图 10.1 汽车内部的线束数量（装备三个控制单元）

为解决这一制约汽车电子技术进一步发展的信息传输瓶颈问题，一种新的信息传输技术——车载网络技术应运而生。

2. 采用网络技术进行信息传输

将计算机领域的数据总线技术引入汽车电气系统，可以在大大简化汽车电路的同时，传输丰富的信息。如图 10.2 所示，采用数据总线技术在两个控制单元之间进行信息传输，可以有效减少数据传输线。

图 10.3 所示为在装备三个控制单元的系统中采用 CAN（controller area network）数据总线进行信息传输示意图，相应地，汽车内部的线束连接也变得简洁、清晰，不再是一团乱麻。

显而易见，采用车载网络技术不仅可以减轻整车自重、降低生产成本、提高汽车电气系统的工作可靠性，还便于后续的技术开发。

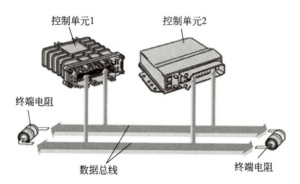

图 10.2 采用数据总线技术在两个控制单元之间进行信息传输

图 10.3 采用 CAN 数据总线进行信息传输示意图（装备三个控制单元）

10.1.2 车载网络技术的分类

1. 按网络拓扑结构分类

网络的拓扑结构（topological structure）是指网上计算机或设备与信息传输介质形成的节点及数据传输线的物理构成模式。车载网络的拓扑结构主要有线形拓扑结构、星形拓扑结构、环形拓扑结构等。

（1）线形拓扑结构。线形拓扑结构（图 10.4）是一种信道共享的物理结构。在这种结构中，总线具有双向传输信息的功能，普遍用于控制器局域网的连接，总线一般采用同轴电缆或双绞线。

线形拓扑结构的优点是安装简单，扩充或删除一个节点很容易，不需要停止网络的正常工作，节点的故障不会殃及整个系统。由于各个节点共用一个总线作为数据通路，因此信道的利用率高。

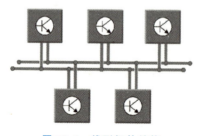

图 10.4 线形拓扑结构

但线形拓扑结构也有其缺点，因信道共享，故连接的节点不宜过多，并且总线自身的故障可以导致整个系统崩溃。

车载网络多采用线形拓扑结构，应用在 CAN 总线系统上。动力 CAN 数据总线（高速）速率为 500kbit/s，用于动力系统和底盘系统数据总线；舒适 CAN 数据总线（低速）速率为 100kbit/s，用于将中央门锁系统、车窗玻璃升降系统等联网。

（2）星形拓扑结构。星形拓扑结构（图 10.5）是一种以中央节点为中心，把若干外围节点连接起来的辐射式互联结构，适用于局域网。

星形拓扑结构的特点是结构简单，安装容易，费用低，通常以集线器为中央节点，便于维护和管理。中央节点的正常运行对网络系统来说是至关重要的。中央节点负载重，扩充困难，信道（线路）利用率较低。

由于应用车载网络技术的目的之一就是简化线束，因此这种结构不可能成为整车网络的结构，只在某一总成或系统上使用。宝马车系的安全气囊系统采用的就是星形拓扑结构。

（3）环形拓扑结构。环形拓扑结构（图 10.6）由各节点首尾相连形成一个闭合环形线路。环形网络中的信息传输是单向的，即沿一个方向从一个节点传到另一个节点；每个节点都需安装中继器，以接收、放大、发送信号。

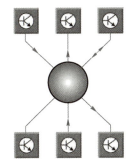
图 10.5　星形拓扑结构

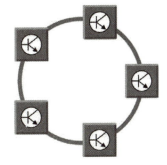
图 10.6　环形拓扑结构

环形拓扑结构的优点是结构简单，建网容易，便于管理；缺点是当节点过多时会影响传输效率，不利于扩充，并且当某个节点发生故障时，整个网络不能正常工作。

奥迪和宝马车系的影音娱乐系统采用的 MOST（media oriented systems transport）总线即环形拓扑结构（图 10.7），通过光脉冲传输数据，并且只能朝一个方向传输数据。光缆用作传输媒介，可以传输各种数据（如控制信息、音频和图像数据），并提供各种数据服务。

图 10.7　宝马车系影音娱乐系统的 MOST 总线（环形拓扑结构）

2. 按联网范围和控制能力分类

总线按联网范围和控制能力分为主总线系统和子总线系统两大类。

(1) 主总线系统。

主总线系统负责跨系统的数据交换，其相关参数见表 10-1。

表 10-1 主总线系统相关参数

主总线系统名称	数据传输速率/（kbit/s）	总线拓扑结构	传输介质
K 总线	9.6	线形，单线	铜质导线
D 总线	10.5～115	线形，单线	铜质导线
CAN	100	线形，双线	铜质导线
K-CAN	100	线形，双线	铜质导线
F-CAN	100	线形，双线	铜质导线
PT-CAN	500	线形，双线	铜质导线
Byteflight	10^4	星形	光纤
MOST	2.25×10^4	环形	光纤

(2) 子总线系统。

子总线系统负责系统内的数据交换，其相关参数见表 10-2。这些系统用于交换特定系统内的数据，并且数据较少。

表 10-2 子总线系统相关参数

子总线系统名称	数据传输速率/（kbit/s）	总线拓扑结构	传输介质
K 总线	9.6	线形，单线	铜质导线
BSD	9.6	线形，单线	铜质导线
DWA 总线	9.6	线形，单线	铜质导线
LIN 总线	9.6～19.2	线形，单线	铜质导线

3. 按信息传输速率分类

为方便研究和设计应用，美国汽车工程师学会的汽车网络委员会按照系统的复杂程度、传输流量、传输速率、传输可靠性和动作响应时间等参数，将汽车数据传输网络进一步细分为 A、B、C、D、E 五类。

A 类网络是面向传感器、执行器控制的低速网络，数据传输速率通常小于 10kbit/s，主要用于车外后视镜调节，电动车窗、灯光照明等的控制。

B 类网络是面向独立模块间数据共享的中速网络，数据传输速率为 10～125kbit/s，主要应用于车身电子舒适性模块、仪表显示系统等。

C 类网络是面向高速、实时闭环控制的多路传输网络，数据传输速率为 125kbit/s～1Mbit/s，主要用于牵引力控制、发动机控制及 ABS、ESP 等。

D 类网络是智能数据总线 (intelligent data bus，IDB) 网络，数据传输速率为

250kbit/s~100Mbit/s，主要面向影音娱乐信息、多媒体系统。IDB-C 为低速网络，IDB-M 为高速网络，IDB-Wireless 为无线通信网络。

E 类网络是面向汽车被动安全系统（安全气囊）的网络，数据传输速率为 10Mbit/s。

就目前的技术水平而言，以上几种网络技术在汽车上多采用组合方式，即车身和舒适性控制单元都连接到低速 CAN 总线上，并借助 LIN（local interconnect network）总线控制外围设备。而汽车高速控制系统通常使用高速 CAN 总线进行连接。

远程信息处理和多媒体连接需要高速互连，而且数据传输量大、视频传输需要同步数据流格式，因此，影音娱乐信息、多媒体系统多采用 DDB（domestic digital bus）或 MOST 总线。无线通信则通过蓝牙（bluetooth）技术实现。

随着技术的不断进步，时间触发协议（time triggered protocol，TTP）和 FlexRay 将得到广泛使用，汽车网络技术得到极大提升。

但是，时至今日，仍没有一个通信网络可以完全满足未来汽车的所有成本和性能要求。因此，在车载网络系统中，多种总线、协议并存，各自发挥自身所长，彼此协同工作的局面还将继续存在下去。

10.2　车载网络技术应用

10.2.1　车载网络技术应用概况

汽车电子技术在经历了零部件层次的汽车电器时代、子系统层次的汽车单片机控制时代之后，开始进入汽车网络化时代，并向汽车信息化时代迈进。

世界主要汽车制造商生产的大多数汽车均采用以 CAN、LIN、DDB、MOST、FlexRay 等为代表的网络控制技术（图 10.8 和图 10.9），**将汽车控制系统简化为节点模块化**。在基于现场总线的分布式控制中，任何传统意义上的传感器和执行器都可以与同一现场的节点组成节点模块，车载网络技术进一步优化了汽车的控制系统、极大地提升了汽车的整体控制水平。

图 10.8　宝马乘用车的车载网络系统

图 10.9　奥迪乘用车的车载网络系统

车载网络技术是现代汽车电子技术的重要组成部分，也是现代汽车通信与控制的基础。随着车载网络技术的日益成熟，汽车电子技术正在向信息化时代迈进。

10.2.2 各种网络技术的应用

在汽车电气系统内部采用基于总线的网络技术，可以达到信息共享、减少布线、降低成本、提高系统可靠性的目的。鉴于此，各大汽车制造商在其生产的汽车上大量使用车载网络系统。受制造成本和技术水平的限制，不同品牌的汽车和同一品牌、不同时期生产的汽车，其网络结构各有不同，但从宏观上看都有相同和相近之处。主要车载网络系统见表10-3。

表10-3 主要车载网络系统

车载网络系统名称	适用范围	数据传输速率	主要应用车系
CAN	车身控制系统、动力传动控制系统	1Mbit/s	欧洲国家、美国、日本、韩国各大车系均有应用
VAN（vehicle area network）	车身控制系统	1Mbit/s	法国车系
J1850	车身控制系统	10.4~41.6kbit/s	美国车系
LIN	车身控制系统	20kbit/s	德国车系
IDB-C（intelligent data bus on CAN）	汽车多媒体系统	250kbit/s~100Mbit/s	
TTP/C（time triggered protocol by CAN）	被动安全系统	2~25Mbit/s	
TTCAN（time triggered CAN）	被动安全系统	1Mbit/s	
Byteflight	被动安全系统	10Mbit/s	宝马车系
FlexRay	被动安全系统、行驶动态管理系统	10Mbit/s	宝马F01/F02车系
DDB/Optical	汽车多媒体系统	5.6Mbit/s	奔驰车系
MOST	汽车多媒体系统	22.5Mbit/s	德国车系
IEEE 1394	汽车多媒体系统	100Mbit/s	美国车系
IDB-1394	汽车多媒体系统		美国车系、日本车系
Bluetooth	无线通信、语音系统、个人娱乐	1Mbit/s	欧洲国家、美国、日本、韩国各大车系均有应用
Ethernet	维修时的车辆编程、汽车多媒体系统	100Mbit/s	宝马F01/F02车系

由于汽车上不同控制系统对信息传输的要求不尽相同，因此，在汽车上，针对不同的控制系统采用了各具特色的总线技术，然后利用网关把这些性能各异、各具特色的总线整

合成一体，构成成本较低但功能完善的整车网络，以实现"人尽其才，物尽其用"。

遵循这一指导思想，汽车网络结构采用多条不同传输速率的总线分别连接不同类型的节点，并使用网关服务器来实现整车的信息共享和网络管理，如图10.10所示的宝马乘用车全车网络系统。该系统包括四套总线结构，即K-CAN、PT-CAN、Most和Byteflight。其中，K-CAN总线主要控制车身系统，PT-CAN总线主要控制动力传动及底盘系统，

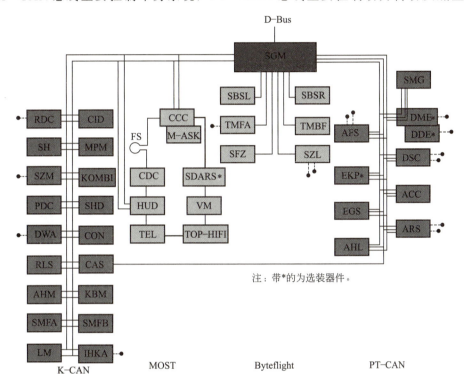

D-Bus—诊断总线；SGM—安全和网关模块；RDC—轮胎压力监控系统；CID—中央信息显示器；SH—停车预热系统；MPM—电源管理系统；SZM—中央控制台开关中心；KOMBI—组合仪表；PDC—驻车距离报警系统；SHD—天窗系统；DWA—防盗报警系统；CON—iDriver控制器；RLS—雨量传感器/行车灯控制系统；CAS—便捷进入和起动系统；AHM—挂车电气连接模块；KBM—车身控制单元；SMFA—驾驶人座椅调整控制单元；SMFB—乘员座椅调整控制单元；LM—前照灯灯光控制单元；IHKA—自动恒温空调系统；CCC—整车通信系统控制单元；M-ASK—多音频控制系统；FS—系统检修用快速擦写插头；CDC—光盘自动换碟机构；SDARS*—卫星收音机；HUD—信息抬头显示系统；VM—车载电视系统；TEL—车载电话系统；TOP-HIFI—高保真音响系统；SBSL—位于左侧B柱处的卫星式安全气囊控制单元；SBSR—位于右侧B柱处的卫星式安全气囊控制单元；TMFA—位于驾驶人侧车门处的卫星式安全气囊控制单元；TMBF—位于乘员侧车门处的卫星式安全气囊控制单元；SFZ—位于汽车前部的中央卫星式安全气囊控制单元；SZL—位于转向柱开关处的卫星式安全气囊控制单元；SMG—顺序换挡变速器控制单元；DME—汽油发动机控制单元；DDE*—柴油发动机控制单元；AFS—主动转向系统；DSC—动态稳定控制系统；EKP*—燃油泵控制系统；ACC—自适应巡航控制系统；EGS—自动变速器控制单元；ARS—动态驾驶（主动式抗侧翻）系统；AHL—自适应转向前照灯系统。

图10.10 宝马乘用车全车网络系统

Most总线主要控制影音娱乐、通信和信息显示系统，Byteflight总线主要用于安全气囊系统。

车身系统和舒适型控制系统的受控器件多为低速电动机和各种开关，如车门门锁电动机、车窗玻璃升降电动机、座椅调节电动机及各种按钮、开关等。这类器件对信息传输的实时性要求不高，但数量众多。因此，在车身系统和舒适性控制系统内部使用低速总线进行信息传输可以满足要求。

动力传动系统的受控对象（发动机、自动变速器、动态稳定控制系统等）直接关系汽车的动力性能、经济性能和行驶状态，对数据通信（信息交换）的快速性、实时性要求较高。因此，需要在动力传动系统内部使用高速总线进行信息传输。

动力传动系统传感器的各种状态信息能以广播的形式在高速总线上发布，各节点能在同一时刻根据自己的需要获取信息，提高了通信的实时性。

汽车车身系统和舒适性控制系统采用低速总线，动力传动系统采用高速总线，两者彼此分开，利于保证动力传动系统通信的快速性和实时性。此外，采用低速总线还可增大传输距离、提高抗干扰能力，并降低硬件成本。

汽车影音娱乐系统（汽车多媒体系统）需要传输的信息量大，而且对通信速率的要求高（一般在2Mbit/s以上），一般以铜质导线为传输介质的数据总线难以满足要求。因此，汽车影音娱乐系统多采用以光导纤维（光纤）为传输介质的光学总线系统，如DDB、MOST等。

采用基于光纤通信的光学总线系统可以保证足够的带宽，确保汽车影音娱乐系统的视频、音频信号连续流畅，不致出现停顿和卡滞现象。

作为汽车上的重要被动安全措施，安全气囊系统对信息传输速率要求很高。在车载网络技术发展的早期，一般把安全气囊系统纳入车身系统加以控制。随着技术的不断发展，陆续开发出专门用于安全气囊系统的安全总线系统，如Byteflight、X-by-Wire等。

网关是车载网络内部通信的核心器件，可以确保各条总线上信息的共享和协调工作，实现汽车内部的网络管理和故障诊断功能，营造"顺畅、和谐"的工作氛围。

复习思考题

1. 采用车载网络技术具有哪些优点？
2. 简述车载网络系统的分类。
3. 目前已经广泛应用的车载网络技术有哪些？

参 考 文 献

[1] 凌永成，周旭．汽车电气设备［M］．4 版．北京：北京大学出版社，2024．
[2] 凌永成．电动汽车技术［M］．北京：机械工业出版社，2023．
[3] 凌永成．智能汽车技术［M］．北京：机械工业出版社，2023．
[4] 凌永成．车载网络技术［M］．2 版．北京：机械工业出版社，2022．
[5] 凌永成．汽车空调技术［M］．2 版．北京：机械工业出版社，2020．
[6] 凌永成．汽车运行材料［M］．北京：机械工业出版社，2023．
[7] 凌永成．汽车工程概论［M］．2 版．北京：清华大学出版社，2018．
[8] 凌永成．汽车检测诊断技术［M］．2 版．北京：清华大学出版社，2016．
[9] 凌永成．汽车维修技术与设备［M］．2 版．北京：北京大学出版社，2015．
[10] 凌永成，李雪飞．实用汽车电工手册［M］．北京：清华大学出版社，2008．
[11] 赵海波，张涛．汽车自动变速器构造与维修［M］．北京：机械工业出版社，2009．
[12] 孙仁云，付百学．汽车电器与电子技术［M］．3 版．北京：机械工业出版社，2019．
[13] 付百学，胡胜海．汽车电子控制技术：上册［M］．北京：机械工业出版社，2010．
[14] 付百学．汽车电子控制技术：下册［M］．3 版．北京：机械工业出版社，2010．
[15] 麻友良．汽车电器与电子控制系统［M］．4 版．北京：机械工业出版社，2019．
[16] 德国 BOSCH 公司．BOSCH 汽车工程手册：第 5 版［M］．顾柏良，等译．2 版．北京：北京理工大学出版社，2004．